Therese Martin

Geschichte einer Seele

Therese Martin

Geschichte einer Seele

Die Heilige von Lisieux erzählt
aus ihrem Leben

paulinus

Die Deutsche Bibliothek – CIP – Einheitsaufnahme
Die Deutsche Bibliothek verzeichnet diese Publikation in der Deutschen Nationalbibliografie; detaillierte bibliografische Daten sind im Internet unter http://dnb.ddb.de abrufbar.

351. Tausendste, überarbeitete, erweiterte Auflage 2026

Satz und Herstellung: Paulinus Verlag GmbH, Trier
ISBN 978-3-7902-1999-9

Bestellungen über:
Paulinus Verlag GmbH
Max-Planck-Str. 14 | 54296 Trier
Telefon (0651) 4608-121 | Telefax (0651) 4608-220
E-Mail: buchversand@paulinus-verlag.de
www.paulinus-verlag.de

Inhalt

Vorbemerkung

Die vorliegende *Geschichte einer Seele* der Therese Martin, als Karmelitin „Theresia vom Kinde Jesus und dem heiligsten Antlitz“, im Volksmund „die Kleine heilige Therese“ genannt, sie besteht aus drei zeitlich verschiedenen Manuskripten. Es sind einmal die Erinnerungen an ihre Kindheit, die sie 1895/96 für ihre Ordensmutter und leibliche Schwester Pauline aufgeschrieben hat; dann die Fortsetzung dieser Aufzeichnungen von 1897, die sie der neuen Priorin des Karmel von Lisieux widmete. Hier schildert Therese ihr Leben im Kloster, ihre eigenen Erfahrungen in der Liebe zu Gott, im Verlangen nach einem vollkommenen, heiligen Leben. Sie denkt über das Verhältnis des Christen zum Mitmenschen, über die eigene Berufung nach. Es folgen noch ein Brief an ihre ältere Schwester, die im gleichen Karmel lebte, und Berichte über Thereses Krankheit und Sterben. Sie sind als Schlusskapitel (XII) in den Text eingearbeitet worden. Inzwischen ist dieser Text nach der Vorlage des veröffentlichten französischen Originals (Manuscrits autobiographiques, Carmel de Lisieux, 1957) in der dort vorliegenden Anordnung neu übersetzt und herausgegeben worden. Das ist gut und notwendig für den, der die Schriften der Kleinen Therese wissenschaftlich prüfend und vergleichend untersuchen möchte. Der zuerst erschienene, hier neu vorgelegte Text ist darum keineswegs überholt. Beide Texte stellen an den modernen Leser einige Anforderung an die Geduld und das Einfühlungsvermögen. Beide aber belohnen ihn mit großen Schätzen an geistlicher Einsicht.

Zuerst begegnen wir der Geschichte eines verwöhnten, behüteten Kindes aus einem gutbürgerlichen frommen Elternhaus. Dieses fröhliche, anmutige, eigenwillige, zuweilen auch trotzige Persönchen hat das große Glück, in einer für den heutigen Geschmack zwar einseitig gefühlsbetonten, ein wenig überschwänglichen, nicht sehr weiten, aber echten, von gegenseitiger Zuneigung getragenen, aufrichtig frommen Atmosphäre aufzuwachsen. In solcher Geborgenheit, unter dem liebevollen Schutz eines gütigen Vaters und – nach dem frühen Tod der Mutter – verständnisvoller Schwestern kann sich Therese, die Jüngste, frei entfalten. Es verwundert daher nicht, dass sie ohne Not ein grenzenloses Zutrauen zu ihrem leiblichen Vater auf Gott, den Vater aller Menschen, zu übertragen vermag; dass sie schon mit vierzehn Jahren der älteren Schwester unbedingt in den Karmel nachfolgen, dass sie ganz für den Herrn leben möchte.

Auch während ihrer Noviziatszeit behält man den Eindruck, dass dieses begeisterungsfähige, unmittelbare junge Mädchen, das wenig Erfahrung von der Welt, den Räumen geistigen Lebens, den herrlichen Höhen und zuweilen auch schrecklichen Tiefen menschlicher Begegnungen ins Kloster mitbringt, dort seinen Gehorsam, seine Armut und Liebe genauso naiv und vorbehaltlos wie im Elternhaus zu leben versucht.

Aber bald schon wird es ernst. Nicht die genau festgelegte Tagesordnung oder die strenge Hand der Priorin, die darüber wacht, dass das Nesthäkchen nicht verwöhnt wird, lassen Therese leiden. Es beginnen sehr früh die inneren Prüfungen, die jedem Menschen, der sich Gott zu nahen wagt und ihn allein sucht, zu Läuterung und Reifwerden aufgespart sind. Therese verlor alles Gefühl der Nähe des Herrn. Es wurde trocken und dunkel in ihrem Herzen. Kein Opfer, kein gutes Werk, weder Gebet, Mitfeiern der heiligen Messe, noch der Empfang der heiligen Eucharistie brachten ihr spürbaren Trost oder Frieden. So fing sie an, mit einem unendlich kühnen Vertrauen eben diese Leere und Verlassenheit zu lieben. Sie nahm sich vor: „Ich will die geringsten Handlungen benützen und sie aus Liebe vollbringen." Denn in jedem und allem lebt der Herr. Das Verloren- und Vergessensein wird ihr zur unerhörten Chance, Eigenwillen und Selbstliebe auszurotten, um ganz hellhörig für seinen Wunsch und Willen zu werden. Er soll ihr Herz mit seiner Nähe füllen und erfüllen, wann es ihm gefällt. Therese beginnt nach Strenge, nach Leiden, ja nach dem Tod zu verlangen, um sich dem Herrn soviel wie möglich anzugleichen. Denn er hat das alles zuerst um unseretwillen gelebt. Er hat zuerst geliebt. Ohne ihn vermöchten wir überhaupt nicht wiederzulieben. Je genauer und feinfühliger Therese dem Herrn jeden Tag nachzufolgen versucht, sich ihm aufschließt, umso sichtbarer wächst ihre Selbsterkenntnis. Sie möchte brennend gern vollkommen werden, um Gott zur Freude „sein Spielzeug" sein zu dürfen; um hier auf Erden durch Gebet und Buße vieler Menschen Herz für die Gottesliebe aufzuschließen, besonders aber, um Gnade für gute, heiligmäßige Priester vom Himmel herabzuziehen. Doch sie fühlt sich viel zu schwach, um den steilen Berg der Vollkommenheit je bis zum Gipfel ersteigen zu können. Statt nun darüber zu verzweifeln, gibt ihr die Liebe einen Wink. Sie entdeckt einen „Aufzug", der das kleine Kind im Nu auf den Gipfel des Berges hebt. In den Prophetenworten des Alten Testamentes heißt es: „Wenn jemand ganz klein ist, dann komme er nur zu mir" ... und „Wie eine Mutter ihr Kind liebkost, so will ich euch trösten. An meiner Brust will ich euch tragen und auf meinen Knien euch wiegen." Das ist es. Das ist der Aufzug, der sicher und schnell zu Gott emporträgt. Die Liebe, die ohne Vorbehalte vertraut, glaubt, eben liebt. Sie gelangt ohne Verdienste, ohne Wissenschaft und Weisheit, ohne große Taten zum Vater.

Es ist Augustinus' große Einsicht: *ama et fac quod vis* (Liebe, dann tu, was du willst). Wer Gott wirklich lieben lernt, der kann gar nicht anders, als stets seinen Willen suchen, auf ihn hören, ihn überall und alle Zeit erwarten. Wer liebt, denkt nicht mehr an sich, nicht mehr an seine Wünsche, seinen Stolz, seinen Willen. Er verzweifelt auch nicht über die eigenen Schwächen, Fehler und Torheiten. Er vertraut maßlos auf die Barmherzigkeit Gottes. Maßlos, das heißt ohne Einschränkungen, gleichgültig, ob er leidet oder glücklich ist, ob lebend oder sterbend. Das alles tritt zurück vor der Liebe, die, in einem unendlichen Sinn, allein Leben ist und gibt. Eine solche Haltung schließt in genialer Eingebung äußerste Demut und hohe Kühnheit zusammen. Sie vereint, was sich natürlicherweise ausschließt. *Wer aus reiner Liebe lebt und handelt, der wird verwandelt und verwandelt die Welt.*

„Der kleinste Akt reiner Liebe ist für die Kirche nützlicher als alle Werke zusammen", heißt es beim heiligen Johannes vom Kreuz. Denn solches Tun bleibt an keinem endlichen Ziel haften, sei dieses auch noch so verlockend und leuchtend. Es sucht unmittelbar und ausschließlich die Ehre Gottes.

Diese ebenso einfache wie radikale Einsicht Thereses ist nun nicht ganz neu. Schon Augustinus hat betont – und die reformatorischen Strömungen des 16. und 17. Jahrhunderts haben diese Einsicht dann einseitig verabsolutiert –, dass nicht unsere menschlichen Verdienste, sondern allein des Herrn Barmherzigkeit und Gnade uns rechtfertigen, dass Glaube und Liebe, nicht aber eigene Verdienste und Werke diese Gnade auf den Menschen herabziehen. Das heißt jedoch keineswegs, dass unser Streben nach Vollkommenheit, nach Lauterkeit und reiner Liebe, nach Aszese, Opfer und guten Werken überflüssig werde, dass das alles nur Anmaßung vor Gott bedeute. Therese kann getrost *klein* bleiben, auf große Taten verzichten, weil sie sich dem Herrn als *Brandopfer der Liebe* überlässt. Doch darum muss sie nicht weniger alles tun, was an ihr liegt. Denn wer wirklich liebt, der kann gar nicht anders, als ohne Zählen und Verrechnen immerzu sich selbst überwinden, Zeichen dieser Liebe, dieses Vertrauens setzen und das „par toutes les délicatesses et toutes les tendresses", wie Therese sagt, mit allem nur möglichen Feingefühl und jeder denkbaren Zartheit, die das Herz erfinden kann. Dieses *Klein-Bleiben* ist letztlich nichts anderes als die geistliche Armut des Evangeliums, die Gelassenheit der scholastischen Mystiker, das Seinlassen alles endlichen Strebens, soweit es Mittel der Selbstheiligung ist. Nicht durch uns, durch unsere Werke „werden wir sein wie Gott". Gott ist es, der uns heiligt und zu seinen Freunden machen will. Nicht wir sind die Tüchtigen. Er ist der Gütige. Nicht unser Wille, auch nicht der lauterste, sondern sein Wille gilt; seine Liebe zählt. Und darum zählt als Antwort des Menschen auch allein diese. Sie schließt Opfer, Leiden, Einsamkeit und Verlassenheit freudig ein. Ja, sie verlangt danach, um dem leidenden Herrn ähnlich zu werden. Thereses Worte von den „kleinen Seelen“, den „unscheinbaren Blumenblüten“, die dem Herrn mit ihrem Duft vielleicht einen Augenblick lang ein Lächeln entlocken, sind nicht bloß Ausfluss eines romantischen Gemütes, nicht lediglich sentimentaler Überschwang – wenn sie auch oft so missverstanden werden. Sie spiegeln echte Demut des Herzens, eines Herzens, das weiß, wen es meint. Nämlich nicht bloß einen freundlichen, liebenswürdigen Herrn, auch nicht eine königliche Majestät, sondern den König allen Seins – eben Gott.

Und Therese hat solche Worte und die von ihr verkündete *„Mission des kleinen Weges“* zu diesem König nicht nur – in der Sprache ihrer Herkunft und Erziehung – formuliert; sie ist diesen Weg selbst gegangen. Sie hat den Alltag des Klosterlebens und später die Schmerzen ihrer Krankheit, die unzähligen Nadelstiche der Ehrsucht, der Missverständnisse und auch willentlicher Bosheit der Mitschwestern auf der einen Seite und die viel gefährlicheren Versuchungen zu Stolz und Eitelkeit durch die Bewunderung ihrer Novizen und den Kult der eigenen Geschwister mit ihr auf der anderen Seite, sie hat das alles nicht nur schweigend getragen und ertragen. Sie hat gelernt, sich darüber zu freuen, dass sie missverstanden, dass sie verkannt wurde, dass sie Trockenheit und Glaubenszweifel bis auf das qualvolle Krankenlager der galoppierenden Schwindsucht, bis in die Todesstunde hinein erleiden musste.

Sie hat Zeugnis abgelegt. Das macht sie groß und glaubwürdig.

Wenn sie ihr kurzes Leben als ein Opfer verstanden wissen wollte, das der Welt würdige Priester schenken sollte, so weicht sie auch mit diesem Wunsch nicht von dem einen, so einfachen und in seiner Einfachheit gewaltigen Antrieb ihres Lebens ab. Gerade der Priester soll ja mithelfen, dass auf Erden Gott, die Liebe, immer vollkommener erkannt, immer besser geliebt werde, damit in ihr einmal alle eins werden. Das wird dann die Vollendung im neuen Äon, im Leben ohne Tod und Leid, vor dem Angesicht des Herrn sein. Jetzt lieben wir in Hoffnung; einmal aber in seiner reinen Gegenwart, ohne Schleier und Hüllen.

Ist das nicht die große Sehnsucht aller Christen und der Glaube der ganzen Kirche als des *„wandernden Gottesvolkes"*?

Das Konzil bezeichnet in seiner *„Konstitution über die Kirche"* die Heiligen als Menschen, *„die zwar Schicksalsgenossen unserer Menschlichkeit, dennoch vollkommener dem Bilde Christi gleichgestaltet werden"*, und fährt fort: In den Heiligen *„zeigt Gott den Menschen in lebendiger Weise seine Gegenwart und sein Antlitz. In ihnen redet er selbst zu uns, gibt er uns ein Zeichen seines Reiches"* und *„... die Liebe ist das Siegel der wahren Jünger Christi"*. Genau das gilt für die heilige Therese vom Kinde Jesus, die – im bürgerlichen Frankreich des ausgehenden 19. Jahrhunderts – in einem Karmel verborgen gelebt hat.

Ihre Geschichte, ihr Leben geht uns an, reißt uns zu Bewunderung und Verehrung hin. Sie lädt uns zu einer, in je eigener Weise verstandenen, Nachfolge auf ihrem „Kleinen Weg“ ein. Seien wir froh, seien wir dankbar, dass uns ihr tröstliches Bild begleiten, ihre Fürbitte helfen und stärken will.

I
Das Erwachen

Ihnen, meiner lieben Mutter, die Sie mir in zweifacher Hinsicht Mutter sind, vertraue ich die *Geschichte meiner Seele* an.

An jenem Tage, da Sie mich darum baten, glaubte ich, die innere Sammlung meines Herzens werde dadurch beeinträchtigt. Inzwischen aber hat Jesus mich einsehen lassen, dass ihm mein schlichter Gehorsam wohlgefällig sei. So will ich also beginnen, *„die Erbarmungen des Herrn"* (Ps 88, 1) zu lobpreisen, wie ich es die ganze Ewigkeit hindurch tun werde.

Bevor ich zur Feder griff, kniete ich zu den Füßen der Marienstatue[1] nieder – vor einem Bildnis, durch das uns die Himmelskönigin so zahlreiche Beweise ihrer mütterlichen Huld gegeben hat. Ich bat die liebe Gottesmutter, sie möge meine Hand führen, damit ich keine Zeile niederschreibe, die ihr nicht wohlgefällig ist.

Dann nahm ich das Evangelium zur Hand und schlug es auf. Mein Blick fiel auf die Worte: „Jesus stieg hinauf auf einen Berg und *berief jene, die er wollte"* (Mk 3, 13). In diesen Worten liegt offensichtlich das Geheimnis meiner Berufung, meines ganzen Lebens und namentlich das Geheimnis der Gunsterweisungen des göttlichen Heilandes meiner Seele gegenüber.

1 Diese Statue der „Lächelnden Gottesmutter" ist das Werk des Bildhauers Bouchardon (1698–1762). Für die Kirche Saint-Sulpice in Paris geschaffen, konnte sie während der großen Französischen Revolution gerettet werden und befindet sich heute über dem Reliquienschrein der heiligen Therese vom Kinde Jesus im Karmel zu Lisieux.

Nicht jene Seelen beruft Jesus, die würdig sind, sondern jene, die zu berufen ihm wohlgefällt. Wie schön drückt der heilige Paulus das mit den Worten aus: *„Gott hat Mitleid, mit wem er will; seine Barmherzigkeit erzeigt er, wem er Barmherzigkeit erzeigen will. Es ist also nicht das Werk dessen, der will, noch dessen, der läuft, sondern Gottes, der Barmherzigkeit erzeigt"* (Röm 9, 15 f).

Lange habe ich mich gefragt, weshalb wohl der liebe Gott einzelne Seelen bevorzugt und nicht allen Seelen das gleiche Maß von Gnaden zugemessen wird. Ich war verwundert, als ich feststellte, mit welch außergewöhnlichen Gnadenerweisen er große Sünder wie den heiligen Paulus, den heiligen Augustinus, die heilige Maria Magdalena und so viele andere überhäuft hat, wie er ihnen – wenn ich es so sagen darf – seine Gnaden gewissermaßen aufdrängte.

Ebenso wunderte ich mich, wenn ich im Leben der Heiligen las, wie der Heiland manche auserwählten Seelen von der Wiege bis zum Grab geradezu mit seiner Liebe umhegt hat, ohne dass er auf ihrem Lebensweg Schwierigkeiten auftreten ließ, die ihrem Aufstieg zu ihm hindernd im Weg standen, und wie er nie zuließ, dass der reine Glanz ihrer Taufunschuld durch die Sünde befleckt wurde.

Andererseits fragte ich mich, warum beispielsweise die Heiden in so großer Anzahl sterben, ohne je den Namen Gottes gehört zu haben.

Jesus selbst geruhte, mich in dies Geheimnis einzuführen:

Er stellte mir das Buch der Natur vor Augen, und ich begriff, dass alle von ihm geschaffenen Blumen schön sind: dass der Glanz der Rose und die Reinheit der Lilie dem Duft des Veilchens keinen Abbruch tun und die entzückende Einfachheit des Maßliebchens nicht zu beeinträchtigen vermögen. Auch wurde mir klar, dass die Natur ihren Frühlingsschmuck einbüßen müsste und die Felder nicht mehr im Blumenschmuck prangten, wollten alle Blumen Rosen sein.

So verhält es sich auch in der Welt der Seelen, dem lebendigen Garten des Herrn. Er fand es für gut, große Heilige zu erwecken, die mit den Lilien und Rosen vergleichbar sind – aber er hat auch kleinere geschaffen, die sich damit begnügen, gewissermaßen Maßliebchen oder schlichte Veilchen zu sein, die seinen göttlichen Blick erfreuen sollen, wenn er sich zu ihnen herabneigt. Je glücklicher die Blumen sind, seinem Willen gerecht zu werden, umso vollkommener sind sie.

Auch noch etwas anderes habe ich begriffen: Mir wurde klar, dass die Liebe unseres Herrn sich geradeso gut in der schlichtesten Seele offenbart, die getreu seinen Gnaden entspricht, wie in der auserlesensten Seele.

Wirklich, der Liebe ist es eigen, sich herabzulassen! Glichen alle Seelen den Kirchenlehrern, die Leuchten in der Kirche waren, so würde das den Anschein erwecken, als steige Gott nicht tief genug herab, wenn er sich ihnen nähert. Wie er das Kind erschaffen hat, das nichts weiß und nur ein wenig schreien kann, so hat er auch den armen Heiden in die Welt gesetzt, der nur vom Naturgesetz geleitet wird. Aber auch zu ihnen lässt er sich herab.

Gerade die *Blumen des Feldes* sind es, deren Schlichtheit ihn entzückt. Indem der Herr sich so tief zu ihnen herablässt, beweist er seine unendliche Größe.

Ebenso wie die Sonne die Zedern und die Blümchen

bescheint, so erleuchtet die göttliche Sonne jede Seele, sei sie groß oder klein. Gleichwie in der Natur die Jahreszeiten so harmonisch aufeinander abgestimmt sind, dass selbst das bescheidenste Maßliebchen zur festgesetzten Zeit blüht, so dient alles zum Besten der Seelen.

Sie werden sich wohl verwundert fragen, liebe Mutter, worauf ich eigentlich hinaus will, da ich bislang noch nichts von dem gesagt habe, was auf die Geschichte meines Lebens abzielt. Aber waren denn nicht Sie es, die mich baten, zwanglos niederzuschreiben, was mir gerade in den Sinn kommt? Sie werden also auf den nachfolgenden Seiten nicht so sehr mein *eigenes* Leben im eigentlichen Sinn finden als vielmehr *meine Gedanken* über die Gnadenerweise unseres Herrn, die er mir in seiner Huld zuteil werden ließ.

Ich stehe jetzt in einem Lebensabschnitt, der es mir ermöglicht, einen Rückblick in die Vergangenheit zu werfen. Im Schmelztiegel innerer und äußerer Prüfungen ist meine Seele herangereift. Gleich der Blume nach dem Gewitter, hebe ich jetzt mein Haupt empor und stelle fest, dass sich an mir das Wort des Psalmisten verwirklicht:

„Der Herr ist mein Hirte – nichts wird mir mangeln. Auf angenehmer und grüner Weide lässt er mich ruhen. In Milde führt er mich den Wassern entlang. Er leitet meine Seele, ohne sie zu ermüden … Selbst wenn ich hinabstiege in das Tal der Todesschatten, so fürchte ich kein Übel, denn du, o Herr, bist bei mir" (Ps 22, 1–4).

O ja, stets ist der Herr *„voller Mitleid und Milde, langsam zum Strafen und überreich an Erbarmen“ (Ps 102, 8)* für mich gewesen. Meine Mutter, das macht mich wirklich glücklich, Ihnen das Lob seiner unermesslichen Wohltaten zu singen. Einzig für *Sie allein* schreibe ich die Geschichte der kleinen Blume, die Jesus sich gepflückt hat. Von diesem Gedanken geleitet, werde ich offen und frei sprechen, unbekümmert um den Stil und die zahlreichen Abschweifungen, die mir unterlaufen werden. Ein Mutterherz versteht das Kind immer – selbst dann, wenn es nur zu stammeln vermag. So bin ich also überzeugt, von Ihnen, die Sie mein Herz formten und es Jesus darboten, verstanden und erraten zu werden.

Vermöchte ein Blümchen zu reden, ich glaube, es würde schlicht und einfach darlegen, was der liebe Gott ihm alles erwiesen hat. Ohne seine eigenen Gaben unter dem Schein einer falschen Demut zu verbergen, würde es nicht sagen, es sei ohne Anmut und ohne Duft, die Sonne habe seinen Glanz getrübt und das Unwetter seinen Stengel geknickt, wenn es sich des Gegenteils bewusst wäre.

Jene Blume nun, die sich anschickt, ihre eigene Geschichte zu erzählen, freut sich der Aufgabe, die ganz unverdienten Gnadenerweise Jesu zu künden. Sie ist sich bewusst, dass nichts an ihr geeignet war, die Blicke des Herrn auf sie zu lenken, sondern dass es seine Barmherzigkeit allein ist, die sie mit Reichtümern überschüttet hat.

Er war es, der sie auf heiligem und ganz wie von jungfräulichem Duft gesättigtem Boden geboren werden ließ. Er ließ ihr *acht Lilien* von blendendem Weiß vorausgehen. In seiner Liebe hat er sie vor dem Gifthauch der Welt bewahren wollen. Kaum begann ihr Kelch sich zu öffnen, da verpflanzte der gute Meister sie auf die Höhen des Karmelberges, dem auserlesenen Garten der Jungfrau Maria.

Meine Mutter, damit ist in wenigen Worten zusammengefasst, was der liebe Gott für mich getan hat. Ich werde Einzelheiten aus meinem Leben schildern, in denen andere einen langweiligen Bericht erblicken würden, von denen ich aber weiß, dass sie Ihr mütterliches Herz erfreuen.

Zudem: jene Erinnerungen, von denen ich spreche, sind ja auch die Ihren. Meine Kindheit war von Ihrer Nähe umgeben, und ich hatte das Glück, das Kind heiliger Eltern zu sein, die uns beide mit gleicher Liebe und Zärtlichkeit umhegten.

So mögen unsere Eltern gütigst das jüngste ihrer Kinder segnen und ihm beistehen, das Lob der göttlichen Hulderweise zu besingen.

Bis zum Eintritt in den Karmel unterscheide ich drei deutlich hervortretende Abschnitte in der *Geschichte meiner Seele.* Ist der erste Abschnitt auch nur kurz, so ist er doch reich an Erinnerungen. Er erstreckt sich vom Erwachen der Vernunft bis zum Heimgang unserer Mutter ins himmlische Vaterland, also bis zum Alter von vier Jahren und acht Monaten.

Durch ein Gnadengeschenk Gottes wurde mein Verstand schon sehr früh lebendig. Die Geschehnisse meiner Kindheit prägten sich meinem Gedächtnis so tief ein, dass ich glaube, erst gestern habe sich alles ereignet. Offensichtlich wollte Jesus, dass ich die unvergleichliche Mutter, die er mir gegeben hatte, kennen und schätzen lerne. Leider hat seine göttliche Hand sie mir schon früh weggenommen, um ihr die himmlische Krone zu geben.

Mein ganzes Leben lang gefiel es dem Herrn, mich mit Liebe zu umhegen. Schon meine frühesten Erinnerungen sind geprägt von Lächeln und Zärtlichkeit. In meiner Umgebung ließ Gott nicht nur den Geist der Liebe ausströmen, sondern er legte diesen Geist auch in mein Herz hinein, indem er es zartfühlend und empfindsam erschaffen hat. Niemand kann sich vorstellen, wie innig ich *Vater* und *Mutter* liebte. Auf tausenderlei Art und Weise bekundete ihnen mein so sehr mitteilsames Herz seine Liebe. Stelle ich mir heute noch vor, welcher Mittel ich mich dabei bediente, so waren sie manchmal seltsam.

Sie übergaben mir, geliebte Mutter, die Briefe, die unsere Mama an Sie geschrieben hat, als Sie im Pensionat der Heimsuchung zu Le Mans waren. Ich entsinne mich noch ganz genau der darin geschilderten Dinge. Deshalb halte ich es auch für einfacher, einige Abschnitte dieser entzückenden Briefe wiederzugeben, die meiner Ansicht nach allzu viel Lob über mich enthalten, weil die Liebe einer Mutter sie diktiert hat.
Als Beweis zitiere ich einige Worte der Mama:

„Unser Kleinchen ist ein Schelm sondergleichen. Es liebkost mich und wünscht mir gleichzeitig den Tod: ‚*O wie gern möchte ich dich sterben sehen, mein armes Mütterchen!*' *Weist man Thereschen deshalb zurecht, dann entschuldigt sich das Kind ganz erstaunt und sagt: ‚Ich möchte ja nur haben, dass du in den Himmel kommst. Du hast gesagt, man müsse erst sterben, um dorthin zu gelangen.*' Wenn Thereschen gar *keine* Grenzen *ihrer Liebe* mehr kennt, dann wünscht sie auch ihrem Vater den Tod.

Unser Liebling will sich gar nicht von mir trennen. Den ganzen Tag folgt mir das Kind auf Schritt und Tritt, ganz besonders in den Garten. Gehe ich aber wieder ins Haus zurück, will Thereschen unter keinen Umständen allein im Garten bleiben und weint dann so sehr, dass man gezwungen ist, sie zu mir zurückzubringen. Desgleichen geht sie niemals die Treppe allein hinauf, ohne auf jeder Stufe auszurufen: *‚Mama! Mama!‘* Soviel Stufen – sooft das Wort ‚Mama!‘ Vergesse ich unglücklicherweise einmal zu antworten: Ja, mein Kindchen!‘, dann bleibt sie stehen und geht weder hinauf noch hinunter."

(Aus einem anderen Brief):„Thereschen fragte mich letzthin, ob sie auch in den Himmel komme. ‚Ja, wenn du lieb bist!‘ antwortete ich ihr. – *‚Oh, Mama‘*, erwiderte sie, *‚wenn ich also nicht lieb bin, komme ich dann in die Hölle? Aber ich weiß ganz gut, was ich dann tun würde: ich würde in den Himmel hinauffliegen zu dir! Dann würdest du mich ganz fest in deine Arme schließen! Wie sollte der liebe Gott es dann auch machen, um mich fortzunehmen?‘* Ihr Blick verriet mir, dass sie davon überzeugt war, der liebe Gott könne ihr nichts anhaben, wenn sie sich in den Armen ihrer Mutter verbergen würde.

Maria hat ihr Schwesterchen sehr gern. Thereschen ist ein Kind, das uns allen viel Freude macht. Sie ist von einer außerordentlichen Offenheit. Geradezu entzückend ist es, wenn sie mir nachläuft, um ihre kleinen Fehler zu bekennen: *‚Mama, ich habe Celine einmal gestoßen! Ich habe sie einmal geschlagen, aber ich tue es nicht mehr.‘*

Hat sie das Geringste angestellt, dann muss alle Welt es wissen. Als sie beispielsweise dieser Tage unabsichtlich ein Stückchen Tapete an der Wand abgerissen hatte, war sie dermaßen betrübt, dass man Mitleid mit ihr haben musste. Auch wollte sie, dass ihr Vater die Sache möglichst rasch erfahre. Als dieser vier Stunden später nach Hause kam und niemand mehr daran dachte, lief sie zu Maria und sagte: *‚Erzähle schnell dem Papa, dass ich die Tapete abgerissen habe.‘* Dabei stand sie da wie eine kleine Sünderin, die auf ihre Strafe wartet. Sie vertritt nun einmal den Standpunkt, ihr werde schneller verziehen, wenn sie sich selbst anklagt.“

Der Hinweis auf unseren geliebten Vater bringt mich unwillkürlich darauf, manche frohen Erinnerungen hier festzuhalten. Sooft er heimkam, lief ich ihm unfehlbar entgegen und setzte mich auf einen seiner Stiefel. Und dann ging er mit mir, solange ich Lust dazu hatte, durch die Zimmer und den Garten spazieren. Mama meinte lächelnd, er handle immer ganz nach meinem Willen. „Was willst du“, gab er zur Antwort, „sie ist *die Königin!*“ Dann nahm er mich bei den Armen, hob mich ganz hoch, setzte mich auf seine Schulter und umarmte und liebkoste mich auf alle mögliche Weise. Und dennoch kann ich nicht sagen, dass er mich verwöhnt hat. Noch sehr gut entsinne ich mich, wie er eines Tages an mir vorüberging, als ich mich nach Herzenslust auf der Schaukel vergnügte, und zu mir sagte: „Komm, meine kleine Königin, gib mir einen Kuss!“ Ganz meiner Gewohnheit zuwider blieb ich sitzen und antwortete etwas schnippisch: „Bemühe du dich zu mir, Papa.“ Er tat, als hörte er es nicht, und das war das einzig Richtige. Maria, die zugegen war, sagte zu mir: „Du ungezogenes Kind! Wie hässlich ist es, seinem Vater eine solche Antwort zu geben!“ Sofort verließ ich die verhängnisvolle Schaukel. Die Strafpredigt tat ihre Wirkung: Ich weinte so bitterliche Reuetränen, dass man es im ganzen Hause hörte. Schnell lief ich die Treppe hinauf – aber diesmal, ohne unaufhörlich „Mama“ zu rufen! Ich hatte nur das eine im Sinn: so schnell wie eben möglich meinen Vater ausfindig zu machen und mich mit ihm auszusöhnen. Das war schnell geschehen.

Der Gedanke, meine so lieben Eltern betrübt zu haben, war für mich etwas Unerträgliches. Die Erkenntnis meines Unrechts war das Werk eines Augenblicks. Meine Mutter beweist das mit einer Begebenheit, die sie aus meinen Kindheitstagen berichtet: „Eines Morgens, als ich das Schlafzimmer verließ, wollte ich Thereschen einen Kuss geben. Sie schien noch fest zu schlafen. Daher wagte ich nicht, sie zu wecken. Maria aber sagte zur mir: ‚Mama, die tut nur so, als schlafe sie noch. Ich weiß es ganz bestimmt, sie ist wach.‘ Als ich mich daraufhin über ihr Bettchen neigte, um ihr einen Kuss zu geben, zog sie schnell die Decke über den Kopf und rief gleich einem verwöhnten Kind: *‚Ich will nicht, dass man mich sehe!‘* Ich war darüber sehr ungehalten und ließ es sie fühlen. Zwei Minuten später hörte ich sie weinen, und zu meiner größten Überraschung stand sie kurz darauf an meiner Seite. Ganz allein war sie aus ihrem Bettchen gestiegen und im Nachthemdchen, das größer als sie selbst war, barfuß die Treppe heruntergekommen. Sie hatte ein ganz verweintes Gesicht. *‚Mama‘*, sagte sie, indem sie sich auf die Knie vor mir niederwarf, *‚ich bin böse gewesen, verzeihe mir!‘* Die Verzeihung war recht bald gewährt. Ich schloss mein Engelchen in meine Arme, drückte es ans Herz und küsste es immer wieder.“

Ich erinnere mich auch der großen Zuneigung, die ich von dieser Zeit an für meine geliebte Patin (ihre Schwester Maria) hegte, die ihre Studien bei den Schwestern von der Heimsuchung in Le Mans beendet hatte. Unauffällig achtete ich auf alles, was um mich herum vor sich ging und besprochen wurde. Ich glaube, dass ich schon damals ähnlich wie heute urteilte. Aufmerksam hörte ich den Lehren zu, die Celine von Maria erhielt. Damit ich während dieser Unterrichtszeit im Zimmer bleiben durfte, war ich sehr brav und gehorchte ihr in allem. Sie überhäufte mich mit Geschenken, die mir sehr große Freude bereiteten, wenn sie auch geringen Wert hatten.

Ich darf sagen, dass ich auf meine beiden großen Schwestern sehr stolz war. Da aber Pauline so weit weg zu sein schien, träumte ich Tag und Nacht von ihr. Kaum fing ich an zu sprechen, fragte Mama: „Woran denkst du?“ Und regelmäßig gab ich zur Antwort: „An Pauline!“ Ab und zu hörte ich sagen, Pauline werde Ordensfrau. Dann dachte ich, ohne recht zu wissen, was das bedeute: *„Auch ich will Ordensfrau werden.“* Das ist eine meiner ersten Kindheitserinnerungen, und seit dieser Zeit habe ich niemals meinen Entschluss geändert. Somit war es also Ihr Beispiel, das mich schon im Alter von zwei Jahren zum Bräutigam der Jungfrauen hinzog.

O meine Mutter! Welch beglückende Erwägungen möchte ich Ihnen nun über meine Beziehungen zu Ihnen anvertrauen. Aber das würde mich zu weit führen. Auch die liebe kleine Leonie nahm einen recht großen Platz in meinem Herzen ein, und sie liebte mich sehr. Kam sie abends aus der Schule, dann bot sie sich an, allein bei mir zu Hause zu bleiben, wenn alle anderen spazieren gingen. Jetzt noch klingen in meinen Ohren jene trauten Kehrreime wider, die sie mit ihrer angenehmen Stimme an meinem Bettchen sang, um mich einzuschläfern. Noch entsinne ich mich sehr genau des Tages ihrer ersten heiligen Kommunion und auch ihrer kleinen Gefährtin, die unsere liebe Mutter gemäß einem rührenden Brauch, wie er bei den wohlhabenden Familien Alençons üblich war, zu ihrem Erstkommuniontag neu gekleidet hatte. An diesem Ehrentag wich dieses Kind keinen Augenblick von Leonies Seite und nahm abends beim Festessen den Ehrenplatz ein. Leider war ich damals noch zu klein, um dabei sein zu dürfen. Und dennoch bekam ich etwas davon: unser gütiger Papa brachte beim Nachtisch eigenhändig seiner kleinen Königin ein Stück Festkuchen.

Nun muss ich noch über Celine, die Gefährtin meiner Kindheitsjahre, berichten. Die Erinnerungen, die sich auf sie beziehen, sind so zahlreich, dass ich nicht weiß, welche ich auswählen soll. Celine und ich verstanden uns ausgezeichnet. Nur war ich viel lebhafter und unbefangener als sie. Folgender Brief meiner Mutter zeigt, wie lieb Celine und wie böse ich war. Damals war ich etwa drei Jahre alt und Celine sechseinhalb.

„Die kleine Celine neigt sehr zur Tugendhaftigkeit, aber noch weiß man nicht, wie sich *unser kleiner Wildfang* entwickeln wird. Thereschen ist eben noch zu jung und unbesonnen. Sie ist zwar sehr intelligent, aber bei weitem nicht so sanft wie ihre Schwester. Obendrein hat sie auch noch einen fast unüberwindlichen Eigensinn. Sagt sie einmal *nein,* dann vermag nichts sie zum Nachgeben zu bringen. Man könnte sie einen ganzen Tag in den Keller sperren, ohne ein Ja von ihr zu erzwingen, sie würde lieber die Nacht über im Keller schlafen als nachgeben."[2]

Ich hatte noch einen anderen Fehler, von dem Mama nicht in ihrem Brief spricht: meine große Eigenliebe. Dafür nur zwei Beispiele:

Eines Tages wollte Mama wohl feststellen, wie weit mein Stolz gehe, und sagte lächelnd zu mir: „Thereschen, wenn du den Boden küsst, bekommst du einen Sou!"[3]. Damals bedeutete ein Sou für mich ein ganzes Vermögen. Um einen solchen zu gewinnen, war bei meinem Kleinsein wirklich keine große Mühe nötig, da ich nicht weit vom Boden entfernt war. Aber mein Stolz bäumte sich dagegen auf. Mich kerzengerade hinstellend, gab ich zur Antwort: „O nein, Mütterchen, lieber will ich keinen Sou haben!"

Ein anderes Mal sollten wir einen Besuch bei einer befreundeten Familie auf dem Land machen. Mama bat Maria, mir das schönste Kleidchen – aber mit Ärmeln – anzuziehen. Ich erwiderte kein Wort und blieb äußerlich völlig gleichgültig. So wie es Kinder in meinem damaligen Alter tun. Für mich aber dachte ich: „Ich wäre doch viel hübscher mit bloßen Ärmchen!"

Bei einer solchen Veranlagung – ich war mir völlig klar darüber – wäre ich ein sehr böses Kind geworden und

2 Therese verschweigt in ihrer Demut den Nachsatz der Mutter in diesem Brief: „Aber, liebe Pauline, du verstehst mich: das alles ist reichlich übertrieben, denn es ist etwas, was nicht tief sitzt; wir finden unsere Kleine einfach reizend – selbst in ihren kindlichen Fehlern."

3 Ein Sou entsprach dem Gegenwert von 2 Euro-Cent.

vielleicht ewig verloren gegangen, hätten mich meine Eltern nicht tugendhaft erzogen.

Jesus aber wachte über seine kleine Braut. Er lenkte ihre Fehler zum Guten. Da man sie rechtzeitig bekämpfte, dienten sie ihr dazu, in der Vollkommenheit voranzuschreiten.

Da ich neben meiner Eigenliebe auch die Liebe zum Guten mein eigen nannte, genügte es, mir nur ein einziges Mal zu sagen: „Das darfst du nicht!“ Dann kam mir niemals mehr der Wunsch, es wieder zu tun.

Mit großer Freude stelle ich in den Briefen der lieben Mutter fest, dass ich mit fortschreitendem Alter ihr immer mehr Freude machte. Ich hatte ja nur gute Beispiele vor Augen und wollte diesen treu nacheifern. Im Jahre 1876 schrieb Mama:

„Selbst Thereschen möchte Opfer bringen. Maria hat ihren beiden Schwestern eine Art Rosenkranz geschenkt, der eigens gemacht ist, damit sie ihre kleinen Tugendübungen zählen können. Celine und Thereschen führen wirkliche geistliche Gespräche, die sehr ergötzlich sind. Kürzlich hörte ich Celine sagen: ‚Wie ist es eigentlich möglich, dass der liebe Gott in einer so kleinen Hostie ist?‘ Darauf gab ihr Thereschen zur Antwort:

‚Das ist doch gar nicht sehr zu verwundern, denn der liebe Gott ist allmächtig!‘ – ‚Allmächtig? Was heißt denn das?‘ – ‚Das heißt, dass er alles tut, was er will!‘

Noch viel bemerkenswerter aber ist es, festzustellen, wie Thereschen täglich ihre Händchen mehr als hundertmal in die Tasche steckt, um eine Perle ihres Rosenkränzchens zu verschieben, sooft sie sich überwunden hat.

Celine und Thereschen sind unzertrennlich. Sie brauchen niemanden, um sich die Zeit zu vertreiben. Als die Amme letzthin Thereschen einen Zwerghahn und ein Zwerghuhn schenkte, gab sie gleich den Hahn ihrem Schwesterchen. Jeden Abend nach dem Essen holte Celine den Hahn. Im Nu hat sie ihn erfasst. Und auch das Huhn. Dann setzten die beiden Kinder sich zum Kaminfeuer und spielten lange miteinander.

Eines Morgens fiel es Thereschen ein, allein aus ihrem Bett zu klettern und sich zu Celine ins Bett zu legen. Vergeblich suchte das Kindermädchen nach ihr, um sie anzukleiden. Als sie Thereschen endlich entdeckt hatte, umarmte diese Celine, schloss sie fest in ihre Arme und rief aus: *„Lass uns nur, Luise, du siehst ja, wir sind wie zwei weiße Hühnchen, wir können uns nicht trennen!"*

In der Tat, ich konnte nicht ohne Celine sein. Auch wenn ich mit dem Nachtisch noch nicht ganz fertig war, stand ich jedes Mal mit auf, wenn sie es tat, nur um ihr folgen zu können. Ich drehte mich auf meinem großen Kinderstuhl hin und her und wollte möglichst schnell herunter. Dann gingen wir spielen.

Da ich noch zu klein war, um sonntags mit in die Kirche zu gehen, blieb die Mama bei mir zu Hause. Bei dieser Gelegenheit war ich besonders brav und ging nur auf den Fußspitzen im Zimmer einher. Sobald aber die Tür aufging, kannte meine Freude keine Grenzen mehr. Voller Begeisterung stürzte ich mich auf meine reizende kleine Schwester und rief aus: „O Celine, gib mir rasch gesegnetes Brot!"[4]. An einem Sonntag hatte sie

4 In vielen französischen Kirchen wird beim Sonntagsgottesdienst Brot gesegnet, das die Gläubigen mit nach Hause nehmen.

keines mitgebracht. Was sollte ich nur anfangen? Ich konnte nicht darauf verzichten. Dieses gesegnete Brot war für mich ein Festmahl, das ich meine Messe nannte. Plötzlich kam mir ein lichtvoller Gedanke: „Wenn du kein gesegnetes Brot mitgebracht hast, dann bereite welches!" Daraufhin öffnete Celine den Küchenschrank, nahm das Brot heraus, schnitt einen Bissen davon ab, betete ganz andächtig ein *Ave Maria* darüber und reichte es mir in feierlicher Weise. Ich machte das Kreuzzeichen, aß das Brot mit großer Andacht und fand, dass es wie das geweihte Brot schmeckte.

„Ich wähle alles!" Als Leonie eines Tages wohl dachte, sie sei schon zu groß, um noch mit Puppen zu spielen, brachte sie uns beiden einen ganzen Korb voll von Puppenkleidchen, schönen Stoffresten und anderem Zierrat. Obendrauf lag ihre Puppe. „Hier, meine Schwesterchen", rief sie aus, „wählt davon aus, was euch gefällt!" Celine schaute sich alles an und nahm einen Knäuel Bandschnüre. Ich überlegte einen Augenblick, streckte die Hände aus, rief: *„Ich wähle alles!"* und trug den Korb mit der Puppe davon.

Dieser Zug aus den Kindheitstagen ist gewissermaßen die Zusammenfassung meines ganzen Lebens. Nachdem mir später klar geworden war, worin die Vollkommenheit besteht, begriff ich, dass man viel leiden, stets nach dem Vollkommensten streben und sich selbst vergessen muss, um eine Heilige zu werden.

Ich verstand auch, dass es zahlreiche Grade der Heiligkeit gibt. Es wurde mir klar, dass es auch der schlichtesten Seele freisteht, dem Entgegenkommen des Heilandes zu entsprechen und wenig oder viel für seine Liebe zu tun. Kurz gesagt: die Seele kann zwischen den

Opfern, die der Heiland verlangt, wählen. Wie in meinen Kindheitstagen rief ich daher aus: „Mein Gott, ich wähle alles! Ich will keine halbe Heilige werden. Ich habe keine Angst, aus Liebe zu dir zu leiden. Nur dies eine fürchte ich: meinen eigenen Willen zu bewahren. Nimm du ihn hin: *ich wähle alles, was du willst!*"

Aber ich schweife ab, geliebte Mutter. Noch darf ich Ihnen nichts aus meinen Jugendjahren erzählen, denn ich stehe ja bei dem kleinen Kind von drei bis vier Jahren.

Ich erinnere mich eines Traumes, den ich in diesem Alter hatte und der sich meinem Gedächtnis tief eingeprägt hat:

Ich ging ganz allein im Garten spazieren, als ich plötzlich bei der Laube zwei abscheuliche Teufelchen erblickte, die mit staunenswerter Flinkheit auf einem Kalkfass tanzten, obschon sie schwere Eisenfesseln an den Füßen trugen. Mit glühenden Augen stierten sie mich an. Wie wenn sie mich fürchteten, stürzten sie sich plötzlich ins Fass hinein, kamen aber – ich weiß nicht wie – aus einer Öffnung heraus, liefen fort und versteckten sich schließlich in der Waschkammer, die zu ebener Erde an den Garten stieß. Da ich sah, wie feige sie waren, wollte ich wissen, was sie dort anstellten. Nachdem ich meine anfängliche Furcht überwunden hatte, ging ich zum Fenster ... Da sah ich, wie die armen Teufelchen auf dem Tisch umherliefen und nicht mehr wussten, wie sie sich meinen Blicken entziehen könnten. Von Zeit zu Zeit kamen sie ans Fenster und spähten unruhig durch die Scheiben. Sobald sie sahen, dass ich noch immer da war, begann das verzweifelte Hin- und Herrennen von neuem.

Gewiss ist nichts Außergewöhnliches an diesem Traum. Aber ich glaube dennoch, dass sich der liebe Gott seiner bedient hat, um mir zu zeigen, dass eine Seele, die im Stande der Gnade ist, nichts von den Teufeln zu fürchten hat, da sie ja so feige sind und sogar vor dem Blick eines Kindes die Flucht ergreifen.

O meine Mutter, wie glücklich war ich in diesem Lebensalter! Nicht nur fing ich an, mich des Lebens zu freuen, sondern die Tugend zog mich an. Mir will scheinen, dass ich damals die gleiche Seelenverfassung hatte wie heute, da ich bereits eine große Gewalt über mein ganzes Handeln besaß. Es war mir schon zur Gewohnheit geworden, mich niemals zu beklagen, wenn mir etwas weggenommen wurde, was mir gehörte. Oder wurde ich ungerecht beschuldigt, dann zog ich vor zu schweigen, statt mich zu verteidigen. Ich hatte aber daran keinerlei persönliches Verdienst: ich fand es ganz natürlich, so zu handeln.

„Ach, wie rasch vergingen diese sonnigen Jahre meiner frühesten Kindheit, und welch zarte und wonnige Eindrücke haben sie in meiner Seele hinterlassen!

Ich entsinne mich noch voll Freude jener Tage, da Papa uns mit zum Pavillon[5] nahm. Ich erinnere mich auch besonders der Sonntagsspaziergänge, wo unsere liebe Mutter immer dabei war. Noch wirken die tiefen, stimmungsvollen Eindrücke in meiner Seele nach, die mein Herz beim Anblick der mit Kornblumen, Klatschmohn und Maßliebchen dichtbesäten Felder bewegten. Schon damals liebte ich die fernen

5 Ein kleines Landgut außerhalb der Stadt, das Herrn Martin gehörte und jetzt auch den Pilgern zugänglich ist.

Horizonte, den weiten Himmelsraum, die großen Bäume. Kurzum: die ganze herrliche Natur entzückte mich und riss meine Seele zum Himmel empor.

Öfters kam es vor, dass wir bei diesen langen Spaziergängen armen Menschen begegneten. Thereschen wurde immer wieder beauftragt, ihnen ein Almosen zu reichen. Und das machte sie überglücklich.

Zuweilen geschah es, dass unser guter Papa den Weg für seine kleine Königin zu weit fand und zu ihrem großen Leidwesen mit ihr heimkehrte. Um mich dann zu trösten, pflückte Celine Maßliebchen und füllte damit ihr Körbchen, um sie mir bei ihrer Heimkehr zu schenken.

In der Tat: alles lächelte mir auf dieser Erde zu. Bei jedem Tritt schritt ich über Blumen dahin. Meine glückliche Wesensart trug viel dazu bei, mir mein Leben angenehm zu gestalten.

Aber ein neuer Lebensabschnitt stand bevor: da ich schon so früh die Braut Christi werden sollte, musste ich schon von Kindheit an leiden. Wie die Frühlingsblumen schon unter der Schneedecke zu keimen beginnen und sich unter den Strahlen der Frühlingssonne entfalten, so musste auch die kleine Blume, deren Erinnerungen ich schreibe, mitten durch den Winter der Prüfungen hindurch und ihren zarten Kelch mit dem Tau der Tränen füllen lassen ...

II
Leiden und Freuden

Alle Einzelheiten der Krankheit unserer Mutter sind meinem Herzen noch gegenwärtig. Ganz besonders die letzten Wochen ihres irdischen Lebens blieben in meiner Seele lebendig. Celine und ich kamen uns in dieser Zeit wie arme, kleine Verbannte vor. Jeden Morgen kam Frau X uns abholen, und wir blieben bei ihr. An einem Morgen hatten wir vor dem Weggehen keine Zeit mehr, unser Morgengebet zu verrichten. Unterwegs flüsterte Celine mir ins Ohr: „Sollen wir sagen, dass wir unser Morgengebet noch nicht verrichtet haben?" – „O ja", erwiderte ich. Daraufhin vertraute sie ihr kleines Geheimnis der Dame ganz schüchtern an, die nur zur Antwort gab: „Dann werdet ihr es gleich verrichten, Kinderchen!" Damit ließ sie uns allein in einem ihrer großen Zimmer und ging fort. Ganz bestürzt schaute mich Celine an. Ich war es nicht weniger und rief aus: „Das ist aber nicht so wie bei Mama, die immer mit uns zusammen gebetet hat."

Was immer sie uns tagsüber auch an Zerstreuungen zu bieten versuchte: wir konnten den Gedanken an unsere liebe Mutter nicht loswerden. Noch entsinne ich mich, wie Celine eines Tages eine schöne Aprikose geschenkt bekam und zu mir sagte: „Die essen wir nicht! Ich nehme sie Mama mit!" Aber unsere Mutter war schon so krank, dass sie keine Früchte der Erde mehr essen konnte. Ihr Hunger sollte erst in der Herrlichkeit des Himmels gestillt werden ... Im Himmel sollte sie mit Jesus den geheimnisvollen Wein trinken, von dem er beim letzten Abendmahl redete, indem er uns versprach, ihn im Reiche seines Vaters mit uns zu teilen.

Die ergreifende Zeremonie der Letzten Ölung hat sich tief in meine Seele eingeprägt. Noch sehe ich im Geiste die Stelle neben dem Sterbebett unserer Mutter, wo man mich niederknien ließ. Noch höre ich das Schluchzen unseres armen Vaters.

Am Tage nach Mamas Tod[6] nahm er mich auf den Arm und sagte: „Komm, gib deinem geliebten Mütterchen noch einen letzten Kuss!" Ohne ein Wort zu sagen, drückte ich meine Lippen auf die eiskalte Stirne meiner geliebten Mutter.

Ich entsinne mich nicht, viel geweint zu haben. Mit niemandem sprach ich von den tiefsten Gefühlen, die mein Herz erfüllten. Schweigend schaute und hörte ich zu. Vieles sah ich auch, was man mir hatte verbergen wollen: Vor dem Sarg, der im Hausflur aufgestellt war, stand ich für kurze Zeit allein. Lange betrachtete ich ihn. Obwohl ich noch nie zuvor einen Sarg gesehen hatte, begriff ich doch, um was es ging. Ich war noch so klein, dass ich den Hals recken musste, um ihn ganz zu sehen. Er schien mir gar groß, gar düster …

Fünfzehn Jahre später stand ich wieder vor einem Sarg: dem Sarg unserer heiligmäßigen Mutter Genoveva[7]. Ich fühlte mich in meine Kindheitstage zurückversetzt. In reicher Fülle stürmten die Erinnerungen in meinem Gedächtnis durcheinander. Es war zwar dieselbe kleine Therese, die betrachtend vor diesem Sarg stand,

6 Frau Martin starb am 28. August 1877 um 11 Uhr abends. Sie stand im 46. Lebensjahr.

7 Die ehrwürdige Mutter Genoveva von der heiligen Theresia ist die Gründerin des Karmels von Lisieux.

Therese Martin mit 13 Jahren.

aber inzwischen war sie groß geworden, und der Sarg kam ihr klein vor. Sie brauchte sich nicht mehr zu recken, um ihn ganz zu betrachten, sie blickte nur zum Himmel empor, der sich sehr zu freuen schien, weil ihre Seele inzwischen durch die Prüfungen so gereift und gestärkt war, dass auf Erden nichts mehr sie zu betrüben vermochte.

An jenem Tage, da die heilige Kirche die sterblichen Überreste unserer geliebten Mutter einsegnete, ließ der liebe Gott mich nicht ganz verwaist sein: er gab mir eine andere Mutter, die er mich frei wählen ließ.

Wir fünf Schwestern waren beisammen und sahen uns gegenseitig traurig an. Von Mitleid gerührt, wandte sich unser Dienstmädchen an Celine und mich: „Arme Kinderchen, ihr habt nun keine Mutter mehr!“ Nach diesen Worten stürzte sich Celine in Marias Arme und rief: „Dann wirst du von jetzt ab Mama sein!“ Stets gewohnt, dem Beispiel Celines in allem zu folgen, hätte ich es bei einem so passenden Vorgehen erst recht tun müssen. Aber ich dachte, Pauline könnte traurig sein und sich verlassen fühlen, wenn sie kein Töchterchen hätte. Voll Zärtlichkeit blickte ich daher zu Ihr auf, barg mein Köpfchen an Ihr Herz und rief aus: „Für mich wird Pauline Mama sein!“

Wie schon erwähnt, begann mit dieser Zeit der zweite und schmerzlichste Abschnitt meines Lebens. Ganz besonders seit dem Tage, da jene in den Karmel eintrat, die ich mir zur Mutter erwählt hatte. Diese Zeit reicht vom Alter von viereinhalb Jahren bis zum vierzehnten Lebensjahr. Obgleich ich den Ernst des Lebens immer mehr erfasste, fand ich eben damals die kindliche Gemütsart wieder.

Es ist Ihnen bekannt, meine Mutter, dass sich sofort nach Mamas Tod meine glückliche Charakteranlage völlig veränderte. Vorher sehr lebhaft und mitteilsam, wurde ich nun schüchtern, still und über die Maßen empfindsam. Oftmals genügte ein einziger Blick, um mich in Tränen ausbrechen zu lassen. Niemand durfte sich um mich kümmern. Fremde Menschen konnte ich in meiner Umgebung nicht ertragen. Nur im Familienkreis fand ich meinen Frohsinn wieder. Hier war ich fortwährend von den feinfühligsten Liebesbeweisen umgeben. Das schon so liebevolle Herz unseres Vaters schien nunmehr um eine wahrhaft mütterliche Liebe bereichert zu sein.

Immer wieder fühlte ich auch, wie Sie und Maria zu zärtlichen und uneigennützigen Müttern für mich geworden waren.

Ja, wenn der liebe Gott seiner kleinen Blume diese so wohltuenden Strahlen nicht in einer geradezu verschwenderischen Fülle hätte zuteil werden lassen, so wäre sie wohl nie auf dieser Erde heimisch geworden. Sie bedurfte der Wärme eines linden Taus und der Frühlingslüfte, da sie ja noch zu schwach war, um Regen und Gewitter zu ertragen. Selbst unter der Schneedecke der Prüfungen entbehrte sie diese Wohltaten nicht.

Als wir von Alençon wegzogen, empfand ich keinerlei Bedauern darüber. Kinder lieben die Abwechslung und das Außergewöhnliche. Ich kam also mit Freuden nach Lisieux[8]. Ich entsinne mich noch genau der Reise und

8 Am 15. November 1877 beschloss Herr Martin, mit seinen Kindern nach Lisieux zu ziehen, um so eine engere Verbindung zwischen der Familie Guérin (Onkel und Tante) und der seinen zu ermöglichen. Die älteren Töchter sollten an ihrer Tante eine Beraterin in ihrer neuen Lebensaufgabe als Erzieherinnen der jüngeren Schwestern finden.

wie wir am Abend bei meinem Onkel ankamen. Noch sehe ich meine Kusinchen Johanna und Maria, wie sie uns mit meiner Tante am Hauseingang erwarteten. Wie tief war ich gerührt über die herzliche Aufnahme, die unsere lieben Verwandten uns bereiteten!

Am folgenden Tag wurden wir zu unserem neuen Heim, „Les Buissonnets", geführt, das in einem etwas einsamen Stadtteil liegt, ganz in der Nähe der schönen Promenade, die man „Garten des Sternes" nennt.

Ich fand das Haus einfach entzückend. Vom Balkonzimmer aus konnte man weit in die Landschaft schauen; ein im englischen Stil angelegter Garten lag vor dem Hause und ein anderer großer Garten hinter dem Hause: das alles war für meine kindliche Phantasie etwas Neues und Beglückendes. Wirklich, dies herrliche Heim wurde für mich zum Schauplatz sehr stiller Freuden und unvergesslicher Familienerlebnisse. Wie schon gesagt, fühlte ich mich außerhalb dieses Heimes wie in der Verbannung. Mir kamen die Tränen, und ich ward mir so recht bewusst, dass ich keine Mutter mehr hatte. Daheim aber lebte mein kleines Herz auf, und ich lächelte dem Leben wieder entgegen.
Schon morgens beim Aufstehen liebkosten Sie mich, und an Ihrer Seite verrichtete ich mein Morgengebet.

Sie lehrten mich auch lesen. Noch erinnere ich mich, dass es das Wort „cieux", Himmel, war, das ich als erstes allein zu lesen vermochte. War mein Unterricht zu Ende, dann ging ich meistens zum Vater hinauf, der sich oft im Balkonzimmer aufhielt. Wie glücklich war ich, wenn ich ihm von meinen guten Noten berichten konnte!

Jeden Nachmittag machte ich einen kleinen Spaziergang mit ihm. Dann machten wir bald in dieser, bald in jener Kirche einen Besuch des allerheiligsten Altarsakramentes. So kam ich auch das erste Mal in die Karmelkapelle. „Siehst du, meine kleine Königin“, sagte Papa, „hinter diesem großen Gitter leben heiligmäßige Ordensfrauen, die immerfort zum lieben Gott beten.“ Ich ahnte nicht im Geringsten, dass ich neun Jahre später in ihrer Mitte sein und in diesem gebenedeiten Karmel so große Gnaden empfangen würde!

Nach Hause zurückgekehrt, machte ich meine Aufgaben. Die übrige Zeit gingen wir in den Garten, und ich tänzelte lustig um meinen geliebten Vater herum.

Mit der Puppe zu spielen lag mir nicht. Mein größtes Vergnügen war es, aus Samenkörnern und Baumrinden einen „Krankentee“ zu brauen. Begann der Tee sich schon zu färben, dann reichte ich dem Papa schnell eine Kostprobe in einem Tässchen, das so niedlich war, dass es wirklich zum Kosten seines Inhaltes einlud. Der feinfühlige Vater ließ dann alles liegen und tat lächelnd so, als ob er wirklich davon trinke.

Auch hatte ich viel Freude daran, Blumen zu pflegen. Mit viel Spaß baute ich Altärchen in einer Nische, die sich glücklicherweise in einer der Gartenmauern befand. War alles fertig, dann lief ich zu Papa. Um mir Freude zu machen, zeigte er sich von meinen wunderbaren Altärchen, die in meinen Augen ein Meisterwerk waren, ganz begeistert. Wollte ich die tausend kleinen Züge ähnlicher Art, die in meiner Erinnerung geblieben sind, einzeln aufzählen, ich käme an kein Ende. Wie aber vermöchte ich erst jene zärtlichen Liebesbeweise zu schildern, mit denen mein unvergesslicher Vater seine kleine Königin geradezu überschüttete! Außergewöhnlich schöne Tage gab es für mich, wenn mein *geliebter König,* wie ich den Vater gern nannte, mich zum Fischen mitnahm. Zuweilen versuchte auch ich, mit meiner kleinen Angel Fische zu fangen. Öfter aber zog ich es vor, mich etwas abseits in die mit Blumen übersäte Wiese zu setzen. Da versenkte ich mich ganz tief in meine Gedanken, und ohne zu wissen, was Betrachtung sei, tauchte meine Seele in einem wahren innerlichen Gebet unter. Ich lauschte den Tönen der Ferne, dem Säuseln des Windes. Manchmal drangen auch einige unklare Klänge der Militärmusik aus der Stadt an mein Ohr und weckten leise Wehmut in meinen Herzen. Die Erde erschien mir als ein Ort der Verbannung, und ich träumte vom Himmel.

So verging der Nachmittag rasch. Bald schon mussten wir wieder aufbrechen und zu den „Buissonnets" zurückkehren. Bevor wir aber alles zusammenpackten, aß ich erst mein im Körbchen mitgebrachtes Vesperbrot. Ach, die von Ihnen mit Marmelade bestrichene Schnitte sah ganz anders aus. Statt der frischen Marmeladenfarbe war nur noch eine verblasste und ins Brot eingesogene rote Schicht verblieben. Bei diesem Anblick erschien mir die Erde noch trauriger, und es wurde mir klar, dass es erst im Himmel wirklich wolkenlose Freude geben kann.

Und da ich gerade von den Wolken spreche: ich erinnere mich, wie sie eines Tages das himmelblaue Firmament verdunkelten. Ein Gewitter zog herauf. Der von funkelnden Blitzen begleitete Donner rollte mächtig. Nach rechts und links wendete ich den Kopf, um mir nur ja nichts von diesem herrlichen Schauspiel entgehen zu lassen. Plötzlich sah ich, wie der Blitz in eine nahe Wiese einschlug. Ohne im Geringsten erschreckt zu sein, war ich entzückt: es kam mir vor, als sei der liebe Gott ganz nahe bei mir! Mein geliebter Vater aber, der von all dem weniger begeistert war als seine kleine Königin, riss mich aus meiner Träumerei heraus. Von kostbaren Perlen glänzten das Gras und die großen Maßliebchen, die höher waren als ich. Bevor wir zur Straße kamen, mussten wir einige Wiesen durchschreiten. Trotz seiner Fischereigeräte nahm Papa mich auf den Arm. So betrachtete ich diese glitzernden Diamanten von oben herab und bedauerte fast, nicht auch wie die Gräser und Blumen davon bedeckt und überschüttet zu sein.

Ich glaube, noch nicht darauf hingewiesen zu haben, dass ich bei unseren täglichen Spaziergängen in Lisieux und Alençon oft den uns begegnenden Armen ein Almosen reichen durfte. Eines Tages erblickten wir einen armen alten Mann, der sich mit seinen Krücken nur mühsam vorwärtsschleppte. Ich lief zu ihm hin und wollte ihm ein kleines Geldstück reichen. Lange und traurig schaute er mich an, schüttelte schmerzlich lächelnd den Kopf und wies die dargebotene Gabe zurück. Ich vermag nicht auszudrücken, was dabei in meinem Herzen vor sich ging. Ich wollte ihn ja nur trösten und ihm eine Freude machen. Stattdessen habe ich ihn wohl gedemütigt und ihm wehe getan. Er erriet wohl meine Gedanken, denn ich sah bald, wie er sich umdrehte und mir von ferne zulächelte. In der Zwischenzeit hatte Papa mir ein Stück Kuchen gekauft. Wie gerne wäre ich dem alten Mann nachgelaufen, um es ihm zu geben.

Ich sagte mir: „Wenn er auch kein Geld annahm, wird ihm ein Stück Kuchen doch sicherlich Freude machen." Aber ich weiß nicht, welche Scheu mich zurückhielt. Mein Herz war mir so schwer geworden, dass ich die Tränen nur mühsam unterdrücken konnte. Es kam mir dann aber schließlich in Erinnerung, einmal gehört zu haben, dass man am Tage der ersten heiligen Kommunion alle Gnaden erhalte, um die man bittet. Dieser Gedanke tröstete mich sofort, und obwohl ich erst sechs Jahre alt war, sagte ich mir: „Am Tage meiner ersten heiligen Kommunion werde ich für diesen armen Mann beten!" Fünf Jahre später löste ich mein Versprechen ein. Ich war stets der Meinung, dass mein Gebet für ein leidendes Glied Jesu Christi gesegnet und belohnt werde.

Je größer ich wurde, umso mehr liebte ich Gott. Oft schenkte ich ihm mein Herz, indem ich mich des Gebetes bediente, das Mama mich gelehrt hatte. Ich war bestrebt, in allen meinen Handlungen Jesus zu gefallen und ihn niemals zu beleidigen. Trotzdem beging ich eines Tages einen Fehler, den zu berichten sich lohnt. Er bietet mir eine günstige Gelegenheit, mich zu verdemütigen, und ich glaube, ihn durch vollkommene Reue wieder gutgemacht zu haben.

Es war im Mai 1878. Da Sie der Meinung waren, ich sei noch zu klein, um jeden Abend mit in die Maiandacht zu gehen, blieb ich mit dem Dienstmädchen zu Hause. Mit ihr verrichtete ich vor einem Altärchen, das ich mir nach eigenem Gutdünken hergerichtet hatte, meine Andacht. Die Kerzenleuchter, die Blumentöpfe und die anderen Sachen waren so klein, dass zwei Wachsdochte genügten, das Ganze zu erleuchten. Um meinen kleinen

Vorrat an Wachsdochten zu schonen, überraschte mich Viktoria bisweilen mit zwei Kerzenstümpfchen. Aber nur selten. Als wir eines Abends gerade anfangen wollten, unsere Andacht zu verrichten, sagte ich zu Viktoria: „Bitte, beginnen Sie mit dem ‚Gedenke, o süßeste Jungfrau ...' Ich zünde die Kerzchen an." Sie tat, als wollte sie anfangen, schaute mich dann aber an und lachte laut auf. Ich sah, wie meine kostbaren Kerzen rasch abbrannten, und ich beschwor Viktoria nochmals, das Gebet schnell anzufangen. Wiederum schwieg sie und lachte erneut hellauf! Ganz empört sprang ich auf, verlor meine gewohnte Sanftmut, stampfte mit dem Füßchen energisch auf den Boden und schrie gar laut: „Viktoria, Sie sind ein boshafter Mensch!"

Dem armen Mädchen war die Lust zum Lachen vergangen. Stumm und erstaunt schaute sie mich an und zeigte mir leider zu spät die als Überraschung bereitgehaltenen zwei Kerzenstümpfchen, die sie unter ihrer Schürze versteckt hatte. Statt der vergossenen Zornestränen weinte ich nun Reuetränen. Ich war tief beschämt und untröstlich. Und ich fasste den festen Entschluss, mich nie mehr so gehenzulassen.

Kurze Zeit später ging ich erstmals zur heiligen Beichte. Welch beglückende Erinnerung für mich! Sie, meine geliebte Mutter, hatten mir gesagt: „Thereschen, nicht einem Menschen wirst du deine Sünden bekennen, sondern dem lieben Gott selbst." Ich war davon so überzeugt, dass ich Sie allen Ernstes fragte, ob ich dem hochwürdigen Herrn Ducellier nicht sagen müsse, *ich liebe ihn von ganzem Herzen,* da ich doch in seiner Person mit dem lieben Gott reden werde. Ich wusste genau, was ich zu tun hatte, betrat den Beichtstuhl und kniete nieder[9]. Als der Priester sich mir zuwandte, sah er niemanden vor sich: ich war so klein, dass mein Köpfchen nur bis zum Rand des Beichtstuhlbrettes reichte, auf das man die Hände legt. Er bat mich, stehen zu bleiben. Sofort gehorchte ich seiner Weisung und richtete den Blick auf ihn, um ihn besser sehen zu können. Dann bekannte ich meine Sünden und empfing anschließend mit tiefem Glaubensgeist die Lossprechung. Denn Sie hatten mir versichert, dass in diesem Augenblick meine Seele durch die Tränen des lieben Jesus gereinigt werde. Ich erinnere mich noch der Ermahnung, die der Priester mir gab: er bat mich, ganz besonders die liebe Gottesmutter zu verehren. Ich nahm mir vor, hinfort meine zärtliche Liebe zu ihr noch zu vermehren. Nahm Maria doch bereits einen sehr großen Platz in meinem Herzen ein. Dann reichte ich dem Priester meinen kleinen Rosenkranz, damit er ihn segne. Zufrieden und erleichtert verließ ich den Beichtstuhl. Ich empfand eine Freude, wie ich sie nie zuvor gekannt habe. Es war am Abend. Als ich auf dem Heimweg an einer Gaslaterne vorbei kam, zog ich meinen frisch gesegneten Rosenkranz aus der Tasche und drehte und wendete ihn nach allen Seiten. „Was schaust du so, Thereschen?" fragten Sie mich. „Ich will nur nachsehen, *wie ein geweihter Rosenkranz aussieht!*" Diese kindliche Antwort machte Ihnen viel Spaß[10]. Lange Zeit war ich von der empfangenen Gnade ganz durchdrungen und wollte vor allen Festtagen beichten. Ich darf

9 Therese legte ihre erste Beichte bei dem Erzpriester Ducellier, Pfarrer der Kathedrale zu Lisieux, ab. Er starb im Jahre 1917.

10 Therese war sechs Jahre alt, als sie zur ersten heiligen Beichte ging.

sagen, dass diese Beichten meine kleine Innenwelt ganz mit Jubel erfüllten.

Überhaupt die Festtage! Oh, welch köstliche Erinnerungen weckt dieses Wort in meinem Herzen! Wie sehr liebte ich *die Festtage*! Wie gut haben Sie es doch verstanden, mir die in jedem Fest liegenden Geheimnisse zu erklären! Ja, diese auf Erden verbrachten Feiertage wurden für mich zu himmlischen Tagen. Vor allem liebte ich die Sakramentsprozessionen. Wie groß war meine Freude, vor dem Allerheiligsten Blumen streuen zu dürfen! Ich warf sie ganz hoch empor, bevor sie zur Erde niederfielen, und war am glücklichsten, wenn meine Rosenblätter die geheiligte Monstranz berührten.

O ja: *die Feste*! Waren auch die hohen Feiertage selten, so gab es doch jede Woche einen Tag, den ich besonders liebte: den Sonntag! Welch strahlender Tag! Es war das Fest des lieben Gottes – der Festtag der Ruhe! Am Vormittag ging die ganze Familie zum Hochamt. Ich erinnere mich noch an Predigten. Unser Platz in einer Seitenkapelle der Kirche war weit weg von der Kanzel. Noch entsinne ich mich, wie wir hinunter in das Mittelschiff gehen mussten, um während der Predigt Platz zu finden[11]. Das war nicht ganz leicht. Für Thereschen und ihren Vater beeilte jedermann sich, einen Stuhl anzubieten. Wenn mein Onkel uns beide kommen sah, freute er sich jedes Mal. Er nannte mich

11 Die Familie Martin hatte im oberen Teil der Kathedrale in einem Seitenschiff reservierte Plätze gemietet. Weil der Prediger dort nicht zu hören war, mußte sie während der Predigt hinunter in das Mittelschiff gehen.

seinen kleinen Sonnenstrahl. Er sagte immer wieder, es sei für ihn ein herrliches Schauspiel, wenn er diesen ehrwürdigen Patriarchen mit seinem Töchterchen an der Hand daherkommen sehe.

Mich selbst aber berührte es kaum, beobachtet zu werden. Ich war nur bestrebt, auf das zu achten, was der Priester von der Kanzel aus sagte. Die erste Predigt, die ich zu begreifen vermochte und die mich tief gerührt hat, handelte vom Leiden unseres Herrn und Heilandes. Fünfeinhalb Jahre zählte ich damals. Von da ab erfasste und überdachte ich den Sinn aller religiösen Unterweisungen.

Wenn während der Predigt von der heiligen Theresia die Rede war, dann neigte sich Papa zu mir herab und sagte ganz leise: „Höre gut zu, meine kleine Königin, es wird von deiner heiligen Namenspatronin gesprochen." O ja, ich hörte aufmerksam zu, aber ich gestehe, dass ich öfters zu Papa als zum Prediger emporblickte. Sein schönes Antlitz sagte mir so viel. Manchmal geschah es, dass seine Augen sich mit Tränen füllten, die er vergeblich zu unterdrücken suchte. Hörte er von den ewigen Wahrheiten sprechen, dann schien er nicht mehr auf dieser Welt zu weilen. Dann kam es mir vor, wie wenn seine Seele in eine andere Welt versenkt sei. Aber leider war seine irdische Laufbahn noch lange, lange nicht zu Ende: viele und bittere Jahre mussten noch vergehen, bevor sich der schöne Himmel seinen Augen erschließen und Jesus mit seiner göttlichen Hand die Tränen seines treuen Dieners abtrocknen sollte.

Ich komme nochmals auf meinen Sonntag zurück. Dieser so schnell dahingehende schöne und festliche Tag hatte auch etwas Schwermütiges für mich. Mein

Sonntagsglück währte immer ungetrübt bis zur Komplet. War dieses abendliche Offizium zu Ende, überkam meine Seele ein Gefühl der Traurigkeit, weil ich daran dachte, dass man am folgenden Morgen den Alltag mit seiner Arbeit und seinem Lernen wieder anfangen musste. Mein Herz wurde sich der Verbannung auf Erden bewusst. Ich hatte Sehnsucht nach der Ruhe des Himmels, nach dem immerwährenden Sonntag der wahren Heimat.

Auf dem Weg von der Kirche nach den „Buissonnets“ lud unsere Tante eine nach der anderen von uns zu sich ein, um den Abend bei ihr zu verbringen. Sooft die Reihe mich traf, war ich sehr glücklich. Auf alles, was mein Onkel sagte, horchte ich mit ganz großer Freude. Seine ernsten Gespräche interessierten mich sehr. Er konnte wohl kaum ahnen, wie aufmerksam ich ihm zuhörte. Meine Freude verwandelte sich aber in Schrecken, sooft er mich nur auf seine Knie setzte und mit fürchterlicher Stimme das Lied vom Ritter Blaubart sang.

Papa kam mich gegen acht Uhr abholen. Ich erinnere mich noch, wie ich auf dem Heimweg die Sterne mit unaussprechlichem Entzücken betrachtete ... Mit höchster Entzückung nahm ich in den Tiefen des Firmaments eine Gruppe von goldenen Perlen wahr (der Gürtel des Orion). Ich fand, dass sie die Form eines T bildeten. Ich sagte dann zu meinem geliebten Vater: *„Schau Papa, mein Name steht am Himmel geschrieben!“* Dann wollte ich nichts mehr von dieser hässlichen Erde sehen und bat ihn, mich an der Hand zu führen. Ohne darauf zu achten, wohin ich trat, schaute ich immer wieder nach oben und wurde nicht müde, den Sternenhimmel zu betrachten.

Was könnte ich von den Winterabenden in den „Buissonnets" berichten! Hatten wir eine Partie Dame gespielt, dann las Maria oder Pauline aus dem „Kirchenjahr" vor und anschließend noch einige Seiten aus einem spannenden und belehrenden Buch. Während dieser Zeit saß ich auf Papas Schoß. War die Lesung zu Ende, dann stimmte er mit seiner schönen Stimme das eine und andere Lied an, um mich gleichsam einzuschläfern. Dabei legte ich mein Köpfchen an sein Herz, und er wiegte mich sachte hin und her.

Endlich gingen wir zum Abendgebet hinauf. Auch dabei war mein Platz an meines guten Vaters Seite. Wenn ich wissen wollte, wie Heilige beten, dann brauchte ich ihn nur anzuschauen. Nach dem Abendgebet brachte mich mein „Mütterchen" zu Bett. Regelmäßig frage ich dann: „War ich heute auch lieb und brav? Ist der liebe Gott zufrieden mit mir? Werden die Engelchen um mich herum schweben?" Auf jede dieser Fragen lautete die Antwort: *ja!* Wäre es anders gewesen, dann hätte ich wohl die ganze Nacht über geweint. Hatte die Fragerei ein Ende genommen, küssten Sie und meine geliebte Patin (Maria) mich. Thereschen blieb allein in der Dunkelheit zurück.

Ich betrachtete es als eine Gnade, schon von Kindheit an gewöhnt zu werden, meine Angstgefühle zu überwinden. Manchmal schickten Sie mich in der Dunkelheit in ein abgelegenes Zimmer etwas holen. Nie duldeten Sie irgendeinen Widerspruch. Das war auch notwendig für mich, denn sonst wäre ich zu ängstlich geworden. So aber ist es jetzt schwer, mich irgendwie zu erschrecken. Ich frage mich, wie Sie es fertiggebracht haben, mich mit so viel Liebe zu erziehen, ohne mich dabei zu verwöhnen. Keine Unvollkommenheit ließen Sie mir durchgehen. Nie machten Sie mir Vorwürfe, die nicht begründet waren. Aber niemals gingen Sie – und dessen war ich mir wohl bewusst – von einem gefassten Entschluss ab.

Das Innerste meiner Seele vertraute ich Pauline an. Sie wusste alle meine Zweifel zu klären. Eines Tages drückte ich ihr meine Verwunderung darüber aus, dass der liebe Gott nicht allen Auserwählten im Himmel die gleiche Glorie zuteil werden lasse. Ich fürchtete, sie seien deshalb nicht alle glücklich. Daraufhin schickten Sie mich Papas großes Trinkglas holen, stellten es neben meinen kleinen Fingerhut und füllten beide mit Wasser. Dann fragten Sie mich, welches von beiden Gefäßen mir voller zu sein scheine. Ich erwiderte, eines sei so voll wie das andere, und es sei unmöglich, noch mehr Wasser hineinzugießen. Alsdann machte mir mein Mütterchen begreiflich, dass auch im Himmel der letzte Auserwählte den ersten nicht beneidet. So verstanden Sie es, die größten Geheimnisse meinem Fassungsvermögen anzupassen und meiner Seele jene Nahrung zukommen zu lassen, die sie notwendig hatte.

Wie freute ich mich alljährlich auf den Tag der Preisverteilung! Obwohl ich die einzige Bewerberin war, so herrschte auch hier wie in allen anderen Dingen Gerechtigkeit: nur jene Belohnung bekam ich, die ich wirklich verdient hatte. Wie klopfte mein Herz, wenn ich den Urteilsspruch anhörte und ich anschließend im Beisein der ganzen Familie aus der Hand meines „Königs" die mir zugedachten Preise und

Auszeichnungen entgegennahm. Für mich war das Ganze wie das Bild des Jüngsten Gerichtes! Ach, als ich zur damaligen Zeit unseren Vater so glückstrahlend sah, ahnte ich noch nichts von den schweren Prüfungen, die ihm bevorstanden. Eines Tages jedoch zeigte mir der liebe Gott in einem außergewöhnlichen Gesicht das lebendige Bild des kommenden Schmerzes.

Papa war verreist und sollte erst nach einiger Zeit zurückkommen. Es kann zwischen zwei und drei Uhr nachmittags gewesen sein. Die Sonne strahlte in hellem Glanz. Die Natur schien ihr Festtagskleid angelegt zu haben. Ich stand allein am Fenster, das zum großen Garten hinausgeht. Heitere Gedanken beschäftigten meinen Geist ganz und gar. Da erblickte ich plötzlich vor der Waschküche einen Mann, der genauso wie Papa gekleidet war. Er war ebenso groß und hatte denselben Gang. Nur sah er sehr gebeugt und gealtert aus. Ich sage *gealtert,* um einen Gesamteindruck zu beschreiben, denn sein Gesicht vermochte ich nicht zu sehen. Über seinem Kopf lag ein dichter Schleier. Langsam und regelmäßigen Schrittes ging er an meinem Gärtchen vorüber. Mich befiel ein Angstgefühl, das nicht natürlich war, und mit zitternder Stimme rief ich aus: „Papa! Papa!" Aber die geheimnisvolle Gestalt schien mein Rufen nicht zu hören. Ohne sich auch nur umzuwenden, ging sie ihren Weg weiter und schritt auf die Tannengruppe zu, welche die Hauptallee des Gartens in zwei Teile trennte. Ich hoffte, die Gestalt auf der anderen Seite der großen Bäume herauskommen zu sehen. Aber die *prophetische* Vision war verschwunden! All das hat nur einen Augenblick gedauert; einen einzigen Augenblick, der sich meinem Gedächtnis so tief einprägte, dass heute nach all den Jahren die Erinnerung noch ebenso lebendig ist wie die Vision[12] selbst. Währenddessen befand sich Maria mit Ihnen in einem Nebenzimmer. Als ihr mich nach Papa rufen hörtet, befiel euch beide ein Schrecken. Maria verbarg ihre Erregung, kam gelaufen und rief: „Weshalb rufst du denn so nach Papa, der noch in Alençon ist?" Daraufhin berichtete ich, was ich geschaut hatte. Um mich zu beruhigen, sagte man, das Dienstmädchen habe sich wahrscheinlich den Kopf mit der Schürze verhüllt, um mir Angst einzujagen.

Als Viktoria darüber zur Rede gestellt wurde, versicherte sie, nicht aus der Küche gegangen zu sein. Die Wahrheit der Erscheinung ließ sich nicht in meinem Geist verdunkeln: *ich hatte einen Mann gesehen, und dieser glich ganz und gar meinem Papa.*

Anschließend gingen wir alle zusammen hinter die Tannengruppe, und da niemand zu finden war, erklärten Sie mir, ich solle mir die Sache aus dem Kopf schlagen. Nicht mehr daran denken? Das aber lag nicht in meiner Macht. Immer wieder von neuem trat diese geheimnisvolle Vision vor mein geistiges Auge. Sehr oft versuchte ich den Schleier zu lüften, der mir deren tieferen Sinn verbarg. Im Innersten meines Herzens aber war ich fest davon überzeugt, dass er mir eines Tages ganz klar geoffenbart würde.

Sie wissen ja alles, vielgeliebte Mutter! Sie wissen es jetzt: es war wirklich unser Vater, den der liebe Gott mir gezeigt hatte: von der Last der Jahre gebeugt, schritt er daher und trug über seinem ehrwürdigen Antlitz und

12 Diese Vision geschah im August 1879.

über dem weiß gewordenen Haupt das Zeichen seiner schweren Prüfung[13].

Gleichwie das anbetungswürdige Antlitz Jesu während seines bitteren Leidens verhüllt wurde, so sollte auch in den Tagen der Verdemütigung das Gesicht seines treuen Dieners verschleiert werden, damit es im Himmel umso glänzender erstrahle. Oh, wie bewundere ich die Führung Gottes, die uns im voraus dieses kostbare Kreuz zeigte, gleichwie ein Vater seinen Kindern einen Blick in eine herrliche Zukunft gewährt, die er ihnen bereitet und sich in seiner Liebe selbst darüber freut, wenn er jene unschätzbaren Reichtümer betrachtet, die ihr Erbe werden wollen!

Hier drängt sich mir jedoch eine Erwägung auf: „Warum hat der liebe Gott diese Erleuchtung einem Kind zuteil werden lassen, das wohl vor Schmerz gestorben wäre, wenn es ihre Bedeutung erfasst hätte? Warum wohl?“ Das ist eben eines der undurchdringlichen Geheimnisse Gottes, die wir erst im Himmel verstehen und die Gegenstand unserer ewigen Bewunderung sein werden! Mein Gott, wie gut bist du! Du bemissest die Prüfungen nach unseren Kräften! Nicht einmal ohne Schrecken konnte ich damals daran denken, dass Papa einst sterben werde. Als er eines Tages auf eine Leiter stieg und ich ganz nahe dabei stehen blieb, rief er mir zu: „Gehe weg, meine kleine Königin, denn wenn ich falle, dann erdrücke ich dich!“ Mein ganzes Inneres bäumte sich unwillkürlich gegen

13 Im Jahre 1888 erlitt Herr Martin mehrere Schlaganfälle, die ihn zeitweise völlig lähmten. Nach und nach wurde auch sein Geist von dieser Lähmung bis zu seinem Tod befallen. Drei Jahre lang musste er sogar fremden Händen zur Pflege anvertraut werden.

diese Möglichkeit auf. Ich stellte mich noch näher an die Leiter heran und dachte: „Fällt Papa wirklich herunter, dann habe ich wenigstens nicht den Schmerz, ihn sterben zu sehen – dann sterbe ich mit ihm!“

Nein, ich vermag nicht zu sagen, wie lieb ich ihn hatte! Alles bewunderte ich an ihm. Setzte er mir seine Ansichten über ganz ernste Dinge in einer Weise auseinander, als habe er ein großes Mädchen vor sich, dann sagte ich in naiver Weise zu ihm: „Papa, würdest du so zu den großen Regierungsmännern sprechen, sie würden dich bestimmt zum König machen, und Frankreich wäre so glücklich, wie es noch nie zuvor gewesen ist. Du selbst aber wärest dann unglücklich, denn das ist ja das Los aller Könige, und du wärest auch nicht mehr ganz allein mein König. Daher ist es mir lieber, dass sie dich gar nicht kennen.“

Als ich sechs oder sieben Jahre alt war, sah ich zum ersten Male das Meer. Dieses Schauspiel machte einen tiefen Eindruck auf mich. Ich konnte meine Blicke gar nicht mehr davon losreißen. Seine Majestät, das Rauschen seiner Wogen, alles sprach zu meiner Seele von der Größe und Macht des lieben Gottes.

Ich erinnere mich, wie ich auf der Düne von einem Herrn und einer Dame lange beobachtet wurde. Sie fragten Papa, ob ich sein Töchterchen sei, und fügten bei, ich sei ein sehr hübsches kleines Mädchen. Er gab ihnen sofort ein Zeichen, mir keine Komplimente zu machen. Ich war aber froh, als ich das hörte, da ich mir selbst nicht hübsch vorkam. Immer waren ja Sie, mein Mütterchen, darauf bedacht, niemals etwas zu sagen, was meine Einfalt und kindliche Unschuld hätte gefährden können. Da ich aber nur Ihren Worten vertraute, legte ich den bewundernden Blicken und Worten dieser Leute keine Bedeutung bei und dachte auch nicht mehr darüber nach.

Es war am Abend desselben Tages. Die Sonne schien in den unermesslichen Fluten des Meeres unterzutauchen. Sie ließ eine leuchtende Bahn vor sich herziehen. Da ging ich mit Pauline hinaus, und wir setzten uns auf einen einsamen Felsen. Lange betrachtete ich diese goldene Lichtbahn, die mir ein Abbild der Gnade zu sein schien, die den treuen Seelen auf dieser Welt den Weg erleuchtet. Dann stellte ich mir mein Herz als eine kleine, leichte Barke mit weißen Segeln inmitten dieser Bahn vor. Ich fasste den Vorsatz, diese niemals den Blicken Jesu zu entziehen, damit sie friedlich und schnell den Gestaden des Himmels zueile.

Therese als Jeanne d'Arc 1894.

III
In der Schule – Auf dem Krankenbett

Ich war achteinhalb Jahre alt, als Leonie das Pensionat der Benediktinerinnen verließ und ich sie dort ablöste. Ich kam in eine Klasse, deren Schülerinnen alle älter waren als ich. Eine war vierzehn Jahre alt und nur wenig begabt. Sie wusste sich trotzdem bei ihren Mitschülerinnen Ansehen zu verschaffen. Sobald ihr klar geworden war, dass ich als Jüngste fast immer die besten Aufsätze machte und alle Schwestern mich gern hatten, wurde sie eifersüchtig. Auf tausenderlei Weise rächte sie sich wegen meiner kleinen Erfolge. Mit meiner schüchternen und zarten Veranlagung vermochte ich mich nun einmal nicht zu verteidigen und weinte nur, ohne ein Wort zu sagen. Celine – wie auch Sie, meine Mutter – wussten nichts von meinem Kummer. Mein armes kleines Herz litt sehr darunter, weil ich nicht tugendhaft genug war, um mich darüber hinwegzusetzen. Zum Glück konnte ich abends nach Hause zurückkehren. Dann lebte ich von neuem auf, kletterte auf Vaters Knie und berichtete ihm über meine Noten. Sein Kuss ließ mich alles Leid vergessen.

Mit welcher Freude berichtete ich das Ergebnis meines ersten Aufsatzes! Ich hatte die beste Note. Als Belohnung erhielt ich ein neues Silberstück, das ich in meine Sparbüchse für die Armen tat. Fast jeden Donnerstag kam ein weiteres hinzu. Es war mir gewissermaßen zu einem Bedürfnis geworden, auf diese Weise verwöhnt zu werden. Wertvoll war es für die kleine Blume, ihre zarten Wurzeln immer wieder in das geliebte und auserlesene Erdreich der Familie zu senken, da sie sonst nirgendwo den zu ihrem Lebensunterhalt notwendigen Saft zu finden vermochte.

Der Donnerstag war immer schulfrei. Aber es waren nicht mehr jene freien Tage, wie Pauline sie mir ehedem zukommen ließ und die ich größtenteils mit meinem Vater im Balkonzimmer verbrachte. Es war mir nun einmal nicht gegeben, so zu spielen wie andere Kinder. Es war mir auch klar geworden, dass ich keine angenehme Spielgefährtin war. Doch bemühte ich mich, so gut ich konnte, es den anderen gleichzutun, aber es wollte mir nie gelingen.

Außer Celine, die mir sozusagen unentbehrlich geworden war, suchte ich mit Vorliebe meine kleine Kusine Maria auf, da diese mich die Spiele ganz nach meinem Gutdünken auswählen ließ. Schon waren wir ein Herz und ein Wille, als hätte der liebe Gott es uns vorausahnen lassen, dass wir einstens auf dem gleichen Weg der klösterlichen Vollkommenheit im Karmel wandeln sollten.[14]

Oft kam es vor, dass Maria und Therese im Hause meines Onkels bei ihrem Spiel zu zweit sehr bußfertige

14 Maria Guérin trat am 15. August 1895 in den Karmel von Lisieux ein und erhielt den Ordensnamen Schwester Maria von der Eucharistie. Beseelt von einem großen Geist der Armut, zeichnete sie sich darüber hinaus durch ihre Geduld in ihrem langen Leiden aus: „Ich weiß nicht, ob ich gut zu leiden verstanden habe", sagte sie während ihrer Krankheit, „aber es scheint, als ob Theresia mir ihre eigenen Gefühle zuteil werden lasse und ich die gleiche Hingabe besitze wie sie selbst. O, könnte ich gleich ihr aus Liebe sterben! Zu verwundern wäre es nicht, da ich zur ‚Legion der kleinen Seelen' gehöre. Sterbend will ich Jesus sagen, dass ich ihn liebe." Dieser Wunsch wurde erfüllt. Sie starb am 14. April 1905 im Alter von 34 Jahren. Ihre letzten Worte waren: „Ich fürchte den Tod nicht! O welch ein Friede ... Man darf das Leben nicht fürchten ... Er gibt Kraft dazu ... Mein Jesus, ich liebe dich!"

Einsiedlerinnen wurden. Sie hatten nichts zu eigen als ihre arme Klause, ein kleines Kornfeld und ein Gärtchen, in dem sie etwas Gemüse zogen. Ihr Leben bestand in einer fortdauernden Beschauung. Wir lösten einander nämlich in der Weise ab, dass die eine betrachtete, wenn die andere tätig sein musste. Dabei waren wir immer einer Meinung in allem, beobachteten das Stillschweigen und führten ein wahrhaft klösterliches Leben. Selbst auf unseren Spaziergängen setzten wir auf der Straße unser Spiel fort: wir beiden Einsiedlerinnen beteten dann den Rosenkranz und zählten die einzelnen Ave mit den Fingern, um unsere Andacht den indiskreten Leuten nicht preiszugeben. Aber eines Tages geschah es dennoch, dass die *Einsiedlerin Therese* aus der Rolle fiel: sie machte über ein Stück Kuchen, das man ihr zum Vesperbrot mitgegeben hatte, ein großes Kreuzzeichen, bevor sie es aß. Mehrere Weltleute verfehlten nicht, darüber zu lächeln.

Unsere Willensübereinstimmung war so groß, dass sie das rechte Maß zuweilen überschritt. Als wir eines Abends von der Benediktinerinnen-Abtei kamen, wollten wir auf der Straße die Bescheidenheit der Einsiedler nachahmen. Ich sagte zu Maria: „Nimm du mich bei der Hand! Ich will die Augen schließen!" – „Ich will die Augen auch schließen!" antwortete Maria. So setzte also jede von uns ihren Willen durch.

Da wir uns auf dem Bürgersteig befanden, brauchten wir keine Angst zu haben, überfahren zu werden. Nachdem wir zwei Unbesonnenen uns einige Minuten unseres Glückes erfreut hatten und mit geschlossenen Augen unseren Weg fortsetzten, stolperten wir plötzlich über die vor einem Laden aufgestapelten Kisten und stießen sie um. Der Krämer eilte schimpfend herbei und raffte seine Siebensachen auf. Inzwischen aber waren die beiden „Blinden“ ganz allein aufgestanden und liefen eilends mit weit geöffneten Augen und Ohren davon. Aber dann bekamen wir die wohlberechtigten Vorwürfe Johannas zu hören, die sich nicht weniger ärgerte als der Ladenbesitzer selbst.

Bislang habe ich noch nichts über mein neues Verhältnis zu Celine berichtet. Seit wir in Lisieux wohnten, hatten wir unsere Rollen ausgetauscht: sie war zum Schelm voller Einfälle geworden, Therese dagegen aber ein sehr sanftes kleines Mädchen, weinerlich bis zum Übermaß! Sie hatte wirklich jemanden nötig, der für sie eintrat. Und wer vermöchte es auszudrücken, mit welcher Entschiedenheit mein Schwesterchen das getan hat? Gegenseitig machten wir uns öfters kleine Geschenke, die uns ein unvergleichlich großes Glücksgefühl bereiteten. Oh, in diesen Jahren waren wir wirklich nicht anspruchslos. Wie Frühlingsblumen entfalteten sich unsere Seelen in ihrer ganzen Frische und erfreuten sich des Morgentaus. Dieselbe sanfte Brise strich über uns hinweg. Wirklich: unsere Freuden waren gemeinsamer Besitz. An dem so schönen Tag der ersten heiligen Kommunion meiner geliebten Celine habe ich das deutlich empfunden!

Ich war damals sieben Jahre alt und ging noch nicht in die Abteischule der Benediktinerinnen. Wie gerne denke ich an die Vorbereitungszeit auf diesen Tag zurück. Jeden Abend sprachen Sie, meine geliebte Mutter, in den letzten Wochen mit Celine von diesem großen Ereignis, auf das sie sich vorbereitete. Ganz von dem Wunsch beseelt, mich ebenfalls vorbereiten zu dürfen, horchte ich aufmerksam. Wurde ich aber mit dem Hinweis hinausgeschickt, ich sei noch zu klein, dann war das Herz mir schwer. Der Zeitraum von vier Jahren zur Vorbereitung auf den Empfang der heiligen Kommunion schien mir nicht zu lange zu sein.

Eines Abends hörte ich, wie Sie zu meinem glücklichen Schwesterchen sagten: „Am Tag deiner ersten heiligen Kommunion musst du ein ganz neues Leben beginnen." Sofort fasste ich den Vorsatz, für mich selbst nicht erst diesen Zeitpunkt abzuwarten, sondern gleichzeitig mit Celine ein neues Leben anzufangen.

Celine blieb während ihrer Vorbereitungsexerzitien in der Abtei. Ihre Abwesenheit von daheim kam mir sehr lange vor. Endlich kam der große Tag! Welch tiefen Eindruck hat er in meinem Herzen hinterlassen! Es war gewissermaßen der Auftakt zu meiner eigenen ersten heiligen Kommunion! Welche Gnaden wurden mir an diesem Tag zuteil! Ich betrachtete ihn als einen der schönsten meines Lebens[15].

Um diese überaus beglückende Erinnerung zu erwähnen, musste ich etwas zurückgreifen.

Jetzt muss ich aber von der schmerzlichen Trennung sprechen, die mein Herz brach, da Jesus mir meine so zärtlich geliebte kleine Mama raubte. Eines Tages hatte ich Pauline erklärt, ich sei bereit, mit ihr in eine ferne Wüste zu ziehen. Damals gab sie mir zur Antwort, dies sei auch ihr eigener Wunsch, nur müsse abgewartet werden, bis ich groß genug dafür sei. Dieses unerfüllbare Versprechen hatte die kleine Therese ernst genom-

15 13. Mai 1880.

men. Wie groß war daher ihr Seelenschmerz, als sie ihre geliebte Pauline mit Maria über ihren bevorstehenden Eintritt in den Karmel sprechen hörte! Wenn ich auch den Karmel nicht kannte, so war mir doch klar geworden, dass sie mich im Stich lassen würde, um in ein Kloster zu gehen. Ich verstand, dass sie nicht auf mich warten werde!

Wie könnte ich mein Herzeleid beschreiben! Plötzlich sah ich das Leben in seiner ganzen rauen Wirklichkeit vor meinen Augen stehen: voll Schmerz und immerwährenden Trennungen. Ich weinte bittere Tränen. Noch wusste ich nicht, welche Freude das Opfer in sich schließt. So schwach und hilflos fühlte ich mich, dass ich es als große Gnade betrachtete, die Prüfung, die über meine Kräfte zu gehen schien, überstanden zu haben, ohne zu sterben.

Stets werde ich daran denken, mit welcher Zärtlichkeit mein Mütterchen mich tröstete. Sie erklärte mir das klösterliche Leben. Eines Abends, da ich an meinem Geist jenes Bild vorüberziehen ließ, das sie mir vor Augen gestellt hatte, wurde mir klar, dass der Karmel die Wüste sei, in welcher der liebe Gott auch mich verbergen wolle. Das fühlte ich mit einer solchen Kraft, dass mir auch nicht der geringste Zweifel darüber kam. Es war keineswegs der Traum eines Kindes, das sich mit fortreißen lässt, sondern die Gewissheit einer göttlichen Berufung. Dieser Eindruck, den ich nicht beschreiben kann, hinterließ in meiner Seele tiefen Frieden.

Am folgenden Morgen vertraute ich Pauline meine Wünsche an. Sie erblickte darin den Willen Gottes. Sie versprach mir, mich bald mit zur Mutter Priorin in den

Karmel zu nehmen, damit ich ihr mein Geheimnis anvertrauen könne. Für diesen feierlichen Besuch wurde ein Sonntag in Aussicht genommen. Sehr verlegen wurde ich, als man mir sagte, meine Kusine Maria werde mit mir gehen. Auch sie durfte bei ihrem kindlichen Alter die Karmelitinnen noch unverschleiert sehen. Und dennoch musste ich Mittel und Wege finden, um mit der Priorin allein sprechen zu können. Es kam mir ein rettender Gedanke: ich erklärte Maria, wir müssten sehr artig und höflich sein, wenn wir das Glück hätten, die ehrwürdige Mutter Priorin zu sprechen und ihr unsere Geheimnisse anzuvertrauen. Daher müssten wir eine nach der anderen allein mit der Priorin sprechen. Obwohl Maria großen Widerwillen empfand, Geheimnisse anzuvertrauen, die sie nicht hatte, glaubte sie mir doch aufs Wort. So kam es, dass ich mit Mutter Maria Gonzaga allein bleiben konnte. Nachdem sie sich meine vertraulichen Mitteilungen angehört hatte, gab sie zur Antwort, sie glaube zwar an meine Berufung, aber es sei unmöglich, ein Kind mit neun Jahren als Postulantin aufzunehmen, und ich müsse bis zu meinem sechzehnten Lebensjahr warten. Notgedrungen musste ich also mein sehnliches Verlangen aufgeben, mit Pauline in den Karmel einzutreten und am Tag ihrer Einkleidung meine erste heilige Kommunion zu empfangen.

Der zweite Oktober kam! Tag der Tränen und des Segens, an dem Jesus seine erste Blume pflückte – die auserlesene Blume, die schon wenige Jahre später die geistliche Mutter ihrer eigenen Schwestern werden sollte! Während unser Vater mit meinem Onkel und Maria zum Berge Karmel ging, um sein Erstlingsopfer darzubringen, begleitete meine Tante Leonie, Celine und mich zur heiligen Messe. Wir weinten so bitterlich, dass die Anwesenden uns beim Eintritt in die Kirche verwundert anschauten. Das hinderte mich aber nicht, weiter zu weinen. Ich fragte mich, wie die Sonne noch auf die Erde scheinen konnte! Vielleicht sind Sie, mein Mütterchen, der Meinung, die Schilderung meines Schmerzes sei etwas übertrieben. Ich weiß wohl, dass mich dieser Abschied nicht so hätte niederdrücken dürfen. Aber ich muss gestehen: meine Seele war noch lange nicht zur Reife gekommen. Erst musste ich durch zahlreiche Prüfungen hindurch, ehe ich zum Hafen des Friedens gelangen und die köstlichen Früchte der restlosen Hingabe und der vollkommenen Liebe verkosten durfte.

An jenem Nachmittag des 2. Oktober 1882 sah ich meine geliebte Pauline als Schwester Agnes von Jesus[16] hinter dem Gitter des Karmels. Oh, was habe ich bei dieser Besuchsstunde im Sprechzimmer gelitten! Da ich die Geschichte meiner Seele schreibe, glaube ich, alles sagen zu müssen: nun ja, ich gestehe, dass ich diese ersten Schmerzen der Trennung für nichts halte im Vergleich zu denen, die noch nachfolgen sollten. Ich, die ich gewohnt war, mich von Herz zu Herz mit meinem Mütterchen zu unterhalten, konnte von jetzt ab nur noch mit Mühe am Schluss der Familienbesuche jeweils zwei bis drei Minuten für mich persönlich bekommen[17].

16 In den französischen Karmelklöstern wird der Ordensname schon beim Eintritt gegeben.

17 Im Karmel ist die Sprechzeit für die Schwestern durch die Regel sehr eingeschränkt.

Auch in diesen paar Minuten konnte ich natürlich nur weinen, und zerrissenen Herzens ging ich fort.

Ich konnte nun einmal nicht begreifen, dass es unmöglich gewesen wäre, jeder von uns öfters eine halbe Stunde Sprechzeit zu gestatten, und dass man Papa und Maria die längste Zeit gewähren musste. Da ich das nicht einzusehen vermochte, sagte ich mir: „Für mich ist Pauline verloren!" Mein Geist entwickelte sich erstaunlich rasch in diesem Seelenschmerz. Ich wurde schwer krank. Die Krankheit, von der ich befallen war, hatte offensichtlich ihre Ursache in dem Neid des Teufels, der ob dieses ersten Eintritts in den Karmel erbost war. Er wollte sich an mir rächen wegen des gar großen Schadens, der ihm noch weiterhin durch meine Familie zugefügt werden sollte. Aber es war ihm unbekannt, dass die Himmelskönigin treu über ihre kleine Blume wachte, ihr vom Himmel aus zulächelte und bereitstand, dem hereingebrochenen Sturm Einhalt zu gebieten. Das geschah in dem Augenblick, wo ihr zarter und schwächlicher Stengel für immer zu brechen drohte. Ende 1882 wurde ich von einem zwar beständigen, aber erträglichen Kopfweh befallen, das mir noch ermöglichte, weiterhin in die Schule zu gehen. Dieser Zustand dauerte bis Ostern 1883. Da Papa in diesen Tagen mit Maria und Leonie nach Paris reiste, vertraute er Celine und mich während dieser Zeit Onkel und Tante Guérin an.

An einem dieser Abende war ich allein mit meinem Onkel. Er sprach von Mama und rief mir mit so zärtlicher Liebe Erinnerungen an sie ins Gedächtnis, dass es mich bis zu Tränen ergriff. Ich war so gerührt, dass er selbst stark beeindruckt wurde. Er war nicht wenig überrascht, bereits in diesem Alter solch tiefgehende

Gefühle bei mir festzustellen, und wollte daher in diesen Ferientagen mir alle nur möglichen Zerstreuungen bieten.

In Gottes Absichten aber war es anders beschlossen. Die Kopfschmerzen steigerten sich noch am selben Abend bis zur Unerträglichkeit. Es befiel mich ein merkwürdiges Zittern, das die ganze Nacht über andauerte. Meine Tante war wie eine wirkliche Mutter um mich besorgt und ließ mich keinen Augenblick allein. Sie umgab mich auch während der ganzen Krankheit mit zärtlichster Liebe und ließ mir die hingebungsvollste und feinfühligste Pflege zuteil werden.

Wer vermöchte den Schmerz unseres Vaters zu beschreiben, der mich bei seiner Rückkehr von Paris in diesem hoffnungslosen Zustand vorfand! Schon bald war er überzeugt, ich müsse sterben. Unser Herr und Heiland aber hätte ihm darauf antworten können: „Diese Krankheit führt nicht zum Tod, sondern gereicht zur größeren Ehre Gottes“ (Joh 11, 4). Wahrhaftig, der liebe Gott wurde durch diese Krankheit verherrlicht. Er wurde auch verherrlicht durch die bewundernswerte Ergebung meines Vaters und meiner Schwestern, ganz besonders meiner Schwester Maria. Was hat sie meinetwegen alles auf sich genommen! Wie groß ist meine Dankbarkeit gegenüber dieser geliebten Schwester! Ihr Herz gab ihr ein, was ich brauchte. In der Tat, ein mütterlich fühlendes Herz vermag weit mehr als die Kunst der geschicktesten Ärzte. Doch der Tag Ihrer Einkleidung, meine Mutter, kam immer näher. In meiner Gegenwart vermied man es, darüber zu sprechen, fürchtete man doch, ich könne nicht an den Feierlichkeiten teilnehmen. Ich war aber im Innersten meines Herzens davon überzeugt, dass der liebe Gott mir den Trost gewähren würde, an diesem Tag meine geliebte Pauline zu sehen. Dass dieses Fest ohne Wolken sein werde, wusste ich. Auch, dass Jesus seiner Braut die Prüfung meiner Abwesenheit ersparen werde, die durch die Krankheit ihrer kleinen Tochter ohnehin schon so viel gelitten hatte. Und in der Tat: ich konnte *mein geliebtes Mütterchen* umarmen, mich auf ihren Schoß setzen, unter ihrem Schleier verbergen und mich von ihr liebkosen lassen. Ich konnte sie in ihrem Brautschmuck bewundern, der sie so schön machte. Wirklich, inmitten meiner schweren Prüfung war dies ein herrlicher Tag! (6. April 1833). Nur allzu rasch ging dieses Fest, oder besser gesagt, diese Stunde vorüber, und es hieß, von neuem den Wagen zu besteigen, der mich vom Karmel fortführte.

In den „Buissonnets" angekommen, wurde ich gleich zu Bett gebracht, obwohl ich keine Müdigkeit empfand. Aber schon am nächsten Morgen befiel mich die Krankheit wieder heftig. Mein Zustand verschlimmerte sich so, dass ich nach menschlichem Ermessen niemals mehr wieder gesund werden sollte.

Ich vermag die Art dieser seltsamen Krankheit nicht zu beschreiben. Ich sagte Dinge, die ich gar nicht dachte. Anderes wiederum tat ich gegen meinen Willen, wie wenn ich von einer fremden Macht dazu gezwungen würde. Fast dauernd schien es, als befände ich mich in einem Fieberwahn, und dennoch weiß ich, dass ich nicht einen Augenblick des Gebrauchs der Vernunft beraubt war. Oft war ich stundenlang von einer tiefen Ohnmacht befallen, und zwar in einem solchen Maß, dass ich nicht die kleinste Bewegung machen konnte. Und dennoch hörte ich trotz dieses außergewöhnlichen Zustandes der Erstarrung alles, was man in meiner Nähe sagte. Auch weiß ich noch, was nur ganz leise gesprochen wurde.

Und welche Schrecknisse jagte mir erst der Teufel ein! Ich fürchtete mich vor allem und jedem. Es schien mir, als sei mein Bett von schauerlichen Abgründen umgeben. Manche Nägel an den Wänden meines Zimmers verwandelten sich in große, schwarze und verkohlte Finger, die mich entsetzten und aufschreien ließen. Als Papa eines Tages an meinem Bett saß und mich schweigend betrachtete, verwandelte sich sein Hut, den er in der Hand hielt, plötzlich in eine unbeschreibliche, schreckliche Gestalt. Darob geriet ich in eine solche Aufregung, dass mein armer Papa weinend das Zimmer verließ.

Wenn der liebe Gott zuließ, dass sich der Teufel mir von außen nahte, so schickte er mir aber auch sichtbare Engel, die mich trösteten und stärkten. Maria wich keinen Augenblick von meiner Seite. Ungeachtet all der vielen Mühen, die ich ihr verursachte, zeigte sie sich nie überdrüssig, denn ich konnte es nicht ertragen, dass sie sich von meinem Bett entfernte. War Viktoria während der Essenszeit bei mir, dann rief ich unaufhörlich: „Maria! Maria!" Nur wenn sie zur heiligen Messe gehen oder Pauline besuchen wollte, schwieg ich. Und Leonie! Und meine kleine Celine! Was taten sie nicht alles für mich! Stundenlang schlossen sie sich sonntags bei einem armen, kranken Kind ein, das einer Schwachsinnigen ähnlich war. O meine geliebten Schwesterchen, welchen Schmerz habe ich euch damals verursacht!

Auch mein Onkel und meine Tante überschütteten mich mit ihrer Liebe. Täglich kam meine Tante zu mir und brachte tausenderlei Süßigkeiten und Geschenke mit[18].

Ich vermag nicht zu beschreiben, wie gerade in dieser Zeit meine zärtliche Liebe zu diesen Verwandten wuchs. Besser denn je erfasste ich, was unser guter Vater uns stets wiederholte: „Vergesst nie, meine Kinder, dass euer Onkel und eure Tante euch außergewöhnliche Hingabe beweisen!" In seinen alten Tagen erfuhr er das auch an seiner eigenen Person. Wie wird er nun vom Himmel aus jene segnen und behüten, die ihm ihre hingebungsvolle Fürsorge angedeihen ließen!

Wenn in kurzen Zwischenräumen das Leiden nicht so heftig war, fand ich Freude daran, Kränzchen aus Vergissmeinnicht und Maßliebchen für die liebe Gottesmutter zu winden. Wir befanden uns ja mitten im schönen Monat Mai. Die ganze Natur schmückte

18 Diese mütterliche Liebe hat ihr Therese vom Himmel aus restlos vergolten. Während ihrer letzten Krankheit stand sie ihr in offensichtlicher Weise bei. Eines Morgens, als man die Kranke glückstrahlend im Bett vorfand, erklärte sie: „Ich habe heute Nacht zwar sehr viel gelitten, aber mein Thereschen hat mit großer Liebe und Zärtlichkeit bei mir gewacht. Ständig fühlte ich sie neben meinem Bett. Wiederholt liebkoste sie mich. Das flößte mir außerordentlichen Mut ein." Frau Guérin lebte und starb heiligmäßig. Sie war 52 Jahre alt geworden. Mit einem verklärten Lächeln auf den Lippen wiederholte sie mehrmals: „Wie freue ich mich, sterben zu dürfen! Welch ein Glück, Gott schauen zu dürfen! Mein Jesus, ich liebe dich und opfere dir gleich der kleinen Theresia vom Kinde Jesus mein Leben für die Priester auf." Am 13. Februar 1900 hauchte sie ihre Seele aus. – Herr Guérin starb als Terziar des Karmelitenordens ebenfalls eines heiligmäßigen Todes am 28. Dezember 1909 im 69. Lebensjahr, nachdem er viele Jahre durch seine Schriften für die Kirche gekämpft und sein Vermögen zum Unterhalt guter Werke verwendet hatte.

sich mit Frühlingsblumen, nur die *kleine Blume* allein ließ ihr Köpfchen hängen und schien endgültig dahinzuwelken! Und dennoch war eine Sonne in ihrer Nähe: diese Sonne war die wundertätige Statue der Himmelskönigin. Oft, sehr oft, neigte diese kleine Blume ihren Kelch diesem gebenedeiten Stern zu.

Eines Tages kam Papa in mein Zimmer. Er schien tief bewegt zu sein, ging auf Maria zu, überreichte ihr mit einem tieftraurigen Blick mehrere Goldstücke und bat sie, nach Paris zu schreiben, um dort im Heiligtum Unserer Lieben Frau vom Siege für die Heilung seiner kleinen Königin eine Messnovene halten zu lassen. Oh, wie tief war ich von seinem Glauben und seiner Liebe gerührt! Wie gerne wäre ich aufgestanden und hätte ausgerufen, ich sei wieder gesund! Leider aber konnten meine Wünsche keine Wunder wirken. Und doch bedurfte es eines ganz großen Wunders, um mich wieder gesund zu machen! Ja wirklich, es bedurfte eines Wunders, und dieses Wunder vollbrachte Unsere Liebe Frau vom Siege ganz und gar. Es war an einem Sonntag[19] während der Novene. Maria war im Garten. Sie hatte mich mit Leonie allein gelassen, die am Fenster saß und las. Schon nach wenigen Minuten begann ich ganz leise „Maria! Maria!“ zu rufen. Gewöhnt an mein Stöhnen, achtete Leonie nicht darauf. Da rief ich sehr laut, und Maria eilte sofort herbei. Ich sah zwar ganz genau, wie sie in das Zimmer eintrat, aber zum ersten Mal erkannte ich sie leider nicht mehr. Immer wieder suchte ich sie rings um mich herum, schaute ängstlich nach dem Garten und fing von neuem an zu rufen: „Maria!

19 Am Pfingstsonntag, dem 13. Mai 1883.

Maria!" Dieser gewaltsame Kampf war ein unerklärliches Leiden, unter dem Maria vielleicht noch mehr als ihre arme Therese litt! Nachdem Maria vergeblich alles Mögliche getan hatte, um sich zu erkennen zu geben, wandte sie sich schließlich an Leonie, sprach leise ein Wort zu ihr und ging blass und zitternd zur Tür hinaus. Bald darauf trug Leonie mich ans Fenster. Von dort aus vermochte ich zwar den Garten zu sehen, ohne aber zunächst Maria zu erkennen, die langsamen Schrittes darin auf und ab ging. Sie streckte mir ihre Arme entgegen, lächelte mir zu und rief mit zärtlichster Stimme: „Therese! Mein Thereschen!" Da aber auch dieser letzte Versuch erfolglos blieb, kniete meine liebe Schwester weinend an meinem Bett nieder, wandte sich zur gebenedeiten Jungfrau und betete mit der ganzen Inbrunst einer Mutter, die um das Leben ihres Kindes ringt, die dieses Leben haben will. Leonie und Celine vereinigten ihre Gebete mit denen Marias: es war ein gemeinsamer Aufschrei des Glaubens, der die Himmelstür gewaltsam öffnete.

Da ich auf Erden keine Hilfe mehr fand und nahe daran war, vor Schmerz zu sterben, hatte auch ich mich an meine himmlische Mutter gewandt und sie aus tiefstem Herzensgrund angefleht, sich endlich meiner zu erbarmen.

Plötzlich belebte sich die Statue! Die liebe Gottesmutter wurde ganz schön, so schön, dass ich niemals einen Ausdruck zu finden vermag, um diese göttliche Schönheit zu beschreiben. Ihr Antlitz strahlte eine unaussprechliche Milde, Güte und Zärtlichkeit aus. Was mich aber bis ins Innerste meiner Seele rührte, war *ihr entzückendes Lächeln*! Da verschwanden alle meine Leiden. Zwei große Tränen perlten aus meinen Augen und flossen leise die Wangen herab.

Es waren Tränen himmlischer und ungetrübter Freude! *Die Allerseligste Jungfrau ist auf mich zugekommen! Sie hat mir zugelächelt! O wie glücklich bin ich!* So dachte ich. *Aber niemandem will ich etwas davon sagen, denn sonst ist es aus mit meinem Glück.* Dann senkte ich ohne jede Anstrengung meinen Blick und erkannte meine geliebte Maria wieder! Zärtlich schaute sie mich an. Sie schien tief bewegt zu sein und zu ahnen, welch außergewöhnliche Gnade mir eben zuteil geworden war.

Gerade ihrem innigen Gebet verdanke ich die unaussprechlich große Gnade des *Lächelns der Allerseligsten Jungfrau!* Als sie meinen Blick fest auf die Statue gerichtet sah, sagte sie sich: „Theresia ist geheilt!" Ja, *die kleine Blume* sollte von neuem aufleben! Ein leuchtender Strahl ihrer milden Sonne hatte sie erwärmt und auf immer von ihrem furchtbaren Feind befreit. *„Der düstere Winter war vergangen, der Regen hatte aufgehört"* (Hld 2, 11). Die kleine Blume der lieben Gottesmutter kräftigte sich in solchem Maße, dass sie sich fünf Jahre später auf den fruchtbaren Höhen des Karmels bereits erschließen konnte.

Wie gesagt, war Maria überzeugt, dass die Allerseligste Jungfrau mir bei meiner Heilung irgendeine verborgene Gnade gewährt hatte. Als ich mit ihr allein war, vermochte ich ihren so zärtlichen und bestürmenden Fragen nicht mehr zu widerstehen. Erstaunt, mein Geheimnis entdeckt zu sehen, ohne dass ich ein Wort darüber gesagt hatte, vertraute ich es ihr jetzt restlos an. Leider aber hatte ich mich nicht getäuscht: mein Glücksgefühl verschwand und verwandelte sich in Bitterkeit. Die Erinnerung an diese unaussprechliche Gnade war mir vier Jahr lang eine wahre Seelenqual. Erst zu den Füßen Unserer Lieben Frau vom Siege in ihrem gebenedeiten Heiligtum zu Paris sollte ich mein Glück wiederfinden. In seiner ganzen Fülle wurde es mir dort wiedergeschenkt. Später werde ich noch von dieser Gnade berichten.

Also wandelte sich meine Freude in Trauer: Nachdem Maria den kindlich aufrichtigen Bericht über die mir zuteil gewordene Gnade vernommen hatte, bat sie mich um die Erlaubnis, alles im Karmel erzählen zu dürfen. Ich konnte ihr das nicht abschlagen. Wie froh war ich, bei meinem ersten Besuch im gebenedeiten Karmel meine liebe Pauline im Habit der Allerseligsten Jungfrau zu sehen! Welch beglückende Augenblicke für uns beide! So viel hatten wir uns zu sagen! So viel hatten wir gelitten! Ich selbst konnte kaum ein Wort hervorbringen – mein Herz war allzu voll ...

Auch die gute Mutter Maria Gonzaga war anwesend. Mit welchen Beweisen der Liebe überhäufte sie mich! Auch noch mit einigen anderen Schwestern sprach ich. Sie fragten mich über das Wunder meiner Heilung aus. Die einen wollten wissen, ob die Gottesmutter das Jesuskind auf den Armen trug. Die andern wollten wissen, ob auch Engel in ihrer Begleitung gewesen seien! All die gestellten Fragen verwirrten und schmerzten mich. Nur eines vermochte ich zu erwidern: „Die Allerseligste Jungfrau kam mir sehr schön vor. Ich sah, wie sie sich mir näherte und mir zulächelte."

Da ich feststellte, dass die Karmelitinnen sich etwas

ganz anderes gedacht hatten, bildete ich mir ein, ich habe gelogen. Hätte ich doch mein Geheimnis für mich behalten, dann hätte ich mir auch mein Glück bewahrt. Aber die liebe Gottesmutter ließ diese innere Qual zum Besten meiner Seele zu. Vielleicht hätte sich sonst die Eitelkeit in mein Herz eingeschlichen. So war Beschämung mein Anteil. Ich vermochte mich nicht ohne tiefe Abscheu zu betrachten. Mein Gott, du allein weißt, was ich gelitten habe![20]

20 Diese schmerzliche Unruhe konnte nur eine ganz besondere Prüfung Gottes sein. Als ihre Schwester Maria sich sagte: „Therese ist geheilt!", war das Gesicht der Geheilten vergeistigt und verklärt zugleich. Beim Anblick ihrer Haltung und dem übernatürlichen Ausdruck ihres Gesichtes waren die Zeugen dieses Vorganges voller Staunen und Bewunderung. Nicht im Geringsten zweifelten sie daran, dass die Allerseligste Jungfrau Therese erschienen war.

IV
Erstkommunikantin – Firmling – Marienkind

Während ich von diesem Vorgang im Karmel erzähle, erinnere ich mich meines ersten Besuches dort nach Paulines Eintritt. In der Frühe dieses Tages fragte ich mich, welcher Klostername mir wohl später gegeben werde. Ich wusste bereits, dass es eine Schwester Therese von Jesus gab. Man konnte mir doch wohl meinen schönen Namen Therese nicht nehmen. Plötzlich kam mir der Gedanke an Jesus, den ich so innig liebte, und ich sagte mir: „Wie glücklich wäre ich, Therese vom Kinde Jesus heißen zu dürfen!“ Trotzdem hütete ich mich, diesen Wunsch laut werden zu lassen. Und dann geschah es, dass die Mutter Priorin mir mitten in der Unterhaltung sagte: „Wenn du, mein geliebtes Töchterchen, zu uns kommen wirst, dann sollst du *Therese vom Kinde Jesus* heißen!“ Wie sehr freute ich mich darüber! In dieser glücklichen Begegnung erblickte ich eine zarte Aufmerksamkeit des geliebten Jesuskindes.

Bislang habe ich noch nichts von meiner großen Liebe für Bilder und Bücher gesagt. Gerade den schönen Bildern, die Sie, meine geliebte Mutter, mir zeigten, verdanke ich eine der innigsten Freuden und einen der tiefsten Eindrücke, die mich zum Guten aneiferten. Wenn ich Bilder betrachtete, vergaß ich die Zeit. So hatte mir beispielsweise „Die kleine Blume des göttlichen Gefangenen“ so viel zu sagen, dass ich wie in Verzückung geriet. Ich bot mich Jesus an, hinfort seine kleine Blume zu sein. Ihn wollte ich trösten, dem

Tabernakel möglichst nahe sein, seinen Blick auf mich ziehen, von ihm umhegt sein und von ihm mich pflücken lassen.

Da ich nicht zu spielen verstand, wollte ich meine Zeit mit Lesen verbringen. Glücklicherweise suchten sichtbare Engel die richtigen und meinem Alter angepassten Bücher aus, die mir angenehme Stunden verschafften und zugleich meinen Geist und mein Herz bildeten. Aber nur eine bestimmt zugemessene Zeit durfte ich für diese Lieblingsbeschäftigung nehmen, und das gerade war mir oft Gegenstand großer Opfer. Sobald die vorgeschriebene Zeit abgelaufen war, hielt ich es für meine Pflicht, sofort mit dem Lesen aufzuhören, auch wenn die betreffende Stelle noch so interessant war. Ich gestehe, dass ich beim Lesen so mancher ritterlicher Abenteuer bisweilen die Wirklichkeit des Lebens nicht immer erfasst habe. Bei der Bewunderung für die vaterländischen Taten der französischen Heldinnen, ganz besonders der ehrwürdigen Jeanne d'Arc[21], stieg in mir das Verlangen auf, ihnen nachzueifern. Damals wurde mir eine Gnade zuteil, die ich als eine der größten meines Lebens betrachte, denn in jener Zeit war ich noch nicht von den himmlischen Erleuchtungen begünstigt, wie das jetzt der Fall ist.

Jesus ließ mich erkennen, dass die einzige und wahre Größe jene ist, die Ewigkeitswert hat, und dass keine Heldentaten dazu notwendig sind, um sie zu erringen: dass man sich vielmehr vor den Blicken der andern und vor sich selbst verbergen muss, so dass die Linke nicht

21 Die Jungfrau von Orléans wurde 1909 selig- und 1920 heiliggesprochen.

weiß, was die Rechte tut. Da aber auch ich mich für etwas Großes geboren glaubte und nach den Mitteln suchte, um es zu erreichen, wurde mir in meinem Innersten geoffenbart, dass die von mir angestrebte Größe niemals den Blicken der Menschen ausgesetzt sein würde, sondern vielmehr darin bestehen sollte, eine Heilige zu werden.

Überlegt man, wie unvollkommen ich war und nach so vielen Jahren des Ordenslebens immer noch bin, dann könnte ein solches Verlangen als vermessen erscheinen. Und doch hege ich immer dasselbe kühne Vertrauen, eine *große Heilige* zu werden. Dabei stütze ich mich nicht auf meine eigenen Verdienste, weil ich keine habe, sondern ich vertraue jenem, der die Tugend, die Heiligkeit selbst ist. Er allein, der sich mit meinen schwachen Bemühungen zufrieden gibt, wird mich zu sich emporziehen, mich mit seinen eigenen Verdiensten bekleiden und mich heilig machen. Ich ahnte damals nicht, dass man viel leiden muss, um zur Heiligkeit zu gelangen. Der liebe Gott enthüllte mir bald dieses Geheimnis durch die bereits geschilderten Prüfungen.

Nun fahre ich in meinem Bericht da fort, wo ich aufhörte. Drei Monate nach meiner Heilung machte ich mit Papa eine schöne Reise. Da fing ich an, die Welt kennenzulernen. Mich umgab in diesen Tagen eitel Glück und Freude. Gefeiert, verwöhnt und bewundert wurde ich. Kurzum: mein Leben war in diesen vierzehn Tagen mit Blumen besät. Wie wahr sagt doch die ewige Weisheit: *„Der Zauber der Eitelkeit verführt selbst den dem Bösen völlig abgewandten Geist“* (Pred 1, 2). Mit zehn Jahren lässt sich das Herz leicht betören, und ich gestehe: diese Lebensweise hatte ihre Reize für mich. Ach, wie gut versteht es doch die Welt, die irdischen Freuden mit dem Dienst Gottes zu verbinden! Und wie wenig denkt sie an den Tod!

Dennoch ist der Tod dahergekommen und hat viele von jenen Menschen bereits hinweggerafft, die ich damals in ihrer Jugendfrische, in ihrem Reichtum und Glück kennenlernte! Mit Vorliebe gehen meine Gedanken zu jenen bezaubernden Stätten zurück, wo sie gelebt haben, und ich frage mich, wo sie wohl jetzt sein mögen und was ihnen noch geblieben ist von den Schlössern und Gärten, in denen ich sie die Annehmlichkeiten des Lebens genießen sah. Dann bedenke ich, dass *„auf Erden alles Eitelkeit ist“* (Weish 4, 12), *„außer Gott lieben und ihm allein dienen“* (Nachf. Christi I, 1, 3). Vielleicht wollte Jesus, dass ich die Welt kennenlerne, bevor er meine Seele zum ersten Mal heimsuchte, um mich auf diese Weise sicherer jenen Weg wählen zu lassen, den zu wandeln ich ihm versprochen hatte.

Meine erste heilige Kommunion wird mir immer die Erinnerung an ein ungetrübtes Glück bleiben. Mir will scheinen, ich hätte gar nicht besser darauf vorbereitet sein können.

Entsinnen Sie sich noch, meine Mutter, des entzückenden Büchleins, das Sie mir drei Monate vor jenem großen Tag gaben? Es war mir eine liebenswürdige Hilfe für eine beständige und sichere Vorbereitung. Hatte ich auch bereits lange vorher an meine erste heilige Kommunion gedacht, so bedurfte mein Herz doch noch einer neuen Aneiferung. Es musste sich mit stets neuen Tugendblumen füllen, wie das kostbare Schriftchen vermerkte. Täglich brachte ich dem lieben Gott zahlreiche Opfer und erweckte viele Akte der Liebe, die sich in ebenso viele Blumen verwandelten: bald Veilchen, bald Rosen, dann Kornblumen, Maßliebchen und Vergissmeinnicht. Kurz: alle Blumen sollten gleichsam mein Herz zu einer Wiege für Jesus bereiten.

Obendrein war mir auch noch Maria verblieben, die jetzt Pauline bei mir vertrat. Lange saß ich abends mit ihr zusammen und lauschte aufmerksam ihren Worten. Welch herrliche Dinge erzählte sie mir! Mir will scheinen, als sei ihr großes und edles Herz ganz in mein Herz gekommen. So wie im Altertum die Krieger ihre Kinder bereits das Waffenhandwerk lehrten, so lehrte mich Maria den Kampf des Lebens, indem sie meinen Eifer anspornte und mich auf die Siegespalme hinwies. Sie sprach mir von unvergänglichen Reichtümern, die man sich jeden Tag so leicht erwerben kann. Sie sagte mir aber auch, welch großes Unglück es bedeutet, wenn man sie mit Füßen tritt, wo man sich doch gleichsam nur zu bücken braucht, um sie aufzuraffen.

Mit welcher Beredsamkeit sprach diese geliebte Schwester zu mir! Wie immer wünschte ich, nicht allein zu sein, um ihren tiefgründigen Darlegungen zu lauschen. In meiner Einfalt glaubte ich, auch die größten Sünder würden sich auf ihre Worte hin bekehren, um sich von den nichtigen Gütern dieser Welt abzuwenden und nur mehr nach himmlischen Dingen zu streben.

Schon damals hätte das betrachtende Gebet mich glücklich gemacht. Da Maria aber der Meinung war, ich sei fromm genug, gestattete sie mir nur die Verrichtung meiner mündlichen Gebete. Eines Tages fragte mich eine meiner Lehrerinnen im Pensionat der Abtei, womit ich mich denn während der freien Schultage in den „Buissonnets“ beschäftige. Schüchtern erwiderte ich: „Schwester, ich verstecke mich oft in einem kleinen Eckchen meines Zimmers, das ich leicht mit dem Vorhang meines Bettes abtrennen kann, und dann *denke ich nach ...*“ – „Aber worüber denkst du denn nach?“ forschte die gute Schwester lächelnd weiter. – „Ich denke an den lieben Gott, an die Vergänglichkeit des Lebens und an die Ewigkeit. Kurz: *ich denke nach!*“ Dieses Wort wurde nicht vergessen, und später erinnerte mich meine Lehrerin gern an die Zeit, wo ich nachdachte, indem sie mich fragte, *ob ich immer noch nachdenke*. Heute ist mir klar, dass ich damals schon die Betrachtung übte und der göttliche Herr und Meister dabei mein Herz liebreich unterwies.

Die drei Vorbereitungsmonate auf den Empfang meiner ersten heiligen Kommunion vergingen rasch. Bald musste ich meine Exerzitien beginnen. Während dieser Zeit blieb ich im Pensionat der Benediktinerinnen.

Oh, welch gesegnete Exerzitien waren das! Ich bin der Meinung, dass man nirgendwo eine ähnliche Freude zu verkosten vermag wie in den klösterlichen Gemeinschaften. Wenn die Anzahl der Kinder klein ist, kann man sich umso besser mit den Einzelnen beschäftigen.

Ja, mit kindlicher Dankbarkeit schreibe ich es nieder: unsere Lehrerinnen in der Abtei ließen uns in diesen Tagen wirklich überreiche und mütterliche Liebe zuteil werden. Weshalb es geschah, weiß ich zwar nicht, aber ich konnte schon bald feststellen, dass sie in noch viel größerem Maße über mich wachten als über meine Gefährtinnen.

Allabendlich kam die Präfektin mit ihrer kleinen Laterne an mein Bett, öffnete die Vorhänge ganz sachte und drückte mir einen zärtlichen Kuss auf die Stirne. Sie erwies mir soviel Liebe, dass ich ob ihrer Güte ganz gerührt war und ihr eines Abends erklärte: „O liebe Schwester, ich liebe Sie sehr, deshalb will ich Ihnen auch ein Geheimnis anvertrauen." Daraufhin zog ich das kostbare Büchlein, das ich im Karmel erhalten hatte, geheimnisvoll hervor und zeigte es ihr mit freudestrahlenden Augen. Behutsam öffnete sie es und blätterte aufmerksam darin. Dann gab sie mir zu verstehen, wie sehr der liebe Gott mich bevorzuge. Während dieser Exerzitien machte ich tatsächlich mehrmals die Erfahrung, dass sehr wenige mutterlose Kinder so viel zärtliche Liebe erfahren, wie ich in jenem Alter.

Mit großer Aufmerksamkeit lauschte ich den Vorträgen, die uns der Exerzitienmeister Abbé Domin hielt. Sorgfältig machte ich zusammenfassende Notizen. Was aber meine inneren Gedanken anging, so schrieb ich nichts nieder, weil ich der Meinung war, ich würde mich auch später noch daran erinnern. Und so war es auch.

Sehr glücklich war ich, wie die Ordensfrauen zu allen Gottesdiensten gehen zu dürfen! Unter meinen Gefährtinnen fiel ich durch ein großes Kruzifix auf, das meine liebe Leonie mir mitgegeben hatte. Wie die Missionare steckte ich es in meinen Gürtel, und man glaubte, ich wolle so meine Schwester im Karmel nachahmen. In Gedanken und mit meinem Herzen war ich tatsächlich immer wieder bei ihr! Ich wusste ja, dass auch sie sich in Vorbereitungsexerzitien befand: allerdings nicht, weil Jesus sich ihr schenken, sondern weil sie selbst sich Jesus restlos hingeben wollte. Und zwar am Tage meiner ersten heiligen Kommunion. Aus diesem Grund war die in der Stille verbrachte Zeit für mich doppelt wertvoll.

Endlich war der schönste aller Tage meines Lebens angebrochen. Welch unauslöschliche Erinnerungen hinterließen selbst die geringsten Einzelheiten dieser himmlischen Stunden in meiner Seele! Schon das freudige Erwachen beim Sonnenaufgang, die zärtlich-ehrfürchtigen Umarmungen unserer Lehrerinnen und der älteren Schülerinnen, das Ankleidezimmer, ganz belegt mit Kommunionkleidern, leicht und weiß wie Schneeflocken, in die ein Kind nach dem andern eingehüllt wurde. Und dann erst der feierliche Einzug in die Kapelle unter dem Gesang des Liedes „O dreimal heiliger Altar, den Engel licht umschweben“!

Oh, wie zärtlich war der erste Kuss, den Jesus meiner Seele gab! Ja, es war ein Kuss der Liebe! Ich fühlte mich geliebt, und auch ich sagte: „Ich liebe Dich und schenke mich Dir auf ewig!“ Keine Bitte richtete Jesus an mich, und kein Opfer forderte er von mir. Schon seit langem hatten er und die kleine Therese einander betrachtet und verstanden ... An diesem Tag aber war unsere Begegnung kein bloßer Anblick mehr, sondern ein Verschmelzen. Wir waren nicht mehr zwei, sondern wie ein Wassertropfen sich im Schoß des Ozeans verliert, so war Therese verschwunden. Jesus allein blieb. Er war der Meister, der König! Hatte Therese ihn überdies nicht auch gebeten, ihr die Freiheit zu nehmen?

Vor dieser Freiheit fürchtete sie sich. So schwach, so gebrechlich fühlte sie sich, dass sie sich auf immer mit der göttlichen Kraft vereinigen wollte.

Und nun wurde ihre Freude so groß, so tief, dass sie dieselbe nicht mehr beherrschen und verbergen konnte. Zum großen Staunen ihrer Gefährtinnen entströmten ihren Augen Tränen der Seligkeit. Später sagten sie zueinander: Warum hat sie denn geweint? Hat vielleicht etwas ihr Gewissen beunruhigt? Nein, sie hat geweint, weil ihre Mutter oder ihre Schwester, die Karmelitin ist und die sie so lieb hat, nicht bei ihr war. Niemand vermochte zu erfassen, dass das schwache und in der irdischen Verbannung weilende Herz sich der Tränen nicht erwehren kann, wenn es die Fülle himmlischer Freuden in sich trägt ... Wie wäre es auch möglich gewesen, dass die Abwesenheit meiner Mutter an meinem Erstkommuniontag mich so geschmerzt hätte? Der Himmel hatte ja in meiner Seele Wohnung genommen: mit dem Besuch Jesu empfing ich auch den Besuch meiner geliebten Mutter. Ebensowenig weinte ich, weil Pauline nicht da sein konnte: inniger denn je waren wir miteinander vereint.

Nein, ich wiederhole: nur Freude, tiefe und unaussprechliche Freude erfüllte mein Herz. Im Namen meiner Mitkommunikantinnen betete ich am Nachmittag den Weiheakt an die liebe Gottesmutter. Wohl deshalb hatten meine Lehrerinnen mich dafür ausgewählt, weil ich bereits früh meine irdische Mutter verloren hatte. Aus tiefstem Herzen weihte ich mich der allerseligsten Jungfrau Maria und flehte sie innig an, über mir zu wachen. Ich glaube, sie schaute huldvoll auf ihre *kleine Blume* herab und lächelte ihr von neuem zu: Ich dachte an ihr *sichtbares* Lächeln, das mich geheilt und befreit hatte, und ich war mir genau bewusst, welchen Dank ich ihr schuldete! War sie es denn nicht selbst, die am Morgen jenes achten Mai ihren Jesus – die *„Blume des Feldes und Lilie des Tales"* (Hld 2, 1) – in mein Herz gebettet hatte?

Papa nahm am Abend jenes herrlichen Tages seine kleine Königin bei der Hand und ging mit ihr zum Karmel. Als Braut Jesu sah ich dort meine Pauline wieder: wie ich trug sie einen weißen Schleier und einen Kranz von Rosen auf ihrem Haupt. Meine Freude war ohne Bitterkeit, war ich doch von der Hoffnung beseelt, ihr bald folgen zu dürfen und an ihrer Seite den Himmel zu erwarten.

Auch für das in den „Buissonnets" vorbereitete Familienfest war ich nicht unempfänglich. Viel Freude machte mir die hübsche Uhr, die mein geliebtes Väterchen mir schenkte. Trotzdem blieb mein Glück ganz still. Nichts vermochte meinen inneren Frieden zu stören. Schließlich ging dieser schöne Tag zu Ende und musste der Nacht weichen, denn auch dem strahlendsten Tag folgt die Finsternis: nur der Tag der ersten, der ewigen Kommunion in der himmlischen Heimat wird ohne Sonnenuntergang sein!

Der folgende Tag erschien mir von einer gewissen Wehmut überschattet. Die schönen Kleider und die erhaltenen Geschenke konnten mein Herz nicht ausfüllen. Hinfort konnte nur Jesus allein mich zufriedenstellen. Und so sehnte ich jene glückliche Stunde herbei, da ich ihn ein zweites Mal in mein Herz aufnehmen durfte. Und die zweite heilige Kommunion empfing ich am Fest Christi Himmelfahrt (22. Mai 1884). Ich hatte die

Freude, am heiligen Tisch zwischen Papa und meiner geliebten Maria knien zu dürfen. Auch diesmal vergoss ich reichliche Tränen einer unaussprechlichen Seligkeit. Mir kam das Wort des heiligen Paulus in den Sinn, und immer wiederholte ich es von neuem: *„Nicht mehr ich lebe, sondern Jesus lebt in mir!"* (Gal 2, 20). Von diesem zweiten Besuch unseres Heilandes an sehnte ich mich nach nichts anderem, als ihn zu empfangen. An allen hohen Festtagen wurde mir das gestattet. Ach, wie weit schienen mir damals die Feste auseinander zu liegen!

Wie Maria es für den Empfang meiner ersten heiligen Kommunion getan hatte, so bereitete sie mich auch an den Vorabenden dieser glücklichen Tage erneut vor. Noch entsinne ich mich, wie sie dabei einmal vom Leiden sprach. Sie meinte, Gott ließe mich diesen Weg nicht gehen, sondern er werde mich vielmehr einem kleinen Kinde gleich stets auf den Händen tragen. Am folgenden Morgen kamen mir diese Worte nach dem Empfang der heiligen Kommunion in den Sinn, und in meinem Herzen entbrannte ein lebhaftes Verlangen nach Leiden. Dabei hatte ich die Überzeugung, dass mir viele Kreuze beschieden sein würden. Meine Seele wurde von so großen Tröstungen erfüllt, wie ich sie nie in meinem Leben empfunden habe.

Nunmehr war das Leiden meine große Sehnsucht. Ich gewann dem Leid Reize ab, die mich begeisterten, obwohl ich sie noch nicht klar zu erkennen vermochte. Noch ein anderes großes Verlangen wurde in mir lebendig: nur Gott allein zu lieben und nur in ihm meine Freude zu finden. Oft wiederholte ich bei meinen Danksagungen die Stelle der Nachfolge Christi: *„O Jesus, unaussprechliche Süßigkeit! Verwandle mir allen*

Trost der Erde in Bitterkeit" (III, 36, 3). Von selbst kamen diese Worte über meine Lippen. Wie ein Kind, das nachspricht, was ein geliebter Mensch ihm vorsagt, so sprach ich sie aus, ohne sie recht zu verstehen. Später, meine Mutter, werde ich Ihnen berichten, wie unser Herr mein Verlangen gestillt hat und wie er allein meine unaussprechliche Süßigkeit blieb. Wollte ich Ihnen jetzt bereits davon sprechen, dann müsste ich auf meine Jungmädchenjahre vorgreifen. Ich habe Ihnen vorher aber noch viele Einzelheiten aus den Kindheitstagen zu erzählen.

Schon bald nach dem Empfang der ersten heiligen Kommunion machte ich meine Vorbereitungsexerzitien zur heiligen Firmung[22]. Mit großer Sorgfalt hatte ich mich auf den Empfang des Heiligen Geistes vorbereitet. Ich konnte nicht begreifen, dass man dem Empfang dieses Sakramentes der Liebe keine große Aufmerksamkeit schenkt. Da die heilige Handlung nicht an dem vorgesehenen Tag stattfand, blieb mir der Trost, meine Einsamkeit noch etwas verlängert zu sehen. Wie freudig war meine Seele gestimmt! Den Aposteln gleich erwartete ich in glückseliger Stimmung den verheißenen Tröster. Ich freute mich darauf, bald offiziell Christin zu sein und das geheimnisvolle Kreuz dieses unaussprechlichen Sakramentes auf ewig auf meiner Stirn eingeprägt zu tragen. Ich vernahm zwar nicht das gewaltige Brausen des ersten Pfingstfestes, wohl aber den *leisen Hauch des Windes,* dessen Säuseln der Prophet Elias auf dem Berg Horeb wahrnahm. An

22 Therese empfing das Sakrament der heiligen Firmung am 14. Juni 1884 durch die Hand des Bischofs Hugonin von Bayeux.

diesem Tag empfing ich die Kraft zu leiden. Dieser Kraft bedurfte ich sehr, denn schon bald sollte meine Seelenmarter beginnen. Nach diesen lieblichen und unvergesslichen Festen begann mein Leben wieder in der Klosterschule. Ich hatte viel Erfolg im Studium, und den Sinn der Dinge behielt ich rasch. Nur machte mir das wörtliche Auswendiglernen äußerst viel zu schaffen. Beim Katechismuslernen aber waren meine Anstrengungen mit Erfolg gekrönt. Wohl wegen meines Namens Theresia nannte mich der Herr Religionslehrer seinen *kleinen Kirchenlehrer*.

Während der Pausen hatte ich meine Freude daran, dem fröhlichen Treiben meiner Mitschülerinnen aus der Ferne zuzuschauen und ernste Erwägungen anzustellen. Darin fand ich meine liebste Zerstreuung. Auch hatte ich an einem von mir selbst erfundenen Spiel sehr viel Freude; ich suchte gern tote Vögelchen unter den Bäumen und begrub sie *ehrenvoll* auf demselben kleinen Friedhof, unter demselben Rasen. Es kam auch vor, dass ich Geschichten erzählte. Als Zuhörerinnen stellten sich öfters große Schülerinnen ein. Dieser Rednertätigkeit machte unsere kluge Lehrerin bald ein Ende durch ihr Verbot. Ihr war es lieber, wenn wir herumliefen, als wenn wir herumdiskutierten.

Mit zwei Mädchen meines Alters schloss ich damals Freundschaft. Aber wie eng begrenzt ist doch das Menschenherz! Schon wenige Monate später musste eine davon wieder für einige Monate nach Hause zurück. Ich konnte sie aber nicht vergessen und freute mich sehr, als ich sie wiedersah. Leider aber würdigte sie mich nur eines gleichgültigen Blickes. Meine Freundschaft blieb unverstanden. Ich empfand das schmerzlich und hütete mich, noch einmal um eine solch unbeständige Liebe zu betteln. Und doch hat der liebe Gott mir ein treues Herz geschenkt, das immer liebt, wenn es einmal geliebt hat. Deshalb bete ich auch weiter für diese Mitschülerin und habe sie immer noch lieb.

Als ich merkte, dass mehrere Schülerinnen sich mit besonderer Liebe an die eine oder andere Lehrerin hängten, wollte ich es auch versuchen, aber es gelang mir nicht. O glückliches Unvermögen! Wieviel Übel ist mir dadurch erspart geblieben! Wie dankbar bin ich dem lieben Gott, dass er mich in den irdischen Freundschaften nur Bitternis finden ließ! Mit einem Herzen wie dem meinen hätte ich mich einfangen und mir die Flügel beschneiden lassen. Wie hätte es dann noch *„fliegen und ruhen"* (Ps 54, 7) können? Wie kann ein Herz sich innig mit Gott vereinigen, wenn es sich einer menschlichen Zuneigung hingibt? Ich fühle, dass das nicht möglich ist. So vielen Seelen bin ich begegnet, die sich von diesem falschen Licht anlocken ließen, sich gleich armen Schmetterlingen hineinstürzten und die Flügel versengten. Sie kehrten dann verwundert zu Jesus, zum göttlichen Feuer, zurück, das brennt, ohne zu verzehren.

Ach, ich bin mir bewusst: der Herr fand mich zu schwach, um mich einer solchen Versuchung auszusetzen! Sicherlich hätte ich mich an dem trügerischen Licht der Geschöpfe ganz verbrannt. Aber meine Augen schauten dieses falsche Licht nie: In Dingen, an denen starke Seelen ihre Freude finden und von denen sie sich dann aus Tugendhaftigkeit freimachen, fand ich nur Trübsal. Wo also ist mein Verdienst, wenn ich mich diesen zerbrechlichen Zuneigungen nicht ausgeliefert habe, weil ich nur durch die milde Kraft der göttlichen Barmherzigkeit davor bewahrt blieb? Das gestehe ich ein: ohne die Hilfe des Herrn hätte ich ebenso tief fallen können wie die heilige Maria Magdalena. Des göttlichen Heilandes tiefes Wort an Simon, den Pharisäer, klingt gar süß in meiner Seele wider. Ja, ich weiß: *„Wem weniger nachgelassen wird, der liebt weniger!“* (Lk 7, 47). Aber ich weiß auch, dass Jesus mir mehr vergeben hat als der heiligen Maria Magdalena. Was ich empfinde, möchte ich in Worte fassen können! Ein Beispiel soll meine Gedanken wiedergeben:

Ich nehme an, der Sohn eines geschickten Arztes stolpert bei einem Spaziergang über einen Stein und bricht sich ein Glied. Sein Vater eilt herbei, hebt ihn liebevoll auf, pflegt seine Wunden und lässt kein Mittel seiner Kunst unbenützt. Schon bald ist der Sohn wiederhergestellt und zeigt sich seinem Vater gegenüber dankbar. Zweifellos hat der Sohn allen Grund, einen so guten Vater zu lieben.

Setzen wir jedoch einen andern Fall: Dem Vater ist bekannt, dass ein gefährlicher Stein auf dem Wege seines Sohnes liegt. Er baut allem vor und entfernt den Stein, ohne von jemandem gesehen zu werden. Dieser so zärtlich und vorsorglich umhegte Sohn weiß nicht um das Unglück, vor dem des Vaters Hand ihn bewahrt hat. Er wird ihm daher auch weniger danken und ihn weniger lieben, als wenn dieser ihn von einer lebensgefährlichen Wunde geheilt hätte. Wenn er aber später alles erfährt, wird dann seine Liebe nicht umso größer? Nun ja: *ich bin* dieses Kind, Gegenstand einer solch vorsorglichen Liebe eines Vaters, *„der sein eigenes Wort* *nicht in die Welt sandte, um die Gerechten, sondern die Sünder zu erlösen"* (Mt 9, 13; Mk 2, 17; Lk 5, 32). Nicht weil er mir viel, sondern weil er mir alles vergeben hat, will er, dass ich ihn liebe. Ohne darauf zu warten, dass ich ihn ebenso sehr wie Magdalena liebe, ließ er mich wissen, wie er mich mit einer unaussprechlich vorsorglichen Liebe geliebt hat, damit ich ihn *jetzt bis zur Torheit liebe.*

Wie oft hörte ich bei Exerzitien und anderen Gelegenheiten sagen, es habe nie eine reine Seele gegeben, die mehr geliebt hat als eine büßende. Wie gerne möchte ich dieses Wort Lügen strafen!
Aber ich bin weit von meinem Gegenstand abgeschweift und weiß nicht mehr recht, wo ich den Faden wiederaufnehmen soll.

Während der Vorbereitungsexerzitien auf den feierlichen Jahrestag der ersten heiligen Kommunion wurde ich von der schrecklichen Seelenkrankheit der Skrupel befallen. Um dies Martyrium zu verstehen, muss man es selbst erlebt haben. Es ist mir unmöglich, in Worten wiederzugeben, was ich fast zwei Jahre hindurch erlitten habe! Alle Gedanken und selbst die einfachsten Handlungen wurden für mich Quelle der Verwirrung und Gewissensnot. Erst wenn ich Maria alle meine Nöte anvertraut hatte, fand ich wieder Ruhe. Das kostete mich aber viel Überwindung. Ich fühlte mich dennoch verpflichtet, ihr alle, auch die sonderbarsten Gedanken anzuvertrauen. War meine Last abgewälzt, dann genoss ich für einen Augenblick Seelenfrieden. Mit Blitzesschnelle aber war dieser Friede dahin, und meine Marter setzte von neuem ein! Mein Gott, zu wie vielen Akten der Geduld mag ich meiner Schwester wohl Gelegenheit gegeben haben!

Vierzehn Tage unserer Ferien verbrachten wir in jenem Jahr am Meer. Meine stets so gütige und so mütterlich um ihre kleinen Nichten aus den „Buissonnets" besorgte Tante war bemüht, uns alle nur denkbaren Erholungen zu verschaffen: Reiten auf Eselsrücken bei unseren Ausflügen, Angeln usw. Sogar in unserer Kleidung verwöhnte sie uns. Noch erinnere ich mich, wie sie mir eines Tages himmelblaue Bänder schenkte. Ich war trotz meiner zwölfeinhalb Jahre noch so sehr Kind, dass es mir Freude machte, die Haare damit zu binden. Ich bekam dann aber solche Skrupel, dass ich mich noch in Trouville über dieses kindliche Vergnügen, das ich für Sünde hielt, in der Beichte anklagte.

Bei diesem Aufenthalt an der Küste machte ich eine heilsame Erfahrung. Meine Kusine Maria litt häufig unter Kopfschmerzen. Bei solchen Gelegenheiten liebkoste die Tante sie und gab ihr die zärtlichsten Namen in Hülle und Fülle, erreichte aber damit nichts anderes, als dass Maria weinte und immer wieder klagte: „Ich habe Kopfweh!" Auch ich hatte fast täglich ebenso große Kopfschmerzen, klagte aber nie darüber. Eines Abends überfiel mich die Lust, es Maria gleichzutun. Ich einer Ecke des Wohnzimmers setzte ich mich auf einen Lehnstuhl und gab mich ans Weinen und Jammern. Schon bald stellte sich meine große Kusine Johanna ein, die ich sehr lieb hatte, und bemühte sich um mich. Auch meine Tante kam und fragte nach der Ursache meiner Tränen. „Ich habe Kopfweh!" antwortete ich nach dem Muster Marias. Anscheinend stand dieses Jammern mir nicht, denn niemand wollte glauben, dass ich wegen der Kopfschmerzen weinte. Statt mich zu liebkosen, wie es sonst ihre Gewohnheit war, redete die Tante mit mir wie mit einer erwachsenen Person. Selbst die große Kusine Johanna machte mir sanfte, aber verdrießlich klingende Vorwürfe, ich ließe es an Vertrauen und Einfachheit meiner Tante gegenüber mangeln, weil ich ihr den wahren Grund meiner Tränen verschweige. Sie hatte nämlich große Skrupel bei mir vermutet.

Schließlich stellte ich fest, dass ich mein Ziel nicht erreicht hatte, und so nahm ich mir fest vor, niemanden mehr nachzuahmen. Jetzt verstand ich auch die Fabel *vom Esel und dem Hündchen*. Ich war der Esel, der den Liebkosungen zusah, die dem Hündchen zuteil wurden, und der auch welche haben wollte und deshalb seinen plumpen Huf auf den Tisch legte. Wenn ich auch nicht gleich dem armen Tier mit Stockschlägen davongejagt wurde, so wurde ich doch mit gleicher Münze bezahlt, und das hat mich für immer von dem Verlangen befreit, die Aufmerksamkeit anderer auf mich zu lenken.

Ich komme nochmals auf meine harte Prüfung der Skrupel zurück. Ich wurde dadurch so krank, dass man genötigt war, mich bereits mit dreizehn Jahren aus der Klosterschule zurückzunehmen. Damit meine weitere Ausbildung aber nicht leiden sollte, begleitete mein Vater mich mehrmals in der Woche zu einer ehrenwerten Dame, die mir ausgezeichneten Unterricht erteilte. Mit diesen Stunden war ein doppelter Vorteil verbunden: ich konnte meine Kenntnisse erweitern und wurde der Welt nähergebracht. Inmitten von Büchern und

Zeitschriften wohnte ich in diesem altertümlich ausgestatteten Zimmer oft zahlreichen Besuchen bei. Wenn eben möglich, führte die Mutter meiner Lehrerin die Unterhaltung. An solchen Tagen lernte ich nicht viel. Über mein Buch gebeugt, hörte ich alles, was gesprochen wurde; auch manches, was mir besser nicht zu Ohren gekommen wäre. So geschah es, dass eine Dame mein schönes Haar bewunderte, eine andere fragte beim Weggehen, wer dieses so hübsche junge Mädchen sei. Diese Bemerkungen waren umso schmeichelhafter, weil sie nicht in meiner Gegenwart fielen, und sie verursachten mir eine gewisse Freude, die mir deutlich bewies, wie sehr die Eigenliebe sich bei mir eingeschlichen hatte.

Wie bemitleide ich die Seelen, die verlorengehen! Auf den blumenbestreuten Wegen der Welt ist es so leicht, in die Irre zu gehen! Für eine Seele, die ein wenig nach Höherem strebt, sind die irdischen Reize gewiss mit Bitterkeit gemischt, und das unermessliche Verlangen des Herzens kann niemals durch ein vergängliches Lob gestillt werden. Aber ich wiederhole noch einmal: Was wäre aus mir geworden, hätte man mein Herz nicht bei seinem ersten Erwachen auf Gott gerichtet und hätte mir die Welt gleich beim Eintritt ins Leben zugelächelt. O meine Mutter, mit welcher Dankbarkeit besinge ich die Erbarmungen des Herrn! Ist nicht er es gewesen, der mich nach dem Worte der Ewigen Weisheit *„von der Welt hinweggenommen hat, bevor ihre Bosheit sich meines Verstandes bemächtigte und ihr trügerischer Schimmer meine Seele täuschte“* (Weish 4, 11)? Inzwischen hatte ich den Entschluss gefasst, mich ganz besonders der lieben Gottesmutter zu weihen und darum zu bitten, unter die Schar der Marienkinder aufgenommen zu werden[23]. Daher musste ich wöchentlich zweimal ins Kloster gehen. Meiner großen Schüchternheit wegen fiel mir das etwas schwer. Wohl liebte ich meine guten Lehrerinnen sehr und werde ihnen stets ein dankbares Andenken bewahren. Wie bereits gesagt, hatte ich nach dem Vorbild der übrigen früheren Mitschülerinnen keine mir besonders nahestehende Schwester, mit der ich mehrere Stunden lang hätte sprechen können. Schweigend arbeitete ich daher, bis die Stunde um war. Weil sich niemand um mich kümmerte, ging ich dann auf die Empore der Kapelle und wartete dort, bis Papa mich abholte.

In dieser stillen Einsamkeit fand ich meinen ganzen Trost. War denn Jesus nicht mein einziger Freund? Nur mit ihm allein konnte ich vertraut reden. Meine Seele wurde müde bei Gesprächen mit Menschen, auch wenn es fromme Unterhaltungen waren. Ich war wegen meiner Vereinsamung zuweilen traurig, das ist wahr. Noch entsinne ich mich, dann immer wieder die Worte eines Gedichtes wiederholt zu haben, das unser Vater mich gelehrt hatte: „Die Erde ist zwar dein Schiff, aber deine Heimat ist sie nicht!" Diese Worte munterten mich in ganz jungen Jahren immer wieder auf. Wenn inzwischen auch Jahre vergangen sind, die manche Eindrücke kindlicher Frömmigkeit verwischt haben, so bezaubert doch immer wieder das Bild des Schiffes meine Seele und hilft ihr, die Verbannung ertragen. Schon die Ewige Weisheit sagt: *„Das Leben gleicht dem*

23 Dies geschah am 31. Mai 1886.

Schiffe, das das wogende Meer durchzieht und keine Spur hinterlässt“ (Weish 5, 10).

Wenn ich über diese Dinge nachdenke, dann verliert sich mein Blick ins Unendliche. Mir ist, als sei ich den Gestaden der Ewigkeit bereits nahe! Ich meine, die Umarmungen Jesu zu spüren ... Ich meine, die Allerseligste Jungfrau zu schauen, wie sie mir mit Papa und Mama, den vier Engelchen – meinen verstorbenen Brüderchen und Schwesterchen – entgegenkommt! Ja, es kommt mir vor, als dürfe ich mich bereits für immer des wahren, ewigen Familienlebens erfreuen!

Bevor ich aber die Ruhe des himmlischen Vaterhauses verkosten sollte, musste ich auf dieser Erde noch manch schmerzliche Trennung über mich ergehen lassen. In dem Jahr, da ich unter die Marienkinder aufgenommen wurde, nahm mir die liebe Gottesmutter den einzigen Halt meiner Seele, meine geliebte Maria[24]. Als Pauline ins Kloster eintrat, blieb sie die einzige Vertraute meiner Seele. So sehr liebte ich sie, dass ich ohne ihren trauten Umgang nicht leben konnte.

Sobald mir ihr Entschluss bekannt wurde, fasste ich den Vorsatz, hienieden keine Freude mehr zu suchen. Wieviel Tränen ich vergoss, kann ich nicht sagen. Das Weinen war mir in dieser Zeit zur Gewohnheit geworden. Nicht nur, wenn ernste und wichtige Gründe vorlagen, sondern auch bei den geringfügigsten Dingen weinte ich. Dafür einige Beispiele:

Von großem Verlangen nach Tugend beseelt, stellte ich die Ausführung auf sonderbare Weise an: ich war

24 Maria trat am 15. Oktober 1886 in den Karmel von Lisieux ein und erhielt den Namen Schwester Maria vom Heiligsten Herzen. Sie starb am 19. Januar 1940 im Alter von 80 Jahren.

nicht gewohnt, mich selbst zu bedienen. Celine räumte unser Zimmer auf, und ich befasste mich mit keiner häuslichen Arbeit. Um dem lieben Gott Freude zu machen, machte ich wohl ab und zu mein Bett und trug bei Celines Abwesenheit ihre Samenkästchen und Blumentöpfe herein. Wie gesagt: Gott allein zuliebe tat ich das und hätte darum auch auf keinen menschlichen Dank rechnen dürfen. Leider war dem aber nicht so: zeigte sich Celine nicht froh und überrascht über meine kleinen Handreichungen, dann war ich nicht zufrieden und brachte es durch meine Tränen zum Ausdruck.

Statt darüber hinwegzukommen, dass ich jemanden ohne Absicht kränkte, grämte mich das so, dass ich krank wurde. Statt meinen Fehler gutzumachen, vergrößerte ich ihn. Begann ich aber, mich selbst über den begangenen Fehler zu trösten, dann weinte ich, weil ich geweint hatte.

Ich grämte mich auch über alles und jedes! Nun ist das Gegenteil der Fall. Gott gibt mir die Gnade, mich niemals von etwas Vergänglichem niederdrücken zu lassen. Denke ich daran, wie ich früher war, dann strömt meine Seele über vor Dankbarkeit! Durch die mir zuteil gewordenen himmlischen Gnaden ging ein solcher Wandel in mir vor, dass man mich nicht mehr wiedererkannte.

Nachdem Maria in den Karmel eingetreten war und ich ihr meine Seelenqualen nicht mehr anvertrauen konnte, wandte ich mich dem Himmel zu. Ich flehte meine kleinen vier Geschwister an, die mir vorausgegangen waren, da ich glaubte, dass unschuldige Seelen, die hienieden weder Furcht noch Schmerz gekannt haben, Mitleid mit ihrer kleinen Schwester hätten, die auf Erden so vieles leiden musste. Kindlich einfältig redete ich mit ihnen und erinnerte sie daran, dass ich als das jüngste Kind der Familie der verwöhnteste Liebling der Eltern und meiner Geschwister war. Wären sie am Leben geblieben, dann hätten wohl auch sie mir dieselben Beweise ihrer Liebe zuteil werden lassen. Mir schien es kein Grund zu sein, mich zu vergessen, weil sie bereits im Himmel waren. Im Gegenteil, gerade deshalb, weil sie aus den himmlischen Schätzen schöpfen konnten, mussten sie mir den Frieden für mich erbitten und mir so beweisen, dass man auch von da droben aus noch zu lieben versteht.

Ich brauchte nicht lange auf eine Antwort zu warten: alsbald überflutete tiefer Friede meine Seele ... Also nicht nur auf Erden, sondern auch im Himmel wurde ich geliebt! Von dieser Zeit an steigerte sich meine Verehrung für meine Geschwisterchen im Himmel. Ich liebte es, mich mit ihnen zu unterhalten und von meiner Sehnsucht zu sprechen, ihnen bald in die ewige Heimat folgen zu dürfen.

V
Apostel der Sünder – Jesus ruft

Weit davon entfernt, die Gnaden verdient zu haben, überschüttete der Himmel mich mit ihnen. Ich war zwar beständig von dem heftigen Verlangen beseelt, die Tugend zu üben, aber wie unvollkommen waren alle meine Handlungen! Meine außergewöhnliche Empfindlichkeit machte mich geradezu unausstehlich. Ungeachtet aller Vernunftgründe konnte ich diesen hässlichen Fehler nicht überwinden.

Wie sollte ich unter diesen Umständen hoffen, schon bald in den Karmel eintreten zu dürfen? Es war wirklich ein kleines Wunder nötig, um meine Seele in einem Augenblick größer werden zu lassen. Dieses langersehnte Wunder wirkte der liebe Gott an dem unvergesslichen 25. Dezember 1856. In dieser gesegneten Nacht des Weihnachtsfestes verwandelte Jesus – das liebliche, seit einer Stunde geborene Kindlein – das Dunkel meiner Seele in Ströme hellsten Lichtes. Er, der aus Liebe zu mir klein und schwach geworden war, machte mich stark und mutig. Er legte mir seine Waffenrüstung an. Seit diesem Tag schritt ich von Sieg zu Sieg und begann gewissermaßen den *Wettlauf eines Riesen.* Der Tränenquell war versiegt. Nur noch selten und schwer floss er wieder.

Nun, meine Mutter, will ich Ihnen berichten, wie mir die unschätzbare Gnade meiner völligen Bekehrung zuteil wurde:

Kam ich nach der Mitternachtsmesse heim in die „Buissonnets“, dann konnte ich wie in meinen frühesten Kindheitstagen im Kamin meine Schuhe mit kleinen Geschenken angefüllt finden. Das ist der Beweis dafür, dass ich bis dahin noch wie ein kleines Kind von meinen Schwestern behandelt wurde. Papa selbst freute sich über mein Glück und strahlte bei jedem meiner Jubelrufe, wenn ich den Zauberschuhen irgendeine neue Überraschung entnahm. Und seine Freude vermehrte noch mein Glück. Jetzt aber war die Stunde gekommen, die Jesus bestimmt hatte, um mich von den Fehlern des kindlichen Alters und diesen unschuldigen Freuden zu befreien. Er ließ zu, dass unser geliebter Vater, entgegen seinem Brauch, mich bei jeder sich bietenden Gelegenheit zu verwöhnen, diesmal einen gewissen Kummer empfand. Als ich nämlich die Treppe hinaufging, hörte ich Worte, die mir das Herz durchbohrten: „Für ein so großes Mädchen wie Therese ist das eine zu kindische Überraschung. Ich hoffe, es wird zum letzten Mal sein."

Celine, die meine außergewöhnlich große Empfindlichkeit kannte, flüsterte mir zu: „Geh nicht gleich hinunter! Warte etwas! Du weinst sonst allzu sehr, wenn du dir deine Überraschungen in Papas Gegenwart anschaust!" Aber Therese war nicht mehr dieselbe ... Jesus hatte ihr Herz umgewandelt!

Ich unterdrückte meine Tränen und ging schnell hinunter ins Esszimmer. Ich überwand das Herzklopfen, nahm meine Schuhe und begann *fröhlich*, wie eine kleine Königin, einen Gegenstand nach dem anderen hervorzukramen. Papa lachte. Keine Spur von Ärger zeigte sich mehr in seinem Gesicht, und Celine glaubte sich in einem Traum. Eine frohe Tatsache stand glücklicherweise fest: für immer hatte die kleine Therese ihre

Seelenstärke wiedergefunden, die ihr im Alter von viereinhalb Jahren verlorengegangen war.

In jener lichtumstrahlten Nacht begann mein dritter Lebensabschnitt: der schönste von allen und der von himmlischen Gnaden am meisten gesegnete. In *einem* Augenblick hatte Jesus bewirkt, was mir in jahrelanger Anstrengung nicht gelungen war. Er war mit meinem guten Willen zufrieden. Gleich den Aposteln konnte ich sprechen: *„Herr, ich habe die ganze Nacht gefischt und nichts gefangen"* (Lk 5, 5). Jesus, der mir gegenüber noch barmherziger war als gegen seine Jünger, ergriff selbst das Netz, warf es aus und zog es mit Fischen angefüllt zurück: Er machte mich zum *Seelenfischer*! ... Mein Herz wurde von Nächstenliebe erfüllt, und ich hatte das Bedürfnis, mich selbst zu vergessen. Seit dieser Zeit *war ich glücklich*!

Am Schluss der heiligen Messe wollte ich eines Sonntags mein Gebetbuch schließen, als eine Fotografie teilweise herausglitt. Sie stellte den Heiland am Kreuz dar, und nur eine seiner durchbohrten und blutenden Hände konnte ich sehen. In diesem Augenblick empfand ich etwas bis dahin Unbekanntes, Unaussprechliches. Ich glaubte, mein Herz werde vor Schmerz brechen, als ich beim Anblick dieses kostbaren Blutes, das zur Erde niederträufelte, erwog, dass sich niemand findet, um es aufzufangen. Um den göttlichen Tau des Heils in Empfang zu nehmen und ihn über die Seelen auszugießen, beschloss ich, im Geist nicht mehr vom Fuß des Kreuzes zu weichen.

Ständig klang seit diesem Tag das Wort des sterbenden Heilandes: „Mich dürstet!" (Joh 19, 29) in meiner Seele wider und entfachte darin einen nie zuvor gekannten, glühenden Seeleneifer. Ich wollte meinem Vielgeliebten zu trinken geben. Ja, vom Durst nach Seelen fühlte ich mich selbst geradezu verzehrt. Die Sünder wollte ich um jeden Preis der ewigen Verdammnis entreißen.

Um mich noch mehr anzueifern, zeigte mir der göttliche Meister schon bald, dass ihm mein Verlangen wohlgefalle. Ich erfuhr von einem großen Verbrecher namens Pranzini. Wegen entsetzlicher Mordtaten war er zum Tod verurteilt worden, und seine Unbußfertigkeit ließ befürchten, dass er der ewigen Verdammnis anheimfalle. Dies nicht wieder gutzumachende Unglück wollte ich unter allen Umständen verhindern. Um zu meinem Ziel zu kommen, wandte ich alle erdenklichen geistlichen Mittel an. Da ich mir aber bewusst war, dass ich aus mir selbst nichts zu erreichen vermochte, bot ich dem lieben Gott die unendlichen Verdienste unseres Herrn und Heilandes und die Schätze der heiligen Kirche als Lösegeld an.

Muss ich es eingestehen? Im Innersten meines Herzens empfand ich die Gewissheit, erhört zu werden. Da ich mich aber selbst aufmuntern wollte, um an der Rettung der Seelen weiterzuarbeiten, verrichtete ich dieses kindliche Gebet: „Mein Gott, ich bin überzeugt, dass Du dem unglücklichen Pranzini verzeihen wirst. Auch wenn er nicht beichten und kein Zeichen der Reue geben sollte, will ich es dennoch glauben. So groß ist mein Vertrauen auf Deine unendliche Barmherzigkeit. Da es aber mein erster Sünder ist, bitte ich Dich zu meinem Trost um ein Zeichen seiner Reue."

Buchstäblich wurde mein Gebet erhört! Niemals gestattete uns Papa, die Zeitungen zu lesen. Ich glaubte aber, nicht ungehorsam zu sein, wenn ich die Notizen über Pranzini las. Am Tag nach seiner Hinrichtung griff ich daher hastig nach der Zeitung „La Croix". Und was sah ich? Meine Tränen verrieten meine innere Ergriffenheit, und ich musste hinausgehen. *Ohne Beichte und Lossprechung* schritt Pranzini zum Schafott. Schon hat der Scharfrichter ihn gepackt, um ihn zum fatalen Brett zu schleppen, als ihn unverhofft eine plötzliche Eingebung rührt. Er dreht sich um, ergreift das Kreuz, das ihm der Priester reicht, und *küsst dreimal die Wundmale unseres Herrn und Heilandes …*

Das erbetene Zeichen war mir also zuteil geworden. Und es beglückte mich. War doch mein Herz beim Anblick der heiligen Wunden Jesu und seines vergossenen Blutes vom Durst nach Seelen durchdrungen worden! Dieses makellose Blut wollte ich ihnen zum Trank reichen, um sie von ihren Sünden zu reinigen. Die Lippen „meines ersten Kindes" haben die göttlichen Wundmale geküsst! Welch eine unaussprechliche Antwort! Seit dieser einzigartigen Gnade wuchs mein Verlangen, Seelen zu retten, von Tag zu Tag. Es kam mir vor, als vernehme ich die Worte Jesu an die Samariterin: *„Gib mir zu trinken!"* (Joh 4, 7).

Es war ein wirklicher Liebestausch: ich bot den Seelen das Blut Jesu dar und opferte diese Seelen Jesus auf, nachdem sie durch den Tau Kalvarias erquickt waren. Auf diese Weise glaubte ich, Jesu Durst zu stillen. Je mehr ich ihm aber zu trinken gab, umso größer wurde der Durst meiner eignen, armen, kleinen Seele. Und diesen brennenden Durst nahm ich als die köstlichste Belohnung entgegen. Innerhalb kurzer Zeit hatte mich der liebe Gott über den engen Gesichtskreis, in dem ich mich bewegte, hinausgeführt. Somit war der entscheidende Schritt getan. Aber noch blieb ein weiter Weg zurückzulegen!

Von meinen Skrupeln und meiner übergroßen Empfindlichkeit befreit, fing mein Geist an, sich zu entfalten. Immer hatte ich das Erhabene und Schöne geliebt, aber von da ab erfasste mich ein außergewöhnlich großer Wissensdrang. Mit den Unterrichtsstunden meiner Lehrerin gab ich mich nicht mehr zufrieden, sondern studierte darüber hinaus noch besondere Wissenschaften für mich allein. So erwarb ich mir innerhalb weniger Monate größere Kenntnisse als während all meiner Schuljahre. Aber ach! War dieser Eifer nicht *Eitelkeit und Trübsal des Geistes*?

Durch mein feuriges Temperament befand ich mich zu dieser Zeit im gefährlichsten Stadium meines Lebens. Aber der Herr tat an mir, was Ezechiel in seinen Prophezeiungen niederschrieb:

„Er sah, dass die Zeit gekommen sei, mich zu lieben. Er schloss einen Bund mit mir, und ich wurde sein. Seinen Mantel breitete er über mich und wusch mich mit wohlduftendem, kostbarem Wasser. Er bekleidete mich mit glänzenden Gewändern und schenkte mir Halsschmuck und Wohlgerüche von unschätzbarem Wert. Mit reinstem Weizenmehl nährte er mich, mit Honig und Öl im Überfluss. Da ward ich schön in seinen Augen, und er machte mich zu einer mächtigen Königin“ (Ez 16, 13).

Ja, alles dies tat Jesus für mich! Jedes einzelne Wort dieser wunderbaren Stelle könnte ich auf mich anwenden und nachweisen, wie es sich an mir verwirklicht hat. Genügende Beweise dafür aber sind die schon früher von mir berichteten Gnaden. Daher möchte ich nur noch von der Nahrung sprechen, die der göttliche Meister mir „im Überfluss“ zuteil werden ließ.

Bereits seit langem nährte ich mein geistliches Leben mit dem „allerfeinsten Weizenmehl“, der „Nachfolge Christi“. Sie war das einzige Buch, das mir von geistlichem Nutzen war, denn ich hatte bis dahin die im Evangelium verborgenen Schätze noch nicht entdeckt. Dieses Büchlein nahm ich überall mit. In der Familie lachte man viel darüber, und meine Tante bat mich öfters, ihr das Kapitel auswendig herzusagen, das ihr gerade unter die Augen fiel.

Als ich 14 Jahre alt war, hielt es der liebe Gott, der um meinen Wissensdurst wusste, für nötig, „dem reinsten Weizenmehl Honig und Öl im Überfluss“ beizugeben. In dem Buch des Abbé Arminjon *„Über das Ende der gegenwärtigen Welt und die Geheimnisse des zukünftigen Lebens“* ließ er mich diesen Honig und dieses Öl verkosten. Dieses Buch tauchte meine Seele in übernatürliches Glück ein, das nicht von dieser Erde ist. Ich ahnte bereits, was Gott denen bereitet hat, die ihn lieben. Und da ich erkannte, dass jene ewigen Belohnungen in gar keinem Verhältnis zu den kleinen Opfern dieses Lebens stehen, wollte ich Jesus *lieben,* leidenschaftlich *lieben* und ihm solange wie nur möglich unzählige Beweise meiner Liebe geben.

Ganz besonders seit Weihnachten war Celine die innigste Vertraute meiner Seele geworden. Die Bande unserer Seelen knüpfte Jesus, der uns auf dem Weg der Vollkommenheit gemeinsam voranschreiten sehen wollte; sie sind stärker als die des Blutes: er machte uns zu Seelenschwestern. Die Worte unseres heiligen

Vaters Johannes vom Kreuz in seinem „Geistlichen Gesang“ verwirklichten sich in uns:

> „Nach deines Trittes Spuren eilen
> die Mägdlein diesen – jenen Weg,
> berührt von eines Strahles Funken
> bei reichgewürztem Traubenwein,
> und süße Balsamdüfte fließen
> in reichen Strömen ringsumher.“

Wirklich: leichten Schrittes folgten wir Jesu Spuren. Die glühenden Funken, die er in unsere Herzen gelegt, und der köstliche und berauschende Wein, den er uns zum Trank reichte, ließen die vergänglichen Dinge dieser Welt unseren Augen entschwinden, und unsere Lippen sprachen nur noch Sehnsuchtsworte der reinsten Liebe.

Mit welcher Freude denke ich an jene Unterredungen zurück! An den Abenden, die wir im Balkonzimmer verbrachten, versenkten wir uns in den Anblick des tiefblauen und mit goldenen Sternen besäten Himmels. Ich glaube, damals empfingen wir große Gnaden. Die „Nachfolge Christi“ sagt so schön: „Zuweilen offenbart sich Gott in blendendem Licht, ein anderes Mal aber nur unter dem Schleier von Zeichen und Bildern“ (III. 43, 4). So gefiel es ihm also, sich unseren Herzen zu offenbaren. Wie durchsichtig und leicht war dieser Schleier! Ein Zweifel wäre unmöglich gewesen. Glaube und Hoffnung schwanden aus unseren Seelen: schon auf Erden ließ die Liebe uns ihn finden, den wir suchten. „Und da wir ihn allein gefunden hatten, drückte er uns seinen Kuss auf, damit uns fernerhin niemand geringschätze“ (Hld 5, 1).

Diese göttlichen Eindrücke sollten nicht fruchtlos sein: die Übung der Tugend wurde mir lieb und selbstverständlich. Anfänglich verriet mein Gesichtsausdruck den inneren Kampf, aber nach und nach kam mir das Verzichten sogar schon vom ersten Augenblick an als etwas Leichtes vor: Jesus selbst sagt ja: „Dem, der besitzt, wird noch mehr gegeben werden, damit er in Überfluss habe" (Lk 19, 26). Für eine Gnade, der ich treu entsprochen hatte, schenkte er mir eine Fülle weiterer Gnaden. Sogar in der heiligen Kommunion schenkte er sich mir selbst weit häufiger, als ich zu hoffen wagte. Ich hatte mir vorgenommen, in aller Treue so oft zum Tisch des Herrn zu gehen, wie es mein Beichtvater erlaubte, ohne ihn aber darum zu bitten, es mir öfter zu gestatten. Heute würde ich anders handeln, denn ich bin überzeugt, dass eine Seele ihrem geistlichen Führer mitteilen muss, wenn sie ein großes Verlangen hat, ihren Gott zu empfangen. Jesus steigt nicht täglich vom Himmel hernieder, um in dem goldenen Kelch zu bleiben, sondern um einen *anderen* Himmel zu finden: den Himmel unserer Seelen, in dem er mit Wonne verweilt.

Jesus, der mein Verlangen kannte, gab meinem Beichtvater ein, mir mehrere Male in der Woche die heilige Kommunion zu gestatten. Und weil diese Erlaubnis direkt von Jesus kam, erfüllte sie mich mit überströmender Freude. Damals wagte ich noch nicht, von dem zu sprechen, was mein Innerstes bewegte. Der Weg, den ich wandelte, war so gerade, so lichterfüllt, dass ich gar kein Verlangen nach einem anderen Führer als Jesus selbst verspürte. Die Seelenführer verglich ich mit Spiegeln, die das Bild unseres Herrn und Heilandes in den Seelen widerstrahlen, und ich dachte, der liebe Gott wolle sich bei *mir* keines Mittlers bedienen, sondern unmittelbar auf mich einwirken. Pflegt ein Gärtner eine Frucht ganz besonders gut, um sie vorzeitig zur Reife zu bringen, so tut er das wohl nicht, um sie am Baum hängenzulassen, sondern um sie auf einer reich gedeckten Tafel darzureichen. In ähnlicher Absicht überschüttete Jesus seine kleine Blume mit Gnadenerweisen. In mir wollte er seine Barmherzigkeit erstrahlen lassen. Er, der in den Tagen seines irdischen Lebens jubelnd ausgerufen hatte: *„Ich preise dich, Vater, dass du dies alles den Weisen und Klugen verborgen, den Kleinen aber geoffenbart hast“* (Lk 10, 21).

Weil ich klein und schwach war, neigte er sich zu mir herab, und voll Milde unterwies er mich in den Geheimnissen seiner Liebe. Über den *Aufstieg vom Berge Karmel* sagt der heilige Johannes vom Kreuz:

> „Kein Licht den Tritt bestimmte
> als das, so in der Brust mir leise glimmt.
> In dieses Lichtes Glanze
> fand sicherer ich, als bei der Mittags Helle,
> den Ort, wo meiner harrte
> der Liebste meiner Seele,
> dort an der Öde unbetretener Stelle.“

Dieser Ort war der Karmel. Aber ehe ich *in dessen Schatten ruhen durfte, den meine Seele liebte* (Hld 2, 3), musste ich noch viele Prüfungen bestehen. Und doch war der göttliche Ruf so drängend, dass ich bereit war, durch Feuerflammen hindurchzugehen, falls das notwendig gewesen wäre, um dem Heiland zu folgen.

In meiner Berufung bestärkte mich nur eine einzige Seele: meine geliebte Pauline! Bei ihr fand mein Herz einen getreuen Widerhall. Ohne *sie* wäre ich wohl nie an jenem gesegneten Ufer gelandet, das sie selbst bereits seit fünf Jahren aufgenommen hatte.

Ja, meine geliebte Mutter, bereits seit fünf Jahren war ich von Ihnen getrennt. Ich glaubte, Sie seien mir verloren. Ihre Hand aber war es, die mir im Augenblick der Prüfung den Weg zeigte, dem ich folgen sollte. Dieser Trost war mir ein Bedürfnis, da meine Besuche im Sprechzimmer mir immer peinlicher wurden. Niemals konnte ich von meinem Verlangen sprechen, in den Karmel einzutreten, ohne dass ich mich zurückgestoßen fühlte. Maria fand mich zu jung und tat daher alles, um meine Pläne zu durchkreuzen. Von Anfang an stieß ich nur auf Hindernisse.

Ich wagte andererseits aber auch nicht, Celine ein Wort zu sagen, und durch dies Schweigen litt ich sehr. Dabei fiel es mir so schwer, etwas vor ihr zu verbergen! Aber schon bald erfuhr meine geliebte Schwester meinen Entschluss. Mit bewundernswertem Mut nahm sie das Opfer an und war weit davon entfernt, mich davon abbringen zu wollen. Da auch sie Ordensfrau werden wollte, wäre die Reihe eigentlich zuerst an ihr gewesen, dies Vorhaben zu verwirklichen. Aber wie einstens die Blutzeugen ihren Brüdern, die als erste zum Kampf in die Arena geführt wurden, freudig den Abschiedskuss gaben, so ließ auch Celine mich ziehen. Sie nahm in einem solchen Ausmaß an meinen Prüfungen teil, als handle es sich dabei um ihren eigenen Beruf.

Ich hatte also nichts von Celine zu befürchten. Ich wusste aber nicht, wie ich Papa von meinen Plänen Mitteilung machen sollte. Wie sollte ich ihm sagen, dass auch seine kleine Königin ihn verlassen wollte, nachdem er zuvor seine beiden ältesten Töchter zum Opfer gebracht hatte? Zudem litt er gerade in diesem Jahr an einer sehr ernsten Lähmung, einer Art Schlaganfall, von dem er sich zwar bald wieder erholte, die uns aber doch für die Zukunft Sorgen machte.

Wie viele innere Kämpfe musste ich durchmachen, bevor ich sprechen konnte! Aber ich musste mich entscheiden, da ich demnächst vierzehneinhalb Jahre alt wurde. Es waren nur noch sechs Monate bis Weihnachten. Mein Entschluss stand fest: ich wollte zur gleichen Stunde in den Karmel eintreten, in der mir im Jahre zuvor die Gnade meiner Bekehrung zuteil geworden war.

Ich hatte das Pfingstfest (29. Mai 1887) für dieses große Geständnis ausersehen. Während des ganzen Tages flehte ich den Heiligen Geist um Erleuchtung an und beschwor die Apostel, für mich zu bitten und mir die rechten Worte in den Mund zu legen. Waren denn nicht gerade sie es, die dem schüchternen Kind, das Gott dazu ausersehen hatte, durch Gebet und Opfer Apostel der Apostel zu werden, zur Seite stehen mussten? Nachmittags nach der Vesper ergab sich die günstige Gelegenheit. Papa saß im Garten. Mit gefalteten Händen betrachtete er die Schönheiten der Natur. Mit ihren letzten Feuerstrahlen vergoldete die untergehende Sonne die Wipfel der hohen Bäume, und die Vöglein zwitscherten ihr Abendgebet.

Das Antlitz des Vaters hatte einen überirdischen

Ausdruck. Ich fühlte, dass sein Herz von Frieden durchströmt wurde. Schweigend setzte ich mich neben ihn. Tränen trübten meinen Blick. Mit unaussprechlicher Zärtlichkeit betrachtete er mich, zog meinen Kopf an sein Herz und sagte: „Was hast du, meine kleine Königin? Vertraue es mir an … !“

Als wolle er seine eigene Ergriffenheit verbergen, stand er auf und begann, langsam auf und ab zu gehen, indem er mich fest an sich drückte.

Tränenden Auges begann ich, vom Karmel zu sprechen und von meinem Verlangen, bald einzutreten. Da weinte auch er. Er sagte jedoch kein Wort, das dazu angetan gewesen wäre, mich von meinem Beruf abzubringen. Nur wies er darauf hin, dass ich noch zu jung sei, um solch folgenschweren Entschluss zu fassen. Da ich aber auf meinem Vorhaben bestand und meine Sache gut zu verteidigen wusste, war mein unvergleichlicher Vater in seiner geraden und großherzigen Art bald überzeugt. Wir setzten unseren Spaziergang noch lange fort. Mein Herz war erleichtert. Papa weinte nicht mehr. Wie ein Heiliger sprach er zu mir. Da wir uns einer niedrigen Mauer näherten, wies er auf kleine, weiße, lilienartige Blumen hin. Er pflückte eine davon, gab sie mir in die Hand und erklärte, mit welcher Sorgfalt der liebe Gott sie erblühen ließ und bis auf den heutigen Tag behütete.

Die Ähnlichkeit zwischen diesem Blümchen und der kleinen Therese war so auffallend, dass ich glaubte, meine eigene Geschichte zu hören. Wie eine Reliquie nahm ich dies Blümchen entgegen und bemerkte, dass mein Vater beim Pflücken alle seine Wurzeln ausgezogen hatte, ohne sie abzureißen: es schien, als ob das Blümchen dazu ausersehen sei, in einem anderen, einem viel fruchtbareren Boden weiterzuleben.

Ein Gleiches hatte mein geliebter Vater soeben für mich getan, indem er mir erlaubte, das liebliche Tal und den Schauplatz meiner ersten kindlichen Schritte ins Leben mit dem Berge Karmel zu vertauschen. Ich nahm das kleine weiße Blümchen und klebte es auf ein Bild Unserer Lieben Frau vom Siege: die Allerseligste Jungfrau lächelte ihm zu, und das Jesuskind hielt es gleichsam in seiner Hand. Noch immer befindet es sich dort, nur ist sein Stiel ganz nahe an der Wurzel abgebrochen. Offenbar will der liebe Gott mir damit anzeigen, dass er schon bald die Bande seiner kleinen Blume lösen und sie nicht auf Erden verblühen lassen will …

Nachdem ich Papas Einverständnis hatte, glaubte ich, ohne weiteres dem Karmel zueilen zu können. Aber ach! Sobald mein Onkel von meinem Vorhaben hörte, erklärte er, dieser Eintritt mit fünfzehn Jahren in einen so strengen Orden scheine ihm wider alle menschliche Klugheit zu sein. Dem Orden könne es nur Schaden bringen, wenn man einem Kind erlaube, eine solche Lebensweise zu führen. Er werde seinerseits allen nur möglichen Widerstand entgegensetzen, so fügte er bei, und wenn er seine Ansicht ändern solle, dann müsse schon ein Wunder geschehen.

Ich erkannte, dass alle meine Gegengründe unnütz waren, und zog mich mit tiefster Bitternis im Herzen zurück. Meinen einzigen Trost fand ich im Gebet. Ich flehte Jesus an, das erbetene Wunder zu wirken, da ich ja nur so seinem Rufe folgen könne. So verging eine geraume Zeit. Der Onkel schien nicht mehr an das mit mir geführte Gespräch zu denken. Wie ich aber später erfuhr, beschäftigte er sich im Gegenteil sehr viel mit mir.

Bevor der Herr meiner Seele irgendeinen Hoffnungsstrahl aufleuchten ließ, schickte er mir noch ein anderes, sehr schmerzliches Martyrium, das drei Tage anhielt. Nie zuvor habe ich das bittere Leid der Allerseligsten Jungfrau und des heiligen Josef so nachempfunden, als sie das göttliche Kind in den Straßen Jerusalems suchten. Ich befand mich in einer schrecklichen Einöde. Oder besser gesagt: meine Seele glich einem schwankenden Schiff, das ohne Steuermann den stürmischen Wogen preisgegeben ist. Ich weiß: Jesus war bei mir, nur schlummerte er in *meinem Nachen*. Wie konnte ich ihn inmitten einer solch finsteren Nacht auch erblicken? Hätte sich das Gewitter richtig entladen, dann wären meine Wolken vielleicht durch einen Blitzstrahl aufgespalten worden. Gewiss, Blitze sind ein zwar trauriges Licht, aber bei ihrem Schein hätte ich vielleicht den Vielgeliebten meines Herzens für einen Augenblick sehen können.

Aber nichts von alledem: es war Nacht, finstere, dunkle Nacht, vollständige Verlassenheit, wirklicher Todeskampf. Gleich dem Heiland im Garten der Todesangst fühlte ich mich ganz allein und fand nirgends Trost: weder von der Erde noch vom Himmel her. Es schien, als teile die Natur meine bittere Betrübnis: in diesen drei Tagen war nicht ein einziger Sonnenstrahl zu erblicken, und es regnete in Strömen. Stets machte ich die gleiche Beobachtung: bei allen Ereignissen meines Lebens war die Natur das Spiegelbild meiner Seele. Weinte ich, dann weinte der Himmel mit mir! Freute ich mich, dann war auch der Himmel blau und wolkenlos!

Am vierten Tag, es war gerade ein Samstag, besuchte ich meinen Onkel. Wie groß war meine Überraschung, als ich ihn mir gegenüber ganz umgestimmt fand. Ohne dass ich einen entsprechenden Wunsch geäußert hatte, führte er mich in sein Arbeitszimmer. Er fing gleich an, mir sanfte Vorwürfe zu machen über meine etwas verlegene Haltung ihm gegenüber. Dann sagte er, das erbetene Wunder sei nicht mehr nötig. Er habe den lieben Gott angefleht, seinem Herzen die richtige Haltung einzugeben, und er sei erhört worden. Ich erkannte ihn nicht mehr wieder. Mit der Güte eines Vaters umarmte er mich, und voll innerer Rührung fügte er hinzu: „Geh in Frieden, mein liebes Kind! Du bist eine kleine, vom Herrn besonders auserwählte Blume, die er pflücken will. Ich werde mich nicht mehr länger widersetzen."

Mit jubelnder Freude im Herzen machte ich mich bei einem schönen, wolkenlos blauen Himmel auf den Rückweg nach den „Buissonnets"! Auch in meiner Seele war die Nacht vorüber. Jesus war aufgewacht, hatte mir die Freude wiedergeschenkt, und ich vernahm das Tosen der Wogen nicht mehr. Der Sturm der Prüfung war abgelöst worden durch einen sanften Lufthauch, der die Segel meiner Seele schwellte, und ich glaubte, den Hafen erreicht zu haben. Aber ach! Noch mehr als *ein* Gewitter sollte heraufziehen, so dass ich in manchen Stunden fürchtete, mich auf immer von dem ersehnten Ufer entfernt zu haben.

Nach der Zustimmung meines Onkels ließen Sie, meine Mutter, mich wissen, der Superior des Karmels gestatte meinen Eintritt nicht vor meinem einundzwanzigsten Lebensjahr. An einen Widerstand von dieser

Seite, den schwerwiegendsten und unbesiegbarsten von allen, hatte niemand gedacht. Ohne den Mut zu verlieren, ging ich mit meinem Vater zum Obern und setzte ihm mein Verlangen auseinander. Er empfing mich sehr kühl, und nichts vermochte seine Haltung zu ändern. Schließlich verabschiedeten wir uns. Sein letztes Wort war ein entschiedenes Nein. Er fügte noch hinzu: „Ich bin aber nur der Stellvertreter des Bischofs. Sollte dieser dem Eintritt zustimmen, dann habe ich nichts mehr zu sagen." Als wir den Pfarrhof verließen, regnete es in Strömen. Ach, auch über dem Himmel meiner Seele lagen tiefschwarze Wolken! Papa wusste nicht mehr, wie er mich trösten sollte. Er versprach, falls ich es wünschte, mit mir nach Bayeux zu fahren. Dieses Anerbieten nahm ich dankbar an.

Bevor es uns möglich wurde, die Reise zu machen, ereignete sich noch vieles. Nach außen hin ging das Leben anscheinend seinen gewohnten Gang: ich lernte weiter und nahm vor allen Dingen in der Liebe zu Gott zu. Zuweilen war ich ganz hingerissen und erlebte wirkliche Verzückungen.

Eines Abends wusste ich nicht, wie ich Jesus meine Liebe und mein sehnliches Verlangen ausdrücken sollte, damit ihm überall gedient und er auch überall verherrlicht werde. Voller Schmerz dachte ich daran, dass aus den Abgründen der Hölle niemals auch nur ein einziger Akt der Liebe emporsteigt. Da rief ich beherzt aus, ich selbst wolle gerne an diesen Ort der Qual und Gotteslästerung verdammt werden, damit Gott auch dort ewig geliebt werde. Das aber vermöchte ihn nicht zu verherrlichen, weil er nichts anderes als unser Glück will. Tausenderlei Torheiten möchte man sagen, wenn man liebt. Wenn ich so sprach, so heißt das nicht, dass ich mich nicht nach dem Himmel sehnte, aber mein Himmel war damals nichts anderes als die Liebe. In meiner Begeisterung war mir klar, dass mich nichts von dem göttlichen Geliebten, der mich entzückt hatte, trennen könne …

In diesen Tagen gewährte der Herr mir den Trost, in nähere Berührung mit Kinderseelen zu kommen. Das kam so: In den Tagen der Krankheit einer armen Familienmutter nahm ich mich ihrer beiden Kinder ganz besonders an. Das älteste war noch keine sechs Jahre alt. Es war eine aufrichtige Freude für mich festzustellen, mit welcher Einfalt sie allem Glauben schenkten, was ich sagte.

Die heilige Taufe muss doch einen starken Keim der göttlichen Tugenden in die Menschenseele senken, da bereits in den Kindheitstagen der Hinweis auf die ewigen Güter genügt, um die Seelen opferbereit zu machen. Wünschte ich, dass die beiden kleinen Mädchen sich gut vertrügen, dann stellte ich ihnen nicht etwa Spielsachen und Süßigkeiten in Aussicht, sondern sprach ihnen von der ewigen Belohnung, die Jesus braven Kindern gibt. Das ältere Mädchen, dessen Verstand sich zu entwickeln begann, sah mich immer wieder freudestrahlend an und stellte mir tausenderlei rührende Fragen über das Jesuskind und den Himmel. Begeistert gelobte mir das Kind dann, seinem Schwesterchen gegenüber immer nachgiebig zu sein. Es versprach mir, sein ganzes Leben lang die Unterweisungen „des großen Fräuleins“, wie es mich nannte, nicht zu vergessen.

Wenn ich diese unschuldigen Seelen betrachtete, dann verglich ich sie mit weichem Wachs, in das man alles einzudrücken vermag: Gutes und Schlechtes. In dieser Zeit erfasste ich das Wort Jesu: *„Wer eines von diesen Kleinen, die an mich glauben, ärgert, dem wäre es besser, er würde in die Tiefe des Meeres versenkt“* (Mt 18, 6). Oh, wie viele Seelen könnten zu einem großen Grad der Heiligkeit emporsteigen, würden sie von Anfang an richtig geleitet!

Ich weiß: der liebe Gott braucht keinen Menschen, um sein Werk der Heiligung zu vollbringen. Wie er es aber dem geschickten Gärtner ermöglicht, zarte und seltene Pflanzen zu züchten und ihm die dazu notwendigen Kenntnisse gibt, sich selbst aber die Fruchtbarkeit vorbehält, so will er auch bei dem göttlichen Werk der Heranbildung und Erziehung der Seelen unterstützt werden. Was würde wohl geschehen, wenn ein ungeschickter Gärtner seine Bäume nicht richtig zu pfropfen wüsste? Wenn er nicht imstande wäre, das Wesen eines jeden einzelnen Baumes zu unterscheiden und beispielsweise auf einem Pfirsichbaum Rosen wachsen lassen wollte? Das erinnert mich, wie ich einmal unter meinen Vögeln einen Zeisig hatte, der entzückend sang. Ich hatte aber auch einen kleinen Hänfling, den ich deshalb mit besonderer Sorgfalt pflegte, weil ich ihn vom Nest her „adoptiert“ hatte.

Dies arme eingesperrte Vögelchen musste den Zwitscherunterricht seiner Eltern entbehren, und da es den ganzen Tag über nur das Schmettern und Trillern des Zeisigs hörte, versuchte es eines Tages, diesen nachzuahmen. Für einen Hänfling ein wirklich schwieriges Unterfangen! Es war reizend, die Bemühungen dieses armen Vögleins zu beobachten, dessen zartes Stimmchen sich nur schwer den schmetternden Tönen seines Lehrmeisters anpassen konnte. Zu meinem größten Staunen aber erreichte es dennoch sein Ziel: sein Gesang glich vollständig dem des Zeisigs.

O meine Mutter, Ihnen ist bekannt, wer mich von Kindheitstagen an das Singen gelehrt hat! Sie wissen auch, welche Stimmen mich bezaubert haben! Und nunmehr hege ich die Hoffnung, ungeachtet meiner Schwäche, eines Tages das Hohelied der Liebe auf ewig zu singen, dessen Melodien ich hienieden sooft gehört habe.

Aber wo bin ich stehengeblieben? All diese Erwägungen haben mich zu weit abschweifen lassen. Ich will in dem Bericht über meine Berufung fortfahren.

Vater und ich reisten am 31. Oktober 1887 nach Bayeux. Mein Herz war voller Hoffnung, aber ich war innerlich auch sehr erregt bei dem Gedanken, mich dem Bischof vorzustellen. Es war der erste Besuch in meinem Leben, den ich machen musste, ohne von meinen Schwestern begleitet zu sein. Und dann auch noch ein Besuch bei einem Bischof! Bis dahin brauchte ich nur zu sprechen, um auf Fragen zu antworten, die mir gestellt wurden.

Jetzt aber sollte ich spontan die Gründe angeben und erläutern, die mich bewogen, den Eintritt in den Karmel zu erbitten, um so die Echtheit meiner Berufung zu beweisen.

Was kostete es mich, meine Schüchternheit soweit zu überwinden! Oh, wie wahr ist doch das Wort, *dass die Liebe niemals etwas für unmöglich hält, weil sie eben glaubt, alles sei möglich und erlaubt!* (Nachf. Chr. III, 5, 4).

Wirklich: nur die Liebe zu Jesus konnte die Kraft verleihen, diese und die weiterhin sich noch ergebenden Schwierigkeiten zu überwinden. Ich musste mir um den Preis großer Prüfungen mein Glück erkaufen. Heute finde ich, dass ich das Glück um einen sehr niedrigen Preis erworben habe, und ich wäre bereit, Mühen auf mich zu nehmen, die tausendmal bitterer sind, um dieses Glück zu erwerben, wenn ich es noch nicht besäße. Als wir in den Bischofshof kamen, schien der Himmel alle Schleusen geöffnet zu haben. Der Herr Generalvikar Révérony, der selbst den Tag unserer Reise bestimmt hatte, war zwar äußerst liebenswürdig, aber doch etwas erstaunt. Als er Tränen in meinen Augen wahrnahm, sagte er: „Oh, ich sehe ja Diamanten! Die brauchen Sie aber dem Hochwürdigsten Herrn nicht zu zeigen!"

Wir schritten nunmehr durch die großen Empfangssäle, in denen ich mir so klein wie eine Ameise vorkam. Ich fragte mich, was ich dem Bischof wohl sagen wollte. Der Hochwürdigste Herr ging gerade mit zwei Priestern in einer Galerie auf und ab. Ich sah, wie der Generalvikar einige Worte mit ihm wechselte und dann mit ihm in das Zimmer zurückkam, in dem wir warteten. Vor einem hell aufflackernden Kaminfeuer standen drei große Lehnsessel.

Als Papa den Bischof eintreten sah, kniete er nieder, um seinen Segen zu empfangen. Dann bat uns der Hochwürdigste Herr, Platz zu nehmen. Der Generalvikar wies mir den Sessel in der Mitte an. Ich lehnte höflich ab. Er bestand aber darauf: ich solle beweisen, dass ich gehorchen könne. Ohne mich im

Geringsten zu bedenken, folgte ich. Zu meiner Beschämung musste ich dann sehen, wie er selbst einen Stuhl nahm, während ich in einem riesigen Sessel saß, dass ich mich darin fast verlor. Vier Personen meiner Größe hätten ganz bequem darin Platz gehabt und es sich dabei gemütlicher machen können, als mir zumute war.

Ich hatte gehofft, Papa werde das Wort ergreifen. Stattdessen forderte er mich auf, den Zweck unseres Besuches darzulegen. Mit möglichst großer Beredsamkeit tat ich das, war aber überzeugt, dass ein einziges Wort des Superiors mir mehr wert gewesen wäre als alle meine Beweisgründe. Leider sprach sein Widerstand gegen den Eintritt durchaus nicht zu meinen Gunsten.

Der Hochwürdigste Herr fragte mich, ob ich seit langem den Wunsch hege, in den Karmel einzutreten.

„O ja, Hochwürdigster Herr, schon sehr lange!“ Lachend mischte der Generalvikar sich ein und sagte: „Allenfalls aber kann das noch keine fünfzehn Jahre her sein!“ „Das stimmt zwar“, erwiderte ich, „aber ich brauche nicht viele Jahre abzuziehen, denn bereits seit meinem dritten Lebensjahr habe ich das Verlangen, mich ganz Gott zu schenken.“

Der Bischof war der Meinung, er tue Papa einen Gefallen, wenn er mir zu verstehen gäbe, noch eine Zeitlang bei ihm zu Hause zu bleiben. Wie groß war aber das Erstaunen und die Erbauung des Bischofs, als er merkte, wie Papa für mich Partei ergriff. In seiner gütigen Weise fügte Vater noch hinzu, wir wollten mit dem Diözesan-Pilgerzug nach Rom fahren; dort würde ich wohl gewiss nicht zögern, dem Heiligen Vater mein Anliegen vorzutragen, falls ich die erbetene Erlaubnis nicht vorher erhalten hätte.

Eine Besprechung mit dem Superior wurde als unumgänglich notwendig erachtet, bevor eine endgültige Entscheidung gefällt werden könne. Nichts aber war mir peinlicher als gerade das, denn ich wusste um seinen bereits ausgesprochenen und festentschlossenen Widerstand. Ungeachtet der Mahnung des hochwürdigsten Herrn Révérony zeigte ich dem Bischof nicht nur *meine Diamanten,* sondern ich schenkte ihm sogar welche! Ich sah, wie gerührt er war. Er liebkoste mich, wie er es anscheinend noch nie bei einem anderen Kind getan hatte. „Noch ist nicht alles verloren, meine liebe Kleine“, so tröstete er mich. „Ich freue mich sehr darüber, dass du jetzt mit deinem Vater die Romreise machst: deine Berufung wird dadurch nur noch befestigt. Aber statt zu weinen, solltest du dich freuen. Ich komme übrigens nächste Woche nach Lisieux und werde bei dieser Gelegenheit mit dem Pater Superior sprechen. Du wirst meine Antwort sicher in Italien erhalten.“

Dann begleitete uns der Hochwürdigste Herr bis in den Garten. Es interessierte ihn sehr, als Papa ihm erzählte, an diesem Morgen habe ich zum ersten Mal mein Haar aufgesteckt, um älter zu erscheinen. Das hatte seine Folge! Ich weiß, dass der Hochwürdigste Herr von *seinem Töchterchen* heute zu niemandem spricht, ohne gleichzeitig auch die Geschichte vom Haar zu erwähnen. Ich gestehe: lieber wäre es mir gewesen, wenn dieses kleine Geheimnis nicht verraten worden wäre.

Der Herr Generalvikar begleitete uns bis zum Ausgang. Er sagte, so etwas sei noch nicht da gewesen, dass ein Vater ebenso bereit sei, sein Kind Gott zu schenken, wie dieses Kind sich selbst ihm darbringen wollte.

Ohne günstige Antwort mussten wir also die Rückreise nach Lisieux antreten. Je näher ich meinem Ziel kam, umso verwickelter wurde alles. Doch herrschte in meiner Seele tiefer Friede, weil ich nur den Willen des Herrn zu erfüllen suchte.

VI
Im ewigen Rom – Beim Heiligen Vater

Drei Tage nach meiner Rückkehr aus Bayeux sollte ich eine noch viel längere Reise machen: die Reise zur Ewigen Stadt. Diese Fahrt hat mir die Nichtigkeit alles Vergänglichen gezeigt. Doch sah ich prächtige Denkmäler und betrachtete alle möglichen Wunderwerke der Kunst und der Religion. Vor allem aber betrat ich denselben Boden, auf dem die heiligen Apostel geschritten waren: die vom Blut der Märtyrer getränkte Erde. Bei der Berührung mit diesen heiligen Dingen ist meine Seele größer geworden.

Ich bin sehr glücklich, nach Rom gepilgert zu sein, aber ich begreife auch jene sehr gut, die annahmen, mein Vater habe diese Reise nur deshalb mit mir unternommen, um meine Gedanken vom Ordensleben abzulenken. Sicherlich wäre diese Reise ein genügender Anlass gewesen, eine schlecht gefestigte Berufung zu erschüttern. Zunächst befanden wir beide, Celine und ich, uns inmitten der vornehmen Gesellschaft, aus der der Pilgerzug sich fast ausschließlich zusammensetzte. Jedoch weit davon entfernt, uns zu blenden, schienen uns all die Adelstitel nichts anderes als eitler Rauch.

Ich begriff das Wort der Nachfolge Christi: *„Folge nicht dem Schatten eines sogenannten Namens“* (Nachf. Christi III. 24, 2). Es wurde mir klar, dass wahre Größe keineswegs im Namen, sondern in der Seele liegt. Der Prophet sagt uns, dass der Herr *seinen Auserwählten einen anderen Namen gibt* (Jes 65, 15), und beim heiligen Johannes lesen wir: *„Der Sieger wird einen weißen*

Stein empfangen, auf dem ein neuer Name geschrieben steht, den niemand kennt, außer jenem, der ihn erhält" (Offb 2, 17). Wir werden unsere Adelstitel also im Himmel erfahren. *„Dann wird jedem von Gott das Lob zuteil, das ihm gebührt"* (1 Kor 4, 5), und wer auf Erden aus Liebe zum Heiland den Platz der Ärmsten und Unbekanntesten gewählt hat, wird der Erste, der Vornehmste und Reichste sein.

Die zweite Erfahrung, die ich gemacht habe, betrifft die Priester. Bis dahin hatte ich den Hauptzweck der Reform des Karmels nicht begriffen. Für die *Sünder* zu beten, das begeisterte mich. Aber für die *Priester* zu beten, deren Seele mir reiner als Kristall zu sein schien, das fand ich erstaunlich. In Italien habe ich meinen Beruf verstehen gelernt. Eine solch wertvolle Erkenntnis lohnte die weite Reise.

Während eines Monats begegnete ich vielen heiligmäßigen Priestern, und wenn ihre erhabene Würde sie über die der Engel hinaushebt, so sah ich, dass sie nichtsdestoweniger schwache und gebrechliche Menschen bleiben. Wenn also heilige Priester, die Jesus im Evangelium *das Salz der Erde* nennt, zeigen, dass sie des Gebetes bedürfen, was soll man dann von jenen denken, die lau sind? Hat Jesus nicht auch gesagt: *„Wenn aber das Salz schal ist, womit soll man dann würzen?"* (Mt 5, 13).

Meine Mutter, wie herrlich ist unser Beruf! Unsere, des Karmels Aufgabe ist es, das Salz der Erde zu erhalten! Unsere Gebete und Opfer bringen wir für die Apostel des Herrn dar. Wir müssen ihre Apostel sein, während sie durch Wort und Beispiel die Seelen unserer Brüder und Schwestern für das Evangelium zu gewinnen suchen. Welch hohe Aufgabe haben wir doch! Aber ich muss innehalten, denn ich fühle, dass meine Feder nie aufhören würde, über diesen Gegenstand zu schreiben.

Meine geliebte Mutter, ich will Ihnen von der Reise berichten und einige Einzelheiten erzählen:
Am 4. November 1887, um drei Uhr morgens, fuhren wir durch die dunklen Straßen von Lisieux. Die Stadt lag noch im Schatten der Nacht. Mancherlei Eindrücke durchzogen meine Seele: ich fühlte, dass ich dem Unbekannten entgegenging, und ich wusste, dass Großes mich da drunten erwartete!

In Paris angekommen, zeigte Papa uns alle Wunderwerke dieser Stadt. Für mich gab es nur eines: das Heiligtum Unserer Lieben Frau vom Siege. Was ich dort empfand, vermag ich nicht in Worte zu kleiden. Die Gnaden, welche die Gottesmutter mir gewährte, glichen jenen meiner Erstkommunion: Friede und Freude erfüllten mich ... Hier sagte meine Mutter, die allerseligste Jungfrau Maria, mir deutlich, dass sie es wirklich war, die mir zugelächelt und mich geheilt hatte. Wie inbrünstig flehte ich sie an, mich zu beschützen und meinen Traum Wirklichkeit werden zu lassen, indem sie mich unter ihrem jungfräulichen Mantel verberge. Darüber hinaus flehte ich sie an, alle Gelegenheiten zur Sünde von mir zu entfernen.

Es war mir nicht unbekannt, dass mir auf der Reise manches begegnen werde, was mich beunruhigen könnte. Da ich das Böse überhaupt nicht kannte, fürchtete ich, es zu entdecken. Noch fehlte mir die Erfahrung, dass dem Reinen alles rein ist (Tit 1, 15) und dass die einfältige und gerade Seele an nichts Böses findet. Denn das Böse liegt ja nicht in den leblosen Dingen, sondern in den unreinen Herzen. Ich flehte auch den heiligen Josef an, mich zu beschützen. Seit meinen Kindheitstagen vereinte ich meine Verehrung für ihn mit meiner Liebe zur Allerseligsten Jungfrau. Täglich verrichtete ich das Gebet: *„O heiliger Josef, Vater und Beschützer der Jungfrauen …“* So glaubte ich mich also wohlbehütet und gefeit gegen alle Gefahren.

Nachdem wir unsere Weihe an das heiligste Herz Jesu in der Basilika von Montmartre vollzogen hatten, verließen wir Paris am 7. November. Da jedes Zugabteil unter den Schutz eines Heiligen gestellt werden sollte, waren wir übereingekommen, die Ehre dem Priester des betreffenden Abteils zu überlassen, sei es, dass er seinen eigenen Namenspatron oder den seiner Pfarrgemeinde dazu ausersah.

Und siehe da: im Beisein aller Pilger hörten wir, wie unser Abteil *Sankt Martin* benannt wurde. Über diese feinfühlige Aufmerksamkeit war Papa sehr gerührt und dankte sofort dem Leiter des Pilgerzuges, Msgr. Legoux, Generalvikar von Coutances. Von da ab nannten manche Pilger unseren Vater nur noch „Herr Sankt Martin“.

Generalvikar Révérony (von Bayeux) prüfte sorgfältig all mein Tun und Lassen: von weitem sah ich, wie er mich beobachtete. Auch wenn ich ihm bei Tisch nicht gegenüber saß, fand er Mittel und Wege, sich vorzuneigen, um mich zu sehen und zu hören. Ich denke, er war mit seinen Beobachtungen zufrieden, denn gegen Ende der Reise schien er günstig gestimmt. Ich sage: gegen Ende, denn in Rom war er weit davon entfernt, ein Fürsprecher für mich zu sein, wie ich bald berichten werde.

Ehe wir das Ziel unserer Pilgerfahrt erreichten, durchquerten wir die Schweiz mit ihren hohen Bergen, deren schneebedeckte Gipfel sich in den Wolken verlieren, ihren Wasserfällen, ihren tiefen Tälern voll mächtiger Farnkräuter und rosafarbigem Heidekraut. O meine Mutter, wieviel Gutes taten diese in geradezu verschwenderischer Fülle ausgegossenen Naturschönheiten meiner Seele! Sie trugen sie empor zu jenem, dem es gefallen hat, solche Meisterwerke über die Stätte der Verbannung auszugießen, die nur die Dauer eines Tages haben wird!

Zuweilen führte man uns hinauf bis zu den Bergesgipfeln: zu unseren Füßen die Abgründe, deren Tiefe kein Blick zu erfassen vermochte. Sie schienen uns verschlingen zu wollen. Dann fuhren wir wieder durch ein malerisches Dörfchen mit hübschen villenartigen Häuschen und einem anmutigen Kirchturm, über dem leichte Wolken sich lässig wiegten. Dort wieder breitete sich ein weiter See mit seinen stillen und klaren Fluten aus, deren azurnes Blau sich mit dem Purpur der untergehenden Sonne vermischte.

Wie soll ich meine Eindrücke angesichts dieses so poetischen und grandiosen Schauspiels schildern? Es war für mich wie eine Vorahnung der wunderbaren Herrlichkeit des Himmels ... Das Klosterleben stand mir vor Augen, so, wie es ist: mit seinen Unterwerfungen und seinen täglichen kleinen, in der Verborgenheit gebrachten Opfern. Ich begriff, wie leicht man dann dahin kommt, sich nur mit sich selbst zu beschäftigen und das erhabene Ziel seines Berufes zu vergessen. Ich sagte mir: „Später, in der Stunde der Prüfung, als Gefangene des Karmels, wenn ich nur noch ein kleines Stückchen des Himmels sehen kann, werde ich des heutigen Tages eingedenk sein. Dieses Bild wird mir dann Mut geben. Beim Gedanken an die Größe und Allmacht Gottes werde ich meinen kleinen Interessen nicht mehr viel Bedeutung beilegen. Gott allein will ich lieben und nicht das Unglück wählen, mein Herz an Strohhalme zu hängen – jetzt, da mein Herz anfängt zu ahnen, was Gott denen bereitet hat, die ihn lieben."

Nach Betrachtung der Werke *Gottes* durfte ich auch die seiner *Geschöpfe* bewundern. Die erste Stadt Italiens, die wir besuchten, war Mailand. Sein aus weißem Marmor erbauter Dom mit seinen Statuen, die bei ihrer großen Zahl ein ganzes Volk bilden könnten, wurde zum Gegenstand einer besonders eingehenden Besichtigung.

Als die ängstlichen Damen die ersten Treppenstufen des Turmes erstiegen hatten, verbargen sie das Gesicht in den Händen. Celine und ich ließen sie zurück und schlossen uns den mutigsten Pilgern an und erreichten das letzte Glockentürmchen. Von hier aus hatten wir das Vergnügen, die ganze Stadt Mailand vor unseren Füßen liegen zu sehen. Die Menschen auf den Straßen kamen uns wie winzige Ameisen vor.

Wir stiegen von unserem Sockel herab und begannen unsere Wagenfahrten, die einen ganzen Monat währen sollten. Sie machten mich aber des Verlangens überdrüssig, unermüdlich im Wagen gefahren zu werden. Vom Campo Santo waren wir begeistert. Die aus weißem Marmor gehauenen Statuen, die des Künstlers Meißel belebt zu haben scheint, sind mit einer gewissen

Nachlässigkeit, die nicht ohne Reiz ist, über dem weiten Totenacker zerstreut. Fast wäre man versucht, diese allegorischen Gestalten zu trösten. Ihr Gesichtsausdruck ist so wahr mit seinem stillen und echt christlichen Schmerz. Und welche Meisterwerke! Hier ein Kind, das Blumen auf das Grab seines Vaters streut. Man vergisst die Schwere des Marmors: die zarten Blumenblätter scheinen seinen Fingern zu entgleiten. Dort hat man den Eindruck, als flatterten die leichten Schleier der Witwen und die Bänder, mit denen die Haare der Mädchen geschmückt sind, im Wind hin und her.

Wir fanden keine Worte, um unsere Begeisterung auszudrücken. Ein älterer französischer Herr, der uns überallhin folgte und unsere Gefühle nicht teilen konnte, war wohl deshalb schlechter Laune und sagte: „Ach, was sind die Franzosen doch für Schwärmer!“ Dieser traurige Herr hätte besser getan, zu Hause zu bleiben. Statt sich über seine Reise zu freuen, hörte man nichts anderes als Klagen aus seinem Mund. Mit allem war er unzufrieden: mit den Städten, den Hotels, den Menschen.

Papa fühlte sich wohl, wo er auch weilte. Sein Charakter war dem Charakter seines unfreundlichen Nachbarn durchaus entgegengesetzt. So war er denn bemüht, ihn aufzumuntern. Im Wagen und bei sonstigen Gelegenheiten bot er ihm seinen eigenen Platz an und verstand es, in seiner gewohnten Seelengröße auf die gute Seite der Dinge hinzuweisen. Aber nichts konnte ihn aufheitern! Wie lehrreich ist es doch, die Welt zu studieren, wenn man gerade im Begriff steht, sie zu verlassen! In Venedig veränderte sich das Bild vollständig. Statt des Lärms der großen Städte herrscht hier vollkommene Stille. Man hört nur die Rufe der Gondolieri und das Plätschern des Wassers beim Ruderschlag. Diese Stadt besitzt viele Reize. Aber sie ist traurig. Selbst der Dogenpalast mit all seiner Pracht stimmt zur Trauer. In den großen Sälen, die wir durchschritten, gibt das Echo der widerhallenden Gewölbe die Stimmen der Dogen seit langem nicht mehr wieder, wie es einst geschah, wenn sie die Entscheidung über Leben und Tod sprachen. Sie haben aufgehört zu leiden, die armen Verurteilten, die man lebendig in den finsteren Verließen begraben hat.

Beim Besuch dieser schauerlichen Gefängnisse glaubte ich mich in die Zeit der Märtyrer zurückversetzt. Hätte es sich darum gehandelt, meinen Glauben zu bekennen, mit Freuden hätte ich dann diesen finsteren Ort als Aufenthalt gewählt. Bald jedoch wurde ich durch die Stimme des Führers aus meinen Träumen herausgerissen. Wir überschritten die Seufzerbrücke, die ihren Namen hat, weil die Gefangenen aufatmeten, wenn sie sich von den Schrecknissen der unterirdischen Kerker befreit sahen, denen sie den Tod vorzogen.

Wir nahmen Abschied von Venedig. In Padua verehrten wir die Zunge des heiligen Antonius, in Bologna den Leib der heiligen Katharina, deren Antlitz noch die Spuren eines Kusses zeigt, den ihr das Jesuskind aufgedrückt hat.

Ich war glücklich, als wir uns auf dem Weg nach Loreto befanden. Wie gut hat doch die Allerseligste Jungfrau den Ort ausgewählt, an den sie ihr gesegnetes Haus übertrug. Hier ist alles arm, einfach und ursprünglich. Die Frauen haben ihre anmutige italienische

Tracht beibehalten und nicht gleich den Frauen der anderen Städte die Pariser Mode angenommen. Mit einem Wort: ich war ganz entzückt von Loreto.

Was aber soll ich von dem heiligen Hause selbst sagen? Ich war tief ergriffen, als ich mich unter demselben Dach befand, unter dem die Heilige Familie wohnte; als ich die Wände betrachtete, auf denen die göttlichen Augen des Heilandes ruhten; als ich den Boden betrat, der vom Schweiß des heiligen Josef benetzt worden war und auf dem Maria Jesus auf ihren Armen trug, nachdem sie ihn in ihrem jungfräulichen Schoß getragen hatte. Ich sah auch das kleine Zimmer der Verkündigung. Ich habe meinen Rosenkranz in das Schüsselchen des Jesuskindes gelegt. Sind das doch alles Erinnerungen für mich!

Das aber war unser größter Trost: wir durften Jesus in *seinem eigenem Haus* in der heiligen Kommunion empfangen und wurden so zu seinen lebendigen Tempeln an der Stelle, die er durch seine göttliche Gegenwart geheiligt hat. Nach dem römischen Gebrauch wird die heilige Eucharistie in jeder Kirche nur auf *einem* Altar aufbewahrt. Von dort aus spenden die Priester sie den Gläubigen. In Loreto befindet sich dieser Altar in der Basilika, die das Haus der Heiligen Familie wie einen kostbaren Edelstein in einem Schrein aus weißem Marmor einschließt. Das aber war es nicht, was wir suchten! Wir wollten das Brot der Engel im Diamant, nicht im Schrein empfangen. Während Papa in seiner gewohnten sanften Art dem Beispiel der übrigen Pilger folgte, wandten sich seine beiden weniger folgsamen Töchter unmittelbar der *Santa Casa* zu.

Kraft eines besonderen Privilegs schickte sich hier gerade ein Priester an, das heilige Messopfer zu feiern. Ihm vertrauten wir unseren Wunsch an. Der dienstbereite Priester erbat sich sofort zwei kleine Hostien, die er auf seine Patene legte. Sie können sich nun, liebe Mutter, das Glück dieser heiligen Kommunion vorstellen! Worte vermögen es nicht wiederzugeben. Was aber wird erst sein, wenn wir im Haus des ewigen Königs im Himmel teilnehmen dürfen an der ewigen Kommunion? Dann werden wir kein Ende unserer Freude mehr sehen, und es wird keinen Trennungsschmerz mehr geben, um sie zu trüben. Dann haben wir es nicht mehr nötig, verstohlen kleine Teilchen von den durch seine Gegenwart geheiligten Wänden abzuschaben, wie wir es getan haben, denn sein Haus wird für die ganze Ewigkeit auch das unsere sein!

Sein irdisches Heim will er uns nicht schenken, sondern begnügt sich damit, es uns zu zeigen, damit wir die Armut und das verborgene Leben lieben lernen. Die Wohnung, die er uns vorbehält, ist der Palast seiner Herrlichkeit, wo wir ihn nicht mehr unter den Gestalten eines Kindes oder eines kleinen Brotstückchens verborgen schauen werden, sondern wie er ist: im Glanz seiner unendlichen Herrlichkeit!

Jetzt aber will ich über Rom berichten. Von jenem Rom, wo ich dem Trost zu begegnen glaubte. Ach! Da fand ich das Kreuz! Als wir ankamen, war es Nacht. Ich war im Abteil eingeschlafen und wurde durch den Ruf der Bahnbeamten geweckt. Und diesen Ruf wiederholten die Pilger mit Begeisterung: Roma! Roma! Es war kein Traum! Ich war in Rom.

Den ersten und vielleicht auch genussreichsten Tag verbrachten wir außerhalb der Mauern Roms. Dort haben alle Denkmäler ihr antikes Gepräge bewahrt, während man im Zentrum Roms sich vor den Hotels und Warenhäusern nach Paris versetzt glauben könnte.

Die Spazierfahrt in die römische Campagna hinterließ in mir eine ganz besonders liebreiche Erinnerung. Wie vermöchte ich den Eindruck zu schildern, der mich beim Anblick des Kolosseums erzittern ließ? Endlich schaute ich mit meinen Augen jene Arena, in der so viele Märtyrer ihr Blut für Jesus vergossen haben. Schon schickte ich mich an, niederzuknien und diesen Boden zu küssen, der durch ihre ruhmreichen Kämpfe geheiligt war. Der Boden ist erhöht worden, und so liegt die ursprüngliche Arena etwa acht Meter tiefer. Infolge Ausgrabungen ist das Zentrum der Arena nur ein Schutthaufen, und eine unübersteigbare Schranke verwehrt den Zutritt. Es wagt übrigens niemand, in das Innere dieser gefährlichen Ruinen einzudringen.

Und nun sollte ich also nach Rom gekommen sein, ohne in das Kolosseum hinabzusteigen? Nein, das war unmöglich! Die Erläuterungen des Führers hörte ich schon gar nicht mehr. Nur noch ein einziger Gedanke beschäftigte mich: in die Arena hinunterzusteigen!

Es steht im heiligen Evangelium, Magdalena sei immer beim Grab des Herrn geblieben, und als sie sich mehrmals bückte, um in das Innere hineinzuschauen, erblickte sie schließlich zwei Engel (Joh 20, 11–12).

Gleich ihr bückte ich mich, und wenn ich auch keine zwei Engel erblicken konnte, so sah ich doch das, was ich suchte. Ich stieß einen Freudenschrei aus und rief meiner Schwester zu: „Komm! Folge mir! Wir kommen schon durch!“ Sofort stürmten wir vorwärts und erkletterten die zerfallenen, unter unseren Füßen abbröckelnden Mauern. Von unserer Kühnheit höchst überrascht, rief unser Vater uns von ferne. Wir jedoch hörten nichts mehr.

Wie die Krieger spüren, dass ihr Mut inmitten der Gefahr wächst, so steigerte sich auch unsere Freude mit dem Anwachsen der Anstrengungen und Gefahren, denen wir uns unterziehen mussten, um an das Ziel unserer Wünsche zu gelangen. Meine Schwester war weitschauender als ich. Sie hatte gehört, was der Führer erzählte. Sie wusste, dass er einen kleinen, mit einem Kreuz bezeichneten Pflasterstein als jene Stelle angegeben hatte, an der die Märtyrer kämpften, und sie machte sich auf die Suche danach. Bald hatte sie diese Stelle gefunden. Auf diesem geweihten Boden knieten wir beide nieder, und unsere Seelen verschmolzen im gleichen Gebet.

Mein Herz klopfte heftig, als ich meine Lippen auf den staubigen Boden drückte, den das Blut der Christen wie Purpur gerötet hatte. Ich flehte um die Gnade, eine Märtyrin für Jesus zu sein, und in tiefster Seele fühlte ich, dass mein Gebet erhört war. Das alles dauerte nur kurze Zeit. Nachdem wir noch einige Steinchen aufgerafft hatten, wandten wir uns wieder den Mauern zu, um unser gefährliches Unternehmen von neuem zu beginnen. Da Vater uns so glücklich sah, vermochte er nicht zu schelten.

Nach dem Kolosseum besuchten wir die Katakomben. Celine und Therese brachten es sogar fertig, sich zusammen in die ehemalige Grabhöhle der heiligen Cäcilia zu legen, und nahmen von der Erde mit, die durch ihre gebenedeiten Reliquien geheiligt war.

Vor dieser Reise hatte ich keine besondere Verehrung für diese Heilige. Nachdem wir aber ihr Haus und die Stätte ihres Martyriums besucht hatten und sie, die wegen des jungfräulichen Lobgesangs, den sie im Grunde ihres Herzens dem himmlischen Bräutigam darbrachte, „Königin der Harmonien" nennen hörten, war es mehr als eine Verehrung, die in meinem Herzen wach wurde: es war die wahrhaft zärtliche Liebe für eine Freundin. Sie wurde meine Lieblingsheilige, meine intime Vertraute. Was mich vor allem bei ihr begeisterte, das war ihre Hingabe, ihr unbegrenztes Vertrauen, jene Tugenden, die sie befähigten, sogar Menschen jungfräulich zu erhalten, die nie etwas anderes als die Freuden des irdischen Lebens gesucht hatten. Cäcilia gleicht der Braut im Hohelied. In ihr erblickte ich *„einen Chor in einem Heerlager"* (Hld 7, 1). Selbst inmitten der schwersten Prüfungen war ihr Leben nichts anderes als ein wohlklingender Lobgesang. Das braucht uns nicht zu wundern, ruhte doch an ihrem Herzen das Evangelium[25], und in ihm der Bräutigam der Jungfrauen.

Auch der Besuch in der Kirche der heiligen Agnes brachte mir viel Freude. Hier fand ich eine Freundin meiner Kinderjahre wieder. Ich versuchte, eine Reliquie der Heiligen zu erhalten, um sie meinem Mütterchen Agnes von Jesus mitzubringen, aber ich hatte keinen Erfolg. Da die Menschen sich weigerten, griff der liebe Gott selbst ein: ein kleiner roter

25 Offizium der heiligen Cäcilia: Antiphon zum Magnifikat der zweiten Vesper.

Marmorstein löste sich aus einem Mosaik, dessen Ursprung in die Zeit der sanften Märtyrin zurückgeht, und fiel gerade zu meinen Füßen nieder! War das nicht rührend? Die heilige Agnes selbst gab mir damit ein Andenken an ihr Haus. Sechs Tage vergingen mit der Besichtigung der hauptsächlichsten Sehenswürdigkeiten Roms. Am siebenten Tag aber sah ich die größte von allen: Leo XIII. Diesen Tag sehnte ich herbei und fürchtete ihn gleichzeitig. Von ihm hing doch mein Beruf ab, denn vom hochwürdigsten Herrn Bischof hatte ich keinerlei Antwort erhalten, und der Heilige Vater war meine einzige Rettungsplanke. Um aber diese Erlaubnis zu erhalten, musste ich darum bitten!

In Gegenwart mehrerer Kardinäle, Erzbischöfe und Bischöfe musste ich es also *wagen, mit dem Heiligen Vater zu sprechen!* Dieser Gedanke allein ließ mich zittern.

Es war am 20. November[26], einem Sonntagmorgen, als wir die Kapelle des Heiligen Vaters im Vatikan betraten. Um acht Uhr wohnten wir seiner Messe bei. Während des heiligen Opfers bewies er uns durch seine glühende, des Statthalters Christi würdige Andacht, dass er wirklich der Heilige Vater war.

Das Festevangelium enthält die beseligenden Worte: *„Fürchte dich nicht, kleine Herde, denn es hat meinem Vater gefallen, euch das Reich zu geben“* (Lk 12, 32). Mein Herz gab sich dem lebendigsten Vertrauen hin. Nein, ich fürchtete nichts, ich hoffte, dass das Königreich des Karmels mir bald gehören werde. An die anderen Worte Jesu dachte ich damals nicht: *„Ich*

26 Fest des heiligen Felix von Valois. Gestorben 1212.

bereite euch das Reich, wie mein Vater es mir bereitet hat" (Lk 24, 26). Das heißt: Ich habe euch Kreuz und Leid vorbehalten. Auf diese Weise werdet ihr würdig, mein Reich zu besitzen. *„Mußte denn nicht Christus leiden, um in seine Herrlichkeit einzugehen"* (Lk 22, 29). *„Wenn ihr an seiner Seite sitzen wollt, dann trinkt den Kelch, den er getrunken hat"* (Mt 20, 22).

Nach der Dankmesse, die der Papstmesse folgte, begann die Audienz. Leo XIII. saß etwas erhöht auf einem Thronsessel, mit einem weißen Talar und einem gleichfarbigen Schultermäntelchen bekleidet. In seiner Nähe hielten sich Prälaten und andere hohe geistliche Würdenträger auf. Dem Zeremoniell entsprechend, kniete *ein* Pilger nach dem anderen vor ihm nieder, küsste zuerst den Fuß und anschließend die Hand des Heiligen Vaters und empfing seinen Segen. Durch eine leichte Berührung mit dem Finger gaben dann zwei Nobelgardisten ihm das Zeichen, sich zu erheben und in einen anderen Saal weiterzugehen, um den Nachfolgenden seinen Platz zu überlassen.

Niemand sprach ein Wort. Ich aber war fest entschlossen zu reden, als plötzlich Generalvikar Révérony, der zur Rechten seiner Heiligkeit stand, uns laut warnte, er verbiete unbedingt, mit dem Heiligen Vater zu sprechen.

Ich wandte mich zu Celine um und schaute sie fragend an. Mein Herz klopfte zum Zerspringen. „Sprich!" sagte sie zu mir. Schon im nächsten Augenblick kniete ich zu den Füßen des Papstes. Nachdem ich seinen Pantoffel geküsst hatte, reichte er mir seine Hand. Da erhob ich meine tränengefüllten Augen zu ihm und bat ihn inständig mit den Worten: „Heiligster Vater, ich habe eine große Gnade von Ihnen zu erbitten!"

Sofort neigte er sein Haupt zu mir herab, so dass mein Gesicht sein Haupt fast berührte. Seine schwarzen und tiefen Augen schienen bis ins Innerste meiner Seele zu dringen. „Heiligster Vater", wiederholte ich, *„erlauben Sie mir, zu Ehren Ihres Jubiläums* mit 15 Jahren in den Karmel einzutreten!"

Überrascht und ärgerlich zugleich griff der Generalvikar von Bayeux sofort ein: „Heiligster Vater, es ist ein Kind, das in den Karmel eintreten möchte, aber die Oberen untersuchen die Frage in diesem Augenblick."

„Nun, mein Kind", sagte der Heilige Vater zu mir, *„tue, was die Oberen entscheiden werden!"* Da faltete ich meine Hände und stützte sie auf seine Knie, um einen letzten Versuch zu wagen: „O Heiligster Vater, wenn Sie ‚ja' sagen würden, dann wären alle einverstanden." Daraufhin sah er mich fest an, und jede Silbe scharf betonend, sprach er die Worte: „Nun gut ... Nun gut ... du wirst eintreten, wenn der liebe Gott es will!"

Ich wollte noch weitersprechen, da mahnten mich zwei Nobelgardisten, aufzustehen. Als sie merkten, dass das nichts nützte, fassten sie mich bei den Armen, und Generalvikar Révérony kam ihnen zu Hilfe, um mich aufzurichten, da ich immer noch vor dem Papst verweilte und meine gefalteten Hände auf seinem Knie stützte. In dem Augenblick, da dies geschah, legte der gütige Heilige Vater seine Hand auf meine Lippen, erhob sie, um mich zu segnen, und folgte mir lange mit den Augen. Als Papa mich tränenüberströmt von der Audienz kommen sah, war er sehr traurig. Er war vor mir beim Heiligen Vater gewesen und wusste daher nichts von dem, was ich unternommen hatte. Als er an die Reihe kam, zeigte sich der Generalvikar außerordentlich liebenswürdig und stellte ihn Leo XIII. als den Vater zweier Karmelitinnen vor. Als Zeichen seines besonderen Wohlwollens legte der Heilige Vater die Hand auf sein ehrwürdiges Haupt, als wolle er ihn gleichsam im Namen Christi selbst mit einem geheimnisvollen Siegel bezeichnen.

Dieser Vater von vier Karmelitinnen ist nun im Himmel. Nicht mehr die Hand des Stellvertreters Jesu Christi ruht auf seinem Haupt und sagt ihm das Martyrium voraus, sondern die Hand des Bräutigams der Jungfrauen, des himmlischen Königs selbst. Und niemals mehr wird sich die göttliche Hand von dem Haupt, das er verherrlicht hat, zurückziehen.

Die mir auferlegte Prüfung war hart. Nachdem ich aber alles getan hatte, was von mir abhing, um dem Rufe Gottes zu entsprechen, muss ich gestehen, dass ich im Innersten meines Herzens tiefen Frieden empfand. Dieser Friede aber ruhte im geheimsten und tiefsten Grunde des Herzens, und meine Seele war bis zum Rande mit Leid angefüllt ... Und Jesus schwieg ... Er schien weit weg zu sein, und nichts verriet seine Anwesenheit.

An diesem Tag wagte die Sonne nicht zu scheinen. Der schöne blaue Himmel Italiens hing voll dunkler Wolken und hörte nicht auf, mit mir zu weinen. Ach! Alles war nun aus! In meinen Augen hatte die Reise keinen Reiz mehr, da ihr Ziel soeben verfehlt wurde. Und doch hätten die letzten Worte des Heiligen Vaters mich als eine wahre Prophezeiung trösten sollen. Ungeachtet aller Hindernisse erfüllt sich tatsächlich alles, was der liebe Gott will: Er hat den Geschöpfen nicht gestattet zu tun, was sie wollten, sondern sie mussten seinen Willen erfüllen[27]. Seit einiger Zeit hatte ich mich dem Jesuskind angeboten, sein Spielzeug zu sein. Ich hatte ihm gesagt, mich nicht wie ein wertvolles Spielzeug zu betrachten, das die Kinder nur ansehen wollen, ohne dass sie wagen, es anzurühren, sondern vielmehr wie einen kleinen wertlosen Ball, den sie auf den Boden werfen, mit den Füßen stoßen, durchstechen und unbeachtet in einem Winkel liegen lassen, oder aber auch, wenn ihm das gefalle, ihn an sein Herz drücken könne. Kurzum: *ich wollte dem Jesuskind Freude machen und mich seinen kindlichen Einfällen ganz überlassen.*

Er hatte mein Gebet soeben erhört! In Rom durchbohrte Jesus sein kleines Spielzeug. Er wollte wohl feststellen, was sein Inneres barg, und als er zufrieden mit seiner Entdeckung war, ließ er seinen Ball fallen und schlief ein.

Was aber geschah während seines sanften Schlummers, und was wurde aus dem verlassenen Ball? Jesus träumte, er spiele noch immer, nehme den Ball in die Hand, lege ihn bald wieder beiseite und lasse ihn weit fortrollen, aber schließlich drücke er ihn doch an sein Herz, ohne ihn jemals wieder seinen kleinen Händen entgleiten zu lassen. Sie, meine Mutter, verstehen die Traurigkeit des kleinen Balles, als er sich am

27 Da Papst Leo XIII. auch auf die geringsten Fragen einging, die ihm unterbreitet wurden, hat er wohl Erkundigungen bei dem Generalvikar Révérony über Therese eingezogen. Die Heilige selbst weist ausdrücklich darauf hin, dass der Generalvikar gegen Ende der Reise ihr gegenüber ganz anders eingestellt war. Bereits in einem Schreiben vom 28. Dezember 1887 gestattete der Diözesanbischof Hugonin den sofortigen Eintritt Thereses in den Karmel.

Boden liegen sah. Und dennoch hörte er nicht auf, wider alle Hoffnung zu hoffen.

Einige Tage nach jenem 20. November besuchte mein Vater den ehrwürdigen Bruder Simeon, den Gründer und Direktor des Schulbrüderkollegs St. Joseph[28]. Hier traf er auch den Herrn Generalvikar Révérony und machte ihm in liebenswürdiger Weise Vorhaltungen, dass er mir in meinem schweren Unternehmen nicht geholfen hatte. Dann erzählte er dem lieben Bruder Simeon die ganze Geschichte. Mit großem Interesse hörte der gute Greis zu, machte verschiedene Notizen und sagte gerührt: „So etwas sieht man in Italien nicht!"

Am Tag nach der denkwürdigen Audienz mussten wir nach Neapel und Pompeji fahren. Uns zu Ehren ließ der Vesuv vielfältigen Kanonendonner hören und seinem Krater eine lichte Rauchwolke entsteigen. Schreckenerregend sind die Spuren, die er in Pompeji hinterlassen hat. Sie zeigen von der Macht Gottes, *„vor dem die Erde bebt, wenn er sie anschaut, und die Berge zerfallen in Asche, wenn er sie berührt"* (Ps 103, 32). Gerne wäre ich allein inmitten der Trümmer gewandelt, um über die Hinfälligkeit der menschlichen Dinge nachzusinnen, aber an eine solche Einsamkeit war nicht zu denken.

Von Neapel aus machten wir einen herrlichen Ausflug zum Kloster San Marino. Es liegt auf einem Hügel, der die ganze Stadt beherrscht. Aber auf der Rückfahrt gingen die Pferde durch, und nur dem Schutz

28 Bruder Simeon trat im Jahr 1831 in die Genossenschaft der Christlichen Schulbrüder ein. Im Jahr 1853 wurde er Direktor des Kollegs St. Joseph zu Rom und starb im Jahr 1899 (siehe auch Kap. 8).

unserer heiligen Engel schreibe ich es zu, dass wir wohlbehalten in unserem prächtigen Hotel ankamen. Mit dem Wort „prächtig" ist nicht zuviel gesagt. Auf der ganzen Reise stiegen wir nur in fürstlichen Hotels ab. Noch niemals bin ich von einem solchen Luxus umgeben gewesen. Gerade hier konnte man sagen: Der Reichtum macht das Glück nicht aus! Ich hätte mich tausendmal glücklicher unter einem Strohdach gefühlt in der Hoffnung, bald im Karmel zu sein, als mit Bitterkeit im Herzen inmitten der vergoldeten Täfelungen, der Marmortreppen und Seidenteppiche!

Ja, ich habe es wohl gefühlt: die Freude liegt nicht in den Dingen, die uns umgeben, sie wohnt im Innersten der Seele! Man kann sie ebenso gut im tiefsten Dunkel eines Gefängnisses besitzen wie in einem königlichen Palast. So bin ich glücklicher im Karmel, selbst inmitten zahlreicher innerer und äußerer Prüfungen, als in der Welt, wo es mir an nichts fehlte, vor allem nicht an den beglückenden Annehmlichkeiten des Familienlebens. Obschon meine Seele in Traurigkeit getaucht war, blieb ich äußerlich dieselbe. Ich hatte geglaubt, meine Bitte an den Heiligen Vater sei geheim geblieben. Bald konnte ich mich vom Gegenteil überzeugen. Auf einer Station waren alle Pilger unseres Abteils ans Büfett gegangen. Ich war allein mit Celine geblieben. Da kam Msgr. Legroux an die Tür. Nachdem er mich eine Weile betrachtet hatte, sagte er lächelnd: „Nun, wie gehts denn, kleine Karmelitin?" Da verstand ich, dass alle Pilger mein Geheimnis kannten. Übrigens merkte ich es an manchen sympathischen Blicken; aber glücklicherweise sprach niemand davon.

In Assisi erlebte ich ein kleines Abenteuer. Nachdem wir die Stätten besucht hatten, die vom Duft der Tugenden des heiligen Franziskus und der heiligen Klara erfüllt sind, verlor ich im Kloster meine Gürtelschnalle. Die Zeit, die ich zum Suchen und Befestigen am Band brauchte, ließ mich die Stunde der Abfahrt verfehlen. Als ich zur Eingangspforte kam, waren alle Wagen bis auf einen verschwunden: den des Generalvikars von Bayeux! Sollte ich nun den Wagen nachlaufen, die ich bereits nicht mehr sah, und mich so der Gefahr aussetzen, den Zug zu verfehlen, oder sollte ich um einen Platz im Wagen von Herrn Révérony bitten? Ich entschied mich für die letztere und klügere Lösung. Trotz meiner äußersten Verlegenheit versuchte ich, nicht verlegen zu erscheinen, und legte ihm meine kritische Lage auseinander. Da sein Wagen aber vollständig besetzt war, brachte ich ihn selbst in Verlegenheit. Doch einer der Herren stieg sofort aus, bat mich, seinen Platz einzunehmen und setzte sich bescheiden neben den Kutscher. Ich glich einem Eichhörnchen, das man in einer Falle gefangen hat! Ich fühlte mich lange nicht daheim in der Umgebung dieser hohen Persönlichkeiten. Dazu saß ich gerade dem Gefürchteten gegenüber. Er war jedoch sehr liebenswürdig zu mir, unterbrach ab und zu sein Gespräch, um mit mir über den Karmel zu reden. Er versprach auch, alles zu tun, was in seinen Kräften läge, um meinen Wunsch, mit fünfzehn Jahren einzutreten, zu verwirklichen.

Dieses Zusammentreffen war Balsam auf meine Wunde, ohne jedoch das Leid zu heilen. Das Vertrauen auf die Geschöpfe hatte ich verloren und konnte mich nur noch auf Gott stützen. Meine Traurigkeit hinderte mich aber nicht, lebhaftes Interesse für die heiligen Stätten zu haben, die wir besuchten. In Florenz war ich glücklich, den Leib der heiligen Magdalena von Pazzi mitten im Chor der Karmelitinnen schauen zu dürfen. Alle Pilger wollten ihre Rosenkränze am Grab der Heiligen anrühren lassen, aber meine Hand allein war klein genug, um durch die Öffnung des Gitters hindurchzureichen. So wurde mir also diese Ehrenaufgabe übertragen, die lange andauerte und mich recht stolz machte.

Es war dies nicht das erste Mal, dass ich besondere Vergünstigungen erhielt. Im Rom, in der Kirche Santa Croce in Gerusalemme, verehrten wir mehrere Partikel des wahren Kreuzes Christi, zwei Dornen und einen der heiligen Nägel. Um sie ungestört betrachten zu können, richtete ich es so ein, dass ich die letzte blieb. Als der Ordensmann, dem die Sorge um diese kostbaren Schätze aufgetragen war, sich anschickte, sie wieder auf den Altar zu stellen, fragte ich ihn, ob ich den heiligen Nagel berühren dürfe. Er sagte zu, schien aber zu zweifeln, ob es mir gelingen werde. Da steckte ich meinen kleinen Finger durch eine Öffnung des Reliquiars und konnte auf diese Weise den kostbaren Nagel berühren, der vom Blute Christi benetzt worden war. Wie man sieht, benahm ich mich hier wie ein Kind, das glaubt, alles sei ihm erlaubt, und das die Schätze seines Vaters wie seine eigenen betrachtet.

Nachdem wir Pisa und Genua besucht hatten, fuhren wir auf einer der prächtigsten Strecken nach Frankreich zurück. Bald ging es am Meer vorbei, das infolge eines Sturmes so nahe an die Eisenbahnlinie herankam, dass die Wogen uns zu erreichen schienen. Etwas weiter fuhren wir durch Ebenen, die mit Orangenbäumen und schlanken Palmen bedeckt waren. In zahlreichen Häfen erglänzten am Abend strahlende Lichter, während am azurblauen Himmel die ersten Sterne funkelten. Ohne Bedauern sah ich das feenhafte Schauspiel schwinden: mein Herz sehnte sich nach anderen Wundern.

Aber Papa schlug mir noch eine Reise nach Jerusalem vor. Obschon das dem natürlichen Drang meines Herzens entsprochen hätte, der mich antrieb, die Stätten zu besuchen, die durch den Vorübergang unseres Herrn und Heilandes geheiligt sind: ich war der irdischen Pilgerfahrten müde und sehnte mich nur noch nach den Schönheiten des Himmels. Um diese den Seelen zu schenken, wollte ich baldmöglichst eine Gefangene werden. Ach, ich fühlte es: ehe sich die Pforten meines gesegneten Gefängnisses öffnen sollten, musste ich noch kämpfen und leiden. Doch mein Vertrauen nahm nicht ab, und ich hoffte, am 25. Dezember, am Weihnachtsfest, eintreten zu können.

Kaum waren wir nach Lisieux zurückgekehrt, galt unser erster Besuch dem Karmel. Welche Aussprache! Sie entsinnen sich derselben noch, meine Mutter! Nachdem ich meinerseits alle Hilfsquellen erschöpft hatte, überließ ich mich Ihnen ganz und gar. Sie gaben mir den Rat, dem Bischof zu schreiben und ihn an sein Versprechen zu erinnern. Ich gehorchte unverzüglich. Kaum hatte ich den Brief zur Post gegeben, glaubte ich, gleich die Erlaubnis zu erhalten, davonzufliegen! Aber jeder weitere Tag war leider eine neue Enttäuschung! Schon nahte das Weihnachtsfest, und Jesus schlief immer noch. Er ließ seinen kleinen Ball am Boden liegen, ohne ihn auch nur eines einzigen Blickes zu würdigen.

Das war eine sehr harte Prüfung. Er aber, dessen Herz stets wacht, belehrte mich, dass er der Seele, deren Glaube nur einem Senfkörnlein gleicht, Wunder gewährt, um den geringen Glauben zu festigen (Mt 17, 20; Lk 17, 6). Für seine Vertrauten aber, für die eigene Mutter, wirkte er keine Wunder, ohne zuvor ihren Glauben geprüft zu haben. Ließ er Lazarus nicht sterben, obgleich Maria und Martha ihm die Botschaft geschickt hatten, er sei krank? (Joh 11, 3). Bei der Hochzeit zu Kana bat die Allerseligste Jungfrau Jesus, dem Hausherrn zu Hilfe zu kommen. Antwortete er nicht, seine Stunde sei noch nicht gekommen? (Joh 2, 4).

Aber welche Belohnung folgte auf die Prüfung! Das Wasser wird in Wein verwandelt, und Lazarus steht von den Toten auf ...! So verfährt der göttliche Geliebte mit seiner Therese: nachdem er sie lange geprüft hatte, erfüllte er alle ihre Wünsche überreichlich!

Als Neujahrsgabe 1883 schenkte mir Jesus sein Kreuz. Mutter Maria Gonzaga schrieb mir, sie habe die Antwort des Bischofs seit dem 28. Dezember, dem Fest der Unschuldigen Kinder, in Händen. Diese Antwort gestattete meinen sofortigen Eintritt, aber sie sei entschlossen, mir die Klosterpforte erst nach der Fastenzeit zu öffnen! Ich konnte mich der Tränen bei dem Gedanken an einen so langen Aufschub nicht erwehren. Diese Prüfung hatte ein ganz besonderes Gepräge für mich: die Bande, die mich an die Welt fesselten, waren bereits zerrissen, und nun verweigerte auch noch die heilige Arche ihrerseits der armen kleinen Taube die Aufnahme!

Wie vergingen diese drei Monate, die für meine Seele zwar reich an Leiden, aber noch reicher an Gnaden aller

Art sein sollten? Anfänglich kam mir in den Sinn, mich gehenzulassen und ein weniger geregeltes Leben zu führen, als ich gewohnt war. Dann aber ließ der liebe Gott mich den Wert der Zeit erkennen, die mir geschenkt wurde, und so beschloss ich, mich mehr denn je einem ernsten und abgetöteten Leben hinzugeben.

Wenn ich von einem abgetöteten Leben spreche, dann meine ich damit keineswegs die Bußübungen der Heiligen. Weit davon entfernt, jenen Seelen zu gleichen, die von Kindheit auf alle Arten von Strengheiten üben, bestanden die meinen einzig darin, meinen Willen zu beugen, ein Wort der Entgegnung zurückzuhalten, meiner Umgebung unbeobachtet kleine Dienste zu leisten und tausend ähnliche Dinge zu tun. Durch die Übung dieser Kleinigkeiten bereitete ich mich vor, die Braut Jesu zu werden, und kann zur bezeugen, dass diese Wartezeit mich sehr in der Hingabe, der Demut und in anderen Tugenden wachsen ließ.

VII
Endlich daheim – Verlobungsfeier

Der 9. April 1888, ein Montag, wurde für meinen Eintritt festgesetzt. An diesem Tag feierte man im Karmel das Fest Mariä Verkündigung, das wegen der Fastenzeit verlegt werden musste.

Am Vorabend saßen wir noch einmal alle zusammen am Familientisch, wo ich ein letztes Mal meinen Platz einnehmen sollte. Wie herzzerreißend ist doch ein solcher Abschied! In einer Stunde, da man sich am liebsten vergessen sähe, kommen die zärtlichsten Worte von allen Lippen, als sollte einem das Opfer der Trennung dadurch noch fühlbarer gemacht werden.

Am nächsten Morgen noch einen letzten Blick auf die „Buissonnets", das traute Nestchen meiner Kindheitstage, und ich machte mich auf den Weg zum Karmel. Mit meinen Lieben wie am Vorabend vereint, wohnte ich der heiligen Messe bei. Nachdem Jesus bei der heiligen Kommunion in ihr Herz eingekehrt war, hörte ich nichts als Schluchzen. Ich selbst vergoss keine Träne. In dem Augenblick aber, da ich, allen voran, auf die Klausurtür zuschritt, verspürte ich ein solch heftiges Herzklopfen, dass ich zu sterben glaubte. Welch ein Augenblick! Welch eine Todesangst! Um sie zu begreifen, muss man sie erlebt haben!

Nachdem ich meine Lieben umarmt hatte, kniete ich vor meinem Vater nieder, um seinen Segen zu empfangen. Auch er kniete sich nieder, und mit Tränen in den Augen segnete er mich. Ein Schauspiel für die Engel, wie dieser Greis sein noch im Frühling des Lebens stehendes Kind dem Herrn zum Opfer brachte. Dann schlossen sich endlich die Pforten des Karmels hinter mir. Meine geliebten Schwestern, die an mir Mutterstelle vertreten hatten, und die neue Familie, von deren Hingabe und Herzlichkeit die Welt keine Ahnung hat, umarmten mich.

So waren also endlich alle meine Wünsche in Erfüllung gegangen. Ein solch heiliger und tiefer Friede erfüllte meine Seele, dass ich ihn unmöglich in Worten wiederzugeben vermag. Und seit achteinhalb Jahren ist dieser innere Friede mein beständiger Anteil geblieben. Er wich nicht mehr von mir, auch nicht inmitten härtester Prüfungen.

Alles entzückte mich im Kloster. Ich glaubte mich in eine Wüste versetzt. Unsere kleine Zelle vor allem begeisterte mich[29].

Ich muss aber wiederholen, dass mein Glück ein stilles war. Das ruhige Wasser, auf dem mein kleiner Nachen dahinsegelte, wurde nicht durch den leisesten Luftzug bewegt. Der klare Himmel meiner Seele war durch kein Wölkchen getrübt. Ja, für alle Prüfungen fühlte ich mich reichlich belohnt. Mit welch tiefer Freude wiederholte ich die Worte: „Jetzt bin ich für immer hier!"

Dieses Glück war kein flüchtiges. Es sollte auch andauern, als die Illusionen der ersten Tage vorbei waren. Ach, Illusionen! In seiner Barmherzigkeit hat der liebe Gott mich stets vor diesen bewahrt. So, wie ich

29 Therese spricht von „unserer Zelle". Jede Karmelitin hat zwar ihre eigene Zelle, aber im Kloster gibt es kein persönliches Eigentum mehr; daher ist es üblich, alle Gebrauchsgegenstände mit „unser" zu bezeichnen. Ein „Mein" und „Dein" gibt es praktisch dort nicht.

mir das Klosterleben vorgestellt hatte, fand ich es. Mich überraschte kein Opfer. Und dennoch wissen Sie, meine Mutter, dass ich bei meinen ersten Schritten mehr Dornen als Rosen begegnete.

Zunächst war nur eine bittere Trockenheit das tägliche Brot meiner Seele. Dann aber ließ der Herr zu, dass unsere Mutter, ohne sich dessen bewusst zu werden, mich sehr streng behandelte. Nie begegnete sie mir, ohne mir irgendeine Rüge zu erteilen. Ich erinnere mich, wie ich eines Tages ein Spinngewebe im Kreuzgang übersehen hatte. Vor versammelter Klostergemeinde sagte sie zu mir: „Man sieht wohl, dass ein fünfzehnjähriges Kind unseren Kreuzgang fegt. Es ist wirklich ein Jammer! Nehmen Sie doch das Spinngewebe fort und verrichten Sie künftig Ihre Arbeit sorgfältiger!“

Auch während der seltenen geistlichen Aussprachen, die ich mit ihr hatte und eine Stunde bei ihr blieb, wurde ich fast die ganze Zeit getadelt. Den meisten Kummer bereitete es mir, dass ich nicht wusste, wie ich meine Fehler ablegen sollte, beispielsweise meine Langsamkeit und meinen Mangel an Eifer bei der Erfüllung meiner Ämter.

Eines Tages kam mir der Gedanke, unsere Mutter wünsche gewiss, dass ich zur Arbeit die freien Stunden benutze, die sonst dem Gebet gewidmet sind. Und ich ließ meine kleine Nadel emsig wirken, ohne auch nur aufzuschauen. Da ich aber treu bleiben und einzig unter Jesu Augen arbeiten wollte, erfuhr niemand davon.

In der Zeit des Postulates schickte mich unsere Novizenmeisterin täglich um halb fünf Uhr nachmittags in den Garten, um Unkraut zu jäten. Das war mir eine große Überwindung, besonders da ich fast sicher war, unterwegs Mutter Maria Gonzaga zu begegnen. Bei einer dieser Gelegenheiten sagte sie mir: „Ach ja, dieses Kind tut rein gar nichts! Was soll man von einer Novizin halten, die man täglich spazieren schicken muss?" In ähnlicher Weise handelte sie in allem gegen mich.

O meine geliebte Mutter, wie danke ich dem lieben Gott, dass er mir eine so strenge und vorzügliche Erziehung geben ließ! Welch unschätzbare Gnade! Was wäre aus mir geworden, hätte man mich zum Spielzeug der Klostergemeinde gemacht, wie die Weltleute annahmen? Statt in meinen Vorgesetzten unseren Herrn und Meister zu sehen, hätte ich vielleicht nur Geschöpfe in ihnen erblickt, und mein in der Welt so wohlbehütetes Herz hätte sich im Kloster menschlicher Anhänglichkeit hingegeben. Gottlob blieb ich vor diesem Unglück bewahrt!

Ja, ich muss gestehen, dass das Leid mir nicht nur bei der oben erwähnten Gelegenheit, sondern in noch viel schmerzlicheren Prüfungen seit meinem Eintritt die Arme entgegengestreckt hat. Mit Liebe habe ich es umarmt. Meine im Karmel zu erfüllende Aufgabe habe ich bei meinem feierlichen Professexamen (2. September 1890) in die Worte zusammengefasst:

„Ich bin hierher gekommen, um Seelen zu retten und ganz besonders, um für die Priester zu beten!" Wenn man sein Ziel erreichen will, muss man die geeigneten Mittel anwenden. Da Jesus mich erkennen ließ, dass er mir durch das Kreuz Seelen schenken werde, nahm mein Verlangen nach Leiden in dem Maße zu, in dem es mir begegnete. Das war fünf Jahre lang mein Weg. Aber nur ich allein wusste darum. Das war eben die unbekannte

Blume, die ich Jesus darbieten wollte, jene Blume, deren Duft nur zum Himmel emporsteigt. Zwei Monate nach meinem Eintritt war selbst der hochwürdige Pater Pichon[30] von dem Wirken Gottes in meiner Seele überrascht. Er hielt meinen Eifer für ganz kindlich und meinen Weg als durchaus angepasst. Meine Unterredung mit diesem guten Pater wäre mir ein großer Trost gewesen, hätte ich nicht die größte Schwierigkeit gehabt, mich auszusprechen. Ich legte trotzdem eine Lebensbeichte ab, nach der er folgende Worte sprach:

„In der Gegenwart Gottes, der Allerseligsten Jungfrau, der Engel und aller Heiligen erkläre ich, dass Sie niemals eine Todsünde begangen haben. Danken Sie dem lieben Gott für das, was er ohne irgendein Verdienst Ihrerseits für Sie getan hat."

Ohne jedes Verdienst meinerseits! Oh, das zu glauben fiel mir wahrlich nicht schwer. Ich war mir meiner Schwachheit und Unvollkommenheit durchaus bewusst. Nur Dank erfüllte mein Herz. Die Furcht, das weiße Gewand meiner Taufe befleckt zu haben, verursachte mir viel Leiden, und die Versicherung eines Seelenführers, wie ihn unsere heilige Mutter Theresia wünschte, das heißt eines Priesters, der „Wissenschaft und Tugend miteinander vereinigt", schien mir vom lieben Gott selbst zu kommen. Der gute Pater fügte noch hinzu: „Mein Kind, möge unser Herr selbst stets Ihr Oberer und Novizenmeister sein!"

30 Pater Pichon, ein hervorragendes Mitglied der Gesellschaft Jesu, machte im Seligsprechungsprozess Thereses ebenfalls Aussagen. Er war ein vielbegehrter Exerzitienmeister für Klöster. Bis 1905 hat er in Frankreich und Kanada nicht weniger als 1015 Exerzitienkurse gehalten.

In der Tat: er war es. Und er war auch mein Seelenführer[31]. Damit soll nicht gesagt sein, dass meine Seele den Obern gegenüber verschlossen gewesen wäre. Weit davon entfernt, ihnen meine innere Gesinnung zu verbergen, blieb ich stets bestrebt, ein offenes Buch für sie zu sein.

Unsere Novizenmeisterin[32] war eine wahre Heilige, der vollendete Typ der ersten Karmelitinnen. Ich wich keinen Augenblick von ihrer Seite, denn sie lehrte mich arbeiten. Ihre Güte mir gegenüber war unsagbar. Ich liebte sie sehr und schätzte sie hoch. Dennoch ging meine Seele nicht auf. Was in mir vorging, konnte ich nicht ausdrücken; die Worte fehlten mir einfach, und die geistigen Aussprachen wurden mir zu Qual, zu einem wirklichen Martyrium.

Eines Tages schien eine unserer alten Mütter zu verstehen, was ich empfand. Während der Erholung sagte sie zu mir: „Meine Kleine, mir scheint, Sie haben Ihren Vorgesetzten nicht viel zu sagen."

„Weshalb denken Sie das, meine Mutter?"

„Weil Ihre Seele so äußerst einfach ist. Wenn Sie aber zur Vollkommenheit gelangt sind, dann werden Sie noch einfacher. Je näher man zu Gott kommt, umso einfacher wird man." Die gute Mutter hatte Recht. Und dennoch war die außergewöhnliche Schwierigkeit, mich jemandem anzuvertrauen, eine wirkliche Prüfung,

31 Vergleiche die Communio der heiligen Messe zu Ehren der heiligen Therese vom Kinde Jesus (3. Oktober).

32 Schwester Maria von den Engeln war beim Eintritt Thereses Novizenmeisterin und hatte gleichzeitig noch die Wäschekammer zu besorgen, eine Arbeit, für die ihr die junge Novizin als Gehilfin zugeteilt wurde. Sie war wiederholt Subpriorin und wurde als Zeuge beim Seligsprechungsprozeß vernommen. Sie starb am 24. November 1924.

auch wenn ihre Ursache durch meine Einfalt bedingt war. Jetzt aber vermag ich meine Gedanken mit großer Leichtigkeit auszudrücken, ohne aufzuhören, einfach zu sein.

Ich sagte, Jesus sei mir Seelenführer gewesen. Kaum hatte Pater Pichon begonnen, sich meiner Seele anzunehmen, da schickten seine Obern ihn nach Kanada. Von da ab erhielt die kleine, auf den Berg Karmel verpflanzte Blume jährlich nur einen einzigen Brief von ihm. Da wandte sie sich sehr schnell dem höchsten Seelenführer zu und entfaltete sich rasch im Schatten seines Kreuzes. Der wohltuende Tau, der ihr zuteil wurde, waren seine Tränen, sein heiliges Blut, und sein anbetungswürdiges Antlitz war ihre strahlende Sonne.

Die reichen Gnadenschätze des heiligsten Antlitzes hatte ich bis dahin noch nicht ergründet: mein Mütterchen lehrte sie mich kennen. So wie sie einstens ihren drei Schwestern in den Karmel vorausgegangen war, so drang sie auch als erste in die Geheimnisse der Liebe ein, die im heiligsten Antlitz unseres Bräutigams verborgen liegen. Sie erschloss mir dieselben, und ich habe verstanden ... Besser denn je begriff ich, worin der wahre Ruhm besteht. Er, *dessen Reich nicht von dieser Welt ist* (Joh 18, 36), zeigte mir, dass das einzig erstrebenswerte Königreich darin besteht, *unbekannt und für nichts geachtet zu werden* (Nachf. Christi 1, 2, 3) und in dieser Selbstverachtung seine Freude zu suchen (Jes 53, 3). Wie das Antlitz Jesu wollte ich, dass auch mein Antlitz *allen Blicken entzogen sei und niemand auf Erden mich erkenne* (Jes 103, 3): ich dürstete danach, zu leiden und vergessen zu sein.

Wie erbarmungsvoll ist der Weg, den der göttliche Meister mich stets geführt hat. Nie gab er mir einen Wunsch ein, ohne ihn zu erfüllen. Daher erschien mir sein bitterer Kelch so köstlich.

Ende Mai 1888, nach dem herrlichen Fest der Gelübdeablegung Marias, unserer *Ältesten,* die Therese, die *Jüngste,* am Tag ihrer geistigen Vermählung mit Rosen krönen durfte, suchte das Leid unsere Familie wieder heim. Wir stellten fest, dass unser guter Vater nach dem ersten Lähmungsanfall sehr leicht ermüdete. Im Verlauf der Romreise sah ich immer wieder, dass sein Gesicht Erschöpfung und Schmerzen verriet. Was mir aber am meisten auffiel, das waren seine bewundernswerten Fortschritte auf dem Weg der Heiligkeit. Es war ihm gelungen, völlig Herr seiner Lebhaftigkeit zu werden, und die irdischen Dinge schienen ihn kaum noch zu berühren.

Gestatten Sie mir, meine Mutter, Ihnen ein Beispiel seiner Tugendhaftigkeit anzuführen: Den Reisenden wurden während der Pilgerfahrt die Tage und Nächte oft recht lang. Wir sahen, wie sie sich dem Kartenspiel hingaben, und dabei ging es oft stürmisch her. Eines Tages baten die Spieler um unsere Mitwirkung, die wir verweigerten, indem wir unsere geringen Spielkenntnisse vorschützten. Die Zeit wurde uns nicht lang wie ihnen. Sie schien uns vielmehr noch viel zu kurz, um mit Muße die herrlichen Landschaftsbilder zu bewundern, die an uns vorbeizogen. Die Unzufriedenheit der Spieler trat bald zutage. Unser geliebtes Väterchen verteidigte uns mit Ruhe. Er ließ durchblicken, dass dem Gebet bei dieser Pilgerfahrt nicht genügend Zeit vorbehalten sei.

Einer der Spieler ließ es an der nötigen Ehrfurcht dem greisen Haupt gegenüber fehlen und rief unüberlegt aus: „Glücklicherweise sind die Pharisäer selten!“ Papa sagte kein Wort. Er schien sogar heilige Freude zu empfinden und brachte es später fertig, dem betreffenden Herrn die Hand zu drücken. Er fügte dem Liebesakt einige freundliche Worte hinzu, die den Anschein erweckten, als habe er die Schmähung überhört oder doch wenigstens vergessen.

Sie wissen übrigens, meine Mutter, dass diese Gewohnheit des Verzeihens nicht erst an jenem Tag ihren Anfang nahm. Nach dem Zeugnis der Mama und den Aussagen aller, die ihn kannten, sprach er niemals ein Wort gegen die Liebe aus.

Auch sein Glaube und seine Großherzigkeit hielten allen Prüfungen stand. Nachstehend die Worte, mit denen er einem seiner Freunde meinen Eintritt mitteilte: „Gestern ist Therese, meine kleine Königin, in den Karmel eingetreten. Ein solches Opfer kann nur Gott fordern. Aber er steht mir so machtvoll bei, dass mein Herz inmitten der Tränen vor Freude überfließt.“

Diesem getreuen Diener gebührt ein seiner Tugendhaftigkeit würdiger Lohn. Er selbst erbat sich diesen Lohn vom lieben Gott. O meine Mutter, entsinnen Sie sich noch jenes Tages, jener Besuchsstunde, da er uns sagte: „Meine Kinder, ich komme von Alençon zurück. Dort empfing ich in der Kirche Unserer Lieben Frau solch große Gnaden, solch große Tröstungen, dass ich das Gebet sprach: ‚Mein Gott, es ist zuviel! Ja, ich bin zu glücklich! Auf diese Weise kann man unmöglich in den Himmel kommen! Daher möchte ich etwas für

Dich leiden.‘ Und ich habe mich angeboten ...“ Auf seinen Lippen erstarb das Wort *Schlachtopfer*. Er wagte nicht, es in unserer Gegenwart auszusprechen. Doch wir hatten ihn verstanden! Schließlich erinnern Sie sich, meine Mutter, auch noch all unserer Bitternisse! Ich brauche die Einzelheiten dieser herzzerreißenden Erinnerungen nicht niederzuschreiben ...

Indessen kam die Zeit meiner Einkleidung näher. Wider Erwarten hatte unser Vater sich von seinem zweiten Schlaganfall erholt, und der hochwürdigste Herr Bischof setzte den 10. Januar für die Feier fest. Lange hatte ich warten müssen. Aber wie war das Fest so schön! Nichts fehlte, nicht einmal der Schnee!

Meine Mutter, habe ich Ihnen übrigens schon einmal von meiner Vorliebe für den Schnee gesprochen? Bereits als ganz kleines Kind war ich über seine weiße Farbe entzückt. Wie kam ich nur zu dieser Freude am Schnee? Vielleicht, weil ich ein Winterblümchen bin und mein erster Kindesblick auf die in den weißen Schneemantel schön eingehüllte Erde fiel! Daher wünschte ich auch an meinem Einkleidungstag die Erde im gleichen weißen Festgewand zu sehen, wie mich selbst. Aber noch am Vorabend war die Temperatur so mild, dass man sich im Frühling glauben konnte. Ich hoffte deshalb nicht mehr auf Schnee. Auch am Morgen des 10. Januar war noch keine Änderung eingetreten. Ich gab daher meinen kindlichen Wunsch auf und verließ die Klosterklausur.

Papa wartete an der Klausurpforte auf mich. Mit Tränen in den Augen kam er auf mich zu, drückte mich an sein Herz und rief: *„Oh, da ist ja meine kleine Königin!“* Dann bot er mir den Arm, und wir hielten unseren feierlichen Einzug in die Kapelle[33]. Dieses Fest war sein Triumphtag, sein letzter Festtag auf dieser Erde! Alle Opfer hatte er gebracht. Seine ganze Familie gehörte dem lieben Gott[34]. Celine hatte ihm bereits anvertraut, dass auch sie später die Welt verlassen werde, um in den Karmel einzutreten. Mit jubelnder Freude hatte dieser unvergleichliche Vater bei der Gelegenheit ausgerufen: „Komm, gehen wir zusammen zum allerheiligsten Altarssakrament, um dem Herrn für die Gnaden zu danken, die er unserer Familie gewährt hat, und für die Ehre, die er mir erweist, indem er sich Bräute in meinem Haus erwählte. Ja, der liebe Gott tut mir eine hohe Ehre an, indem er meine Kinder verlangt. Wenn ich noch etwas Besseres besäße, würde ich mich beeilen, es ihm zum Opfer zu bringen." *Dieses „Bessere"*, das war er selbst. *Gleich einem Brandopfer nahm der Herr ihn an. Er prüfte ihn wie das Gold und fand ihn seiner würdig* (Weish 3, 6).

Als ich nach der Feier in der Kapelle wieder das Innere der Klausur betrat, stimmte der Bischof das Tedeum an. Einer der assistierenden Priester machte ihn darauf aufmerksam, dass dieser Hymnus nur bei

33 Herr Martin hatte gewünscht, dass Therese an diesem Tag, zu Ehren des Heilandes, dessen Braut seine kleine Königin werden wollte, in einem kostbaren Brautkleid aus weißem Samt erscheine, mit Schwanenpelz und Alençonspitzen geziert. Lose fielen ihre blonden Locken auf die Schultern herab. Weiße Lilien vollendeten ihren jungfräulichen Brautschmuck. Der Samt dieses Brautkleides ziert heute in Form von Lilien und Sternen den Ornat aus Goldbrokat, der für die Feierlichkeiten der Seligsprechung bereitet wurde.

34 Erst hei den Klarissinnen eingetreten, musste Leonie aus Gesundheitsgründen wieder zum Vater zurückkehren, um später in den Orden der Heimsuchung in Caen einzutreten. Dort legte sie unter dem Namen Schwester Franziska Theresia ihre Gelübde ab und starb am 16. Juni 1941 im Alter von 78 Jahren.

einer Gelübdeablegung gesungen wird. Weil aber dieser Dankgesang nun einmal angestimmt war, wurde er auch bis zu Ende gesungen. Musste dieses Fest nicht vollendet sein, da es alle anderen Feste in sich einbegriff?

In dem Augenblick, da ich die Klausurschwelle wieder überschritt, fiel mein Blick zuallererst auf meine schöne Statue des Jesuskindes[35], die mir inmitten des Blumenschmuckes und der brennenden Kerzen zuzulächeln schien. Als ich mich dann dem Klosterhof zuwandte, sah ich ihn ganz mit Schnee bedeckt. Welch eine zarte Aufmerksamkeit meines Jesus! Er erfüllte den Wunsch seiner kleinen Braut und schickte ihr Schnee! Wo ist jener Sterbliche – und wäre er noch so mächtig –, der imstande ist, auch nur eine einzige Schneeflocke vom Himmel fallen zu lassen, um seine Auserkorene zu erfreuen?

Alle wunderten sich über den Schnee und betrachteten ihn als ein wirkliches Ereignis, da der Temperatur nach nicht damit zu rechnen war. Viele, die um meinen Wunsch wussten, sprachen daher oft – wie ich weiß – von dem „kleinen Wunder" meines Einkleidungstages und waren der Meinung, ich hätte einen eigenen Geschmack, um den Schnee so zu lieben. Desto besser! So tritt die unbegreifliche Herablassung des Bräutigams der Jungfrauen in noch viel stärkerem Maße in Erscheinung. Er ist ja derjenige, der die Lilien liebt, die weiß wie der Schnee sind.

Nach der Feierlichkeit betrat der Bischof die Klausur und überschüttete mich geradezu mit allen möglichen Beweisen seiner väterlichen Güte. Vor allen Priestern,

35 Bis an ihr Lebensende durfte sie diese Statue immer wieder schmücken.

die ihn umgaben, erinnerte er an meinen Besuch bei ihm in Bayeux, an meine Romreise und vergaß dabei auch nicht, mein damals *aufgestecktes Haar* zu erwähnen. Dann nahm der Hochwürdigste Herr meinen Kopf zwischen seine beiden Hände und streichelte mich. Dabei ließ mich der Heiland mit einer unaussprechlichen Süßigkeit an die Liebkosungen denken, mit denen er mich schon bald vor der Gemeinschaft der Heiligen überhäufen würde. So wurde mir jener Trost ein Vorgeschmack der himmlischen Herrlichkeit.

Ich sagte eben, der 10. Januar sei ein Triumphtag für unseren guten Vater gewesen. Diesen Festtag vergleiche ich mit dem Einzug in Jerusalem, dem Palmsonntag. Gleichwie bei dem göttlichen Meister, so folgte auch auf die Herrlichkeit jenes Tages, die der Vater erlebte, eine schmerzliche Passion. Und wie die Leiden Jesu das Herz seiner heiligsten Mutter durchbohrten, so litten auch unsere Herzen aufs tiefste unter den Wunden und Demütigungen, die jenem zuteil wurden, den wir auf Erden am meisten liebten ...

Ich entsinne mich noch, dass es im Juni 1888, als wir eine Gehirnlähmung unseres Vaters befürchteten, eine Überraschung für unsere Novizenmeisterin war, als ich zu ihr sagte: „Ich leide viel, Mutter, aber ich fühle, dass ich noch mehr zu leiden vermag.“ Damals dachte ich noch nicht an das Leid, das unser harrte. Es war mir noch nicht bekannt, dass unser verehrter Vater bereits einen Monat nach meiner Einkleidung, am 12. Februar 1889, einen so bitteren Kelch leeren würde[36].

Oh, da erklärte ich nicht mehr, ich sei noch größerer Leiden fähig. In Worte vermögen wir unsere Todesängste nicht zu kleiden, und ich werde auch nicht versuchen, sie zu beschreiben. Im Himmel werden wir uns gerne über jene dunklen Tage der Verbannung unterhalten. Ja, die drei Jahre des Martyriums unseres Vaters scheinen mir die liebenswertesten und fruchtbringendsten unseres Lebens zu sein. Ich würde sie auch nicht gegen die erhabensten Entzückungen eintauschen. Und angesichts dieses kostbaren Schatzes ruft mein Herz in seiner Dankbarkeit aus: *„Sei gepriesen, o mein Gott, für diese in Schmerzen verbrachten Gnadenjahre!"* (zu Ps 89, 15). Meine vielgeliebte Mutter, wie kostbar und süß war doch unser bitteres Kreuz, da sich unser aller Herzen nur Seufzer der Liebe und Dankbarkeit entrangen! Wir gingen nicht mehr, wir eilten, wir flogen auf den Wegen der Vollkommenheit!

Auch wenn sie noch mitten in der Welt lebten, gehörten Leonie und Celine doch dieser Welt nicht mehr an. Die Briefe, die sie uns während dieser Zeit schrieben, tragen den Stempel einer bewundernswerten Ergebung. Und welch herrliche Stunden verbrachte ich mit meiner Celine im Sprechzimmer! Weit davon entfernt, dass das Gitter des Sprechzimmers uns hätte trennen können: es vereinigte uns inniger. Wir lebten von denselben Gedanken, Wünschen, von derselben Liebe zu Jesus und den Seelen. Nicht ein Wort über die

36 An diesem Tag musste Herr Martin von Lisieux in eine Heilanstalt überführt werden. Drei Jahre verbrachte er dort. Als die Lähmung allgemein geworden war, konnte Celine ihn nach Lisieux zurückholen. Noch drei Jahre lebte er. Am 29. Juni 1894 starb er auf dem Schloss de la Musse (Departement Eure), das seinem Schwager gehörte. Im letzten Augenblick richtete er einen innigen Blick voll zärtlicher Dankbarkeit auf Celine, die einzige seiner Töchter, die am Sterbebett weilen konnte. So kam noch einmal das volle Bewusstsein des Sterbenden zum Ausdruck.

Dinge dieser Welt gab es je in unseren Gesprächen. Wie einstens in den „Buissonnets“ drangen nicht mehr unsere Blicke, sondern unsere Herzen bis über alle Fernen hinaus vor, und damit wir uns bald des ewigen Glückes erfreuen könnten, wählten wir hienieden Leiden und Verachtung.

Mein Verlangen nach Leiden war restlos gestillt. Doch fühlte ich mich immer noch mit unverminderter Stärke zu ihnen hingezogen; auch nahm meine Seele bald Anteil an dem Leid meines Herzens. Die Trockenheit wurde größer. Nirgendwo fand ich Trost, weder vom Himmel noch von der Erde. Und inmitten dieser Wasser der Trübsal, die ich mit einem so glühenden Verlangen herbeigesehnt hatte, war ich dennoch das glücklichste aller Geschöpfe.

So verstrich meine Brautzeit, die meiner Sehnsucht leider zu lange dauerte. Am Schluss meines Noviziatsjahres sagte unsere Mutter zu mir, ich brauche nicht daran zu denken, zur Profess zugelassen zu werden, da der Superior sich derselben entschieden widersetze. So musste ich also weitere acht Monate warten! Im ersten Augenblick fiel es mir schwer, ein solches Opfer zu bringen. Aber bald drang das göttliche Licht in meine Seele.

Zur damaligen Zeit betrachtete ich „Die Grundlagen des geistlichen Lebens“ von P. Surin SJ[37]. Eines Tages wurde mir während der Betrachtung klar, dass mein heißes Verlangen nach der Gelübdeablegung mit viel

37 Zusammengestellt aus der „Nachfolge Christi“. Imprimerie St. Paul, Paris.

Eigenliebe verbunden war. Da ich Jesus als sein kleines Spielzeug angehörte, um ihn zu trösten und zu erfreuen, durfte ich ihn nicht zwingen, meinen statt seinen Willen zu erfüllen. Weiterhin begriff ich, dass eine Braut ihrem Bräutigam am Hochzeitstag nicht gefallen kann, wenn sie nicht mit prachtvollen Kleidern geschmückt ist. Ich hatte in der Hinsicht noch nichts getan. Daher sprach ich zum Herrn:

„Ich bitte dich nicht mehr darum, Profess ablegen zu dürfen, ich werde so lange warten, wie du es willst. Nur ertrüge ich nicht, wenn meine Vereinigung mit dir durch mein Verschulden verschoben würde. Deshalb werde ich meine ganze Sorgfalt darauf verwenden, mir ein mit Diamanten und Edelsteinen aller Art geziertes Brautgewand zu bereiten. Sobald du es reich genug findest, bin ich gewiss, dass dich nichts mehr hindern wird, dich mit mir zu vermählen."

So ging ich mit neuem Mut ans Werk. Seit dem Tag meiner Einkleidung wurden mir reichliche Erleuchtungen über die klösterliche Vollkommenheit, ganz besonders über die Armut, zuteil. Während meiner Postulatszeit freute ich mich, gutbesorgte Dinge und alles Nötige zur Hand zu haben. Jesus ertrug das geduldig, denn seine Art ist es nicht, den Seelen alles auf einmal vor Augen zu halten. Für gewöhnlich gibt er sein Licht nur nach und nach.

In den Anfängen meines geistlichen Lebens, im Alter von 13 bis 14 Jahren, legte ich mir die Frage vor, was ich wohl später noch hinzugewinnen könne, da ich es für unmöglich hielt, die Vollkommenheit noch besser zu erfassen. Aber schon bald habe ich erkannt, dass man sich dem Ziel umso ferner glaubt, je mehr man auf diesem Weg fortschreitet. Nunmehr begnüge ich mich damit, mich immer nur unvollkommen zu sehen, und ich finde sogar meine Freude darin.

Ich komme zurück auf die Lehren, die unser Herr mir selbst erteilte. Eines Abends nach der Komplet suchte ich vergebens auf den dazu bestimmten Brettern nach unserer Lampe. Da das große Stillschweigen bereits begonnen hatte, war es unmöglich, sie zu verlangen. Mit Recht dachte ich, eine Schwester habe in der Meinung, ihre Laterne zu nehmen, die unsrige mit fortgenommen. Sollte ich aber dieses Irrtums wegen eine ganze Stunde im Finsteren zubringen? Gerade an jenem Abend hatte ich mir vorgenommen, noch viel zu arbeiten. Ohne das innere Licht der Gnade hätte ich mich gewiss beklagt. Anstatt Verdruss zu spüren, war ich mit Hilfe dieses Lichtes glücklich bei dem Gedanken, dass die Armut gerade darin besteht, nicht nur der angenehmen, sondern auch der unentbehrlichen Dinge beraubt zu sein. Inmitten der äußeren Finsternis war meine Seele mit göttlicher Klarheit erleuchtet.

In jener Zeit wurde ich von einer wirklichen Vorliebe für die hässlichsten und unbequemsten Gegenstände erfasst. So fand ich beispielsweise meine Freude daran, dass man mir einen hübschen kleinen Krug aus der Zelle fortnahm und durch einen plumpen mit ausgebrochenen Rändern ersetzte. Ebenso gab ich mir viel Mühe, um mich nicht zu entschuldigen. Das fiel mir sehr schwer, namentlich der Novizenmeisterin gegenüber, der ich nichts verbergen wollte.

Mein erster Sieg ist nicht glänzend, obwohl er mich viel gekostet hat. Irgendjemand hatte hinter einem Fenster eine kleine Vase stehen lassen, die zerbrochen wurde. Unsere Novizenmeisterin glaubte, ich habe die Vase so herumstehen lassen; ich ließe es an der nötigen Ordnung gänzlich fehlen. Kurz, sie schien recht unzufrieden zu sein. Ohne ein Wort der Erwiderung[38] küsste ich den Boden, und dann versprach ich, künftig besser Ordnung zu halten.

Wie schon gesagt: weil es mir an der nötigen Tugend fehlte, kosteten die kleinen Bußübungen mich viel Überwindung. Und ich musste den Gedanken zu Hilfe rufen, dass doch alles am Tage des Jüngsten Gerichtes offenbar werde.

Besonders in den kleinen, ganz verborgenen Tugendakten übte ich mich. So faltete ich beispielsweise gerne die Mäntel zusammen, die die Schwestern vergessen hatten, und suchte nach tausenderlei Gelegenheiten, ihnen Dienste zu erweisen. Auch ward mir die Gnade, Verlangen nach Buße zu haben, aber es wurde mir nichts gestattet, um es zu befriedigen. Die einzigen Abtötungen, die man mir erlaubte, bestanden in der Bekämpfung meiner Eigenliebe. Das nützte meiner Seele mehr als körperliche Bußübungen.

Inzwischen half mir die Allerseligste Jungfrau, das Brautkleid meiner Seele vorzubereiten. Als es vollendet war, schwanden alle Hindernisse: meine Professablegung wurde auf den 8. September festgelegt.

Was ich alles hier in so kurzen Worten niedergeschrieben habe, würde ganze Seiten in Anspruch nehmen, aber diese Blätter werden niemals hier auf Erden gelesen werden …

38 Die Ordenssatzungen der heiligen Therese verbieten, sich ohne wichtigen Grund zu entschuldigen.

VIII
Vermählung – Schlachtopfer der Liebe

Muss ich Ihnen, meine Mutter, von meinen Exerzitien vor der Professablegung sprechen? Weit davon entfernt, getröstet zu werden, war gänzliche Trockenheit, fast Verlassenheit mein Anteil. Wie immer schlummerte Jesus in seinem kleinen Nachen. Ach, ich sehe, dass die Seelen ihn nur recht selten in sich schlummern lassen! Dieser gute Meister ist es so müde, immer wieder die Kosten für uns zu bestreiten und Annäherungsversuche machen zu müssen, dass er sich beeilt, die Ruhe zu genießen, die ich ihm anbiete. Wird er wohl noch aufwachen vor meinen großen Exerzitien für die Ewigkeit? Anstatt mich darüber zu betrüben, macht mir das außerordentliche Freude.

Wirklich, ich bin weit davon entfernt, eine Heilige zu sein; schon diese Seelenverfassung allein ist ein Beweis dafür. Ich sollte mich nicht über meine Trockenheit freuen, sondern sie vielmehr meinem Mangel an Gebetseifer und an Treue zuschreiben. Ich müsste trostlos darüber sein, dass ich so häufig während meiner Betrachtungen und Danksagungen schlafe. Nun, das macht mich nicht trostlos! Ich sage mir, dass die kleinen Kinder ihren Eltern gefallen, ob sie schlafen oder wachen. Ich erwäge, wie die Ärzte ihre Kranken einschläfern, um Operationen vorzunehmen. Endlich bedenke ich auch, dass der Herr unsere Gebrechlichkeit sieht und sich erinnert, dass wir Staub sind (Ps 102, 14). Die Exerzitien vor der Profess waren also wie die folgenden Exerzitien von großer Trockenheit. Ohne es zu merken, wurden mir die Mittel, Gott zu gefallen und die Tugend zu üben, damals klar enthüllt. Ich habe sehr oft gemerkt, dass Jesus mir keine Vorräte geben will. Jeden Augenblick nährt er mich mit einer ganz neuen Nahrung. Ich finde sie in mir vor, ohne zu wissen, wie sie da ist. Ich glaube ganz einfach, dass Jesus selbst es ist, der sich auf dem Grunde meines armen kleinen Herzens verbirgt, der geheimnisvollerweise in mir wirkt und mir alles eingibt, was ich im gegenwärtigen Augenblick tun soll.

Wenige Stunden vor meiner Professablegung erhielt ich durch den ehrwürdigen Bruder Simeon den Segen des Heiligen Vaters. Sicherlich war es dieser kostbare Segen, der mir durch den fürchterlichsten Sturm meines ganzen Lebens hindurch half.

Während der gewöhnlich so beglückenden Nachtwache, die dem Morgenrot des großen Tages vorausgeht, kam mir mein Beruf plötzlich wie ein Traum, wie ein Truggebilde vor. Der Teufel – denn er war es – flößte mir die Versicherung ein, dass das Leben im Karmel gar nicht für mich passe und dass ich die Oberen betrüge, wenn ich auf einem Weg weiterschreite, zu dem ich nicht berufen sei. Meine Seelenfinsternis wurde so düster, dass ich nur noch eines verstand: da ich keinen Beruf zum Ordensleben hatte, musste ich in die Welt zurückkehren.

Wie soll ich meine Ängste beschreiben? Was in einer solchen Ausweglosigkeit tun? Ich entschied mich für die beste Lösung: unverzüglich unserer Novizenmeisterin diese Versuchung zu offenbaren. Ich bat sie, aus dem Chor zu kommen, und voller Beschämung gestand ich ihr meinen Seelenzustand. Gottlob sah sie die Dinge klarer als ich: sie begnügte sich damit, über mein Geständnis zu lächeln und beruhigte mich vollständig. Überdies jagte der Akt der Verdemütigung, den ich eben gemacht hatte, den Teufel wie durch Verzauberung davon. Er wollte mich hindern, meine Verwirrung zu bekennen und mich so in seine Falle locken. Aber ich habe ihn erwischt: um meine Verdemütigung noch vollkommener zu gestalten, wollte ich unserer Mutter auch alles sagen, und ihre tröstliche Antwort zerstreute vollends meine Zweifel.

Ein Strom des Friedens überflutete mich schon in der Morgenstunde des 8. September, und in diesem Frieden, *der alle Begriffe übersteigt* (Phil 4, 7), legte ich meine heiligen Gelübde ab. Wie viele Gnaden habe ich erfleht! Ich fühlte mich wirklich als die „Königin", und ich benutzte meinen Titel, um alle Vergünstigungen des Königs für seine undankbaren Untertanen zu erlangen. Niemanden vergaß ich: ich wollte, dass sich an diesem Tag alle Sünder bekehrten, dass sich kein einziger Gefangener mehr im Fegfeuer befinde. Auf meinem Herzen trug ich auch diesen kleinen Zettel, der das enthielt, was ich für mich erflehte:

„O Jesus, mein göttlicher Bräutigam, gib, dass das Kleid meiner Taufe nie befleckt werde! Nimm mich lieber hinweg, als dass ich meine Seele durch den kleinsten freiwilligen Fehler beschmutze! Lass mich nur Dich suchen und nur Dich allein finden! Mögen die Geschöpfe ein Nichts für mich sein und ich nichts für sie! Möge keines der Dinge dieser Welt meinen Seelenfrieden stören!

O Jesus, ich bitte Dich nur um den Frieden! ... Um den Frieden und ganz besonders um die Liebe ohne Grenzen und Ende! Jesus, dass ich für Dich als Märtyrerin sterbe!

Verleihe mir das Martyrium des Herzens oder das Martyrium des Leibes! Oh, gewähre mir eher beide!

Hilf mir, dass ich meine Versprechen in ihrer ganzen Vollkommenheit erfülle, dass niemand sich mit mir beschäftigt, dass man mich mit Füßen tritt und ich gleich einem kleinen Sandkörnchen vergessen werde. Ich opfere mich Dir auf, mein Vielgeliebter, damit Du Deinen heiligen Willen vollkommen in mir vollbringst, ohne dass die Geschöpfe ihm je ein Hindernis entgegenstellen können."

Am Schluss dieses herrlichen Tages legte ich wirklich ohne Tränen dem Brauch gemäß meinen Kranz aus Rosen zu Füßen der Allerseligsten Jungfrau nieder. Ich fühlte, dass die Zeit mein Glück nicht forttragen würde ...

Mariä Geburt! Welch schönes Fest, um die Braut Christi zu werden! Es war die *kleine,* einen Tag alte heilige Jungfrau, die ihre kleine Blume dem Jesuskind darbrachte. An diesem Tag war alles *klein,* ausgenommen die Gnaden, die ich erhalten habe. Ausgenommen auch mein Frieden und meine Freude, als ich am Abend die schönen Sterne des Firmaments betrachtete. Dabei dachte ich, schon *bald* werde ich zum Himmel emporfliegen, um mich mit meinem göttlichen Bräutigam inmitten des ewigen Jubels zu vereinigen.

Am 24. September fand die Zeremonie meines Schleierfestes statt. Dieser Festtag wurde ganz durch Tränen *verschleiert.* Papa war schon zu krank, seine Königin segnen zu kommen. Im letzten Augenblick wurde auch Msgr. Hugonin, welcher der Feierlichkeit vorstehen sollte, verhindert. Kurzum: auch wegen anderer Dinge war alles Trauer und Bitterkeit ... Und dennoch war Friede, immer Friede für mich auf dem

Grunde des Kelches. An diesem Tag ließ Jesus zu, dass ich meine Tränen nicht zurückhalten konnte. ... Und meine Tränen wurden nicht verstanden. Tatsächlich hatte ich viel schwerere Prüfungen überstanden, ohne zu weinen, aber damals wurde ich durch eine mächtige Gnade gestützt, während Jesus mich am 24. September meinen eigenen Kräften überließ. Und dabei habe ich gezeigt, wie gering sie waren.

Acht Tage nach meinem Schleierfest heiratete unsere Kusine Johanna Guérin den Dr. La Néele. Als ich sie bei ihrem nächsten Besuch im Sprechzimmer von den Aufmerksamkeiten sprechen hörte, mit denen sie ihren Gatten umgab, fühlte ich mein Herz erzittern: „Nie darf es heißen", so dachte ich, „eine Frau in der Welt tue mehr für ihren Gatten, einen sterblichen Menschen, als ich für meinen vielgeliebten Jesus." Und von neuem Eifer beseelt, bemühte ich mich, mehr denn je in allen meinen Handlungen dem himmlischen Bräutigam, dem König der Könige, zu gefallen, der sich gewürdigt hatte, mich bis zur göttlichen Vermählung zu ihm zu erheben. Da ich die Vermählungsanzeige gelesen hatte, machte es mir Spaß, folgende Einladungskarte zu entwerfen, die ich den Novizinnen vorlas, um sie auf das hinzuweisen, was mir selbst so aufgefallen war: wie gering der Ruhm der irdischen Vereinigungen im Vergleich mit den Ruhmestiteln einer Braut Jesu ist:

„*Der allmächtige Gott,* Schöpfer des Himmels und der Erde, oberster Beherrscher der Welt, und die *glorreiche Jungfrau Maria,* Königin des himmlischen Hofes, beehren sich, Ihnen von der geistigen Vermählung ihres erhabenen Sohnes *Jesus,* des Königs der Könige und des Herrschers der Herrscher, mit der kleinen *Theresia*

Martin, nunmehr Herrin und Prinzessin der von ihrem göttlichen Bräutigam als Hochzeitsgabe mitgebrachten Königreiche, Kenntnis zu geben: die Kindheit Jesu und seine Passion, von denen ihre Adelstitel ihr zukommen: *Vom Kinde Jesus und vom Heiligsten Antlitz.*

Da wir Sie nicht zur Vermählungsfeier einladen konnten, die am 8. September 1890 auf dem Berge Karmel stattfand – nur der himmlische Hofstaat war zugelassen –, sind Sie dennoch gebeten, zum Gastmahl zu kommen, das den Neuvermählten von ihren himmlischen Hochzeitsgästen veranstaltet wird: Morgen, Tag der Ewigkeit, Tag, an dem Jesus, der Sohn Gottes, auf den Wolken des Himmels, im Glanze Seiner Majestät erscheinen wird, zu richten die Lebendigen und die Toten. Da die Stunde noch unsicher ist, werden Sie gebeten, sich bereit zu halten und wachsam zu sein."

Im Jahre nach meiner Profess erhielt ich während der allgemeinen Exerzitien große Gnaden. Für gewöhnlich sind gepredigte Exerzitien sehr mühsam für mich, aber diesmal war es anders. Durch eine eifrige Novene hatte ich mich darauf vorbereitet. Es schien mir, als ob ich besonders viel leiden werde! Man sagte, der hochwürdige Herr Exerzitienmeister[39] verstehe es besser, große Sünder zu Gott zurückzuführen, als gottgeweihte Seelen zu geistigen Fortschritten anzueifern. Nun gut, so bin ich also eine große Sünderin, denn der liebe Gott bediente sich dieses heiligmäßigen Ordenspriesters, um mich zu trösten. Damals litt ich unter den verschiedenartigsten seelischen Leiden und fühlte mich außerstan-

39 P. Alexis Prou aus Caen (Normandie) vom 8. bis 15. 10. 1891. Er starb eines heiligmäßigen Todes am 15. Oktober 1914.

de, dieselben auszusprechen. Und siehe: mein Herz tat sich vollkommen auf, ich wurde wunderbar verstanden und sogar erraten. Mit vollen Segeln ließ der Pater mein Seelenschifflein auf den Wogen des Vertrauens und der Liebe vom Stapel laufen. Sie hatten mich mächtig angezogen, aber bis jetzt hatte ich mich nicht auf sie hinausgewagt. Er erklärte mir, dass meine Fehler den lieben Gott nicht kränken. „In diesem Augenblick", so fügte er bei, „vertrete ich seinen Platz bei Ihnen. Nun denn, in seinem Namen versichere ich Ihnen, dass er sehr zufrieden mit Ihrer Seele ist."

Ach, wie glücklich war ich, als ich diese tröstlichen Worte hörte! Nie hatte ich sagen gehört, dass es Fehler geben kann, die dem lieben Gott nicht wehtun. Diese Versicherung erfüllte mich mit überströmender Freude. Sie gab mir die Kraft, in Geduld die Verbannung des Lebens zu tragen. Diese Versicherung war übrigens der Widerhall meiner intimsten Gedanken. Ja, seit langem glaubte ich, dass der Heiland zärtlicher als eine Mutter ist – und ich kenne mehr als ein Mutterherz in seiner ganzen Tiefe! Ich weiß, dass ein Mutterherz stets bereit ist, die kleinen unfreiwilligen Rücksichtslosigkeiten ihres Kindes zu verzeihen. Wie oft habe ich diese beglückende Erfahrung an mir selbst gemacht! Keine Zurechtweisung hätte mich so rühren können, wie eine einzige Ihrer Liebkosungen. Ich bin so geartet, dass die Furcht mich zurückweichen lässt. Behandelt man mich mit Liebe, dann schreite ich nicht nur vorwärts, sondern ich fliege!

Zwei Monate nach diesen gesegneten Exerzitien vertauschte unsere verehrte Gründerin (des Karmels von Lisieux), Mutter Genoveva von der heiligen

Theresia, unseren kleinen Karmel mit dem Karmel des Himmels (5. Dezember 1891).

Bevor ich aber über meine Eindrücke im Augenblick ihres Todes spreche, Mutter, will ich Ihnen von meinem Glück berichten, mehrere Jahre mit einer durchaus nicht unnachahmbaren, aber durch die verborgenen und gewöhnlichen Tugenden ausgezeichneten Heiligen gelebt zu haben. Mehr als einmal habe ich von ihr große Tröstungen erhalten.

Als ich eines Sonntags die Krankenräume betrat, um ihr meinen kleinen Besuch zu machen, fand ich zwei ältere Schwestern bei ihr. Still wollte ich mich zurückziehen, sie rief mich aber und sagte mit dem Ausdruck eines Menschen, der eine Einsprechung erhalten hat: „Warten Sie, mein Töchterchen, ich habe Ihnen ein Wort zu sagen. Immer wieder bitten Sie mich um einen geistigen Blumenstrauß. Nun, für heute gebe ich Ihnen diesen: *Dienen Sie Gott im Frieden und mit Freuden; erinnern Sie sich, mein Kind, dass unser Gott der Gott des Friedens ist!*"

Nachdem ich ihr nur einfach gedankt hatte, ging ich, zu Tränen gerührt, hinaus und war überzeugt, dass der liebe Gott ihr meinen Seelenzustand geoffenbart hatte. An diesem Tag war ich äußerst heimgesucht, fast traurig, in einer so dunklen Nacht, dass ich nicht mehr wusste, ob ich von Gott geliebt sei. Aber Sie können die Freude und den Trost erraten, meine geliebte Mutter, die dieses Dunkel ersetzten …

Am folgenden Sonntag wollte ich wissen, welche Offenbarung Mutter Genoveva zuteil geworden war. Sie versicherte mir, keine erhalten zu haben. Da wurde meine Verehrung für sie noch größer, als ich sah, in welch erhobenem Grade Jesus in ihr lebte und wie er sie zum Handeln und Sprechen anregte. O ja, diese Heiligkeit schien mir die wahrhaftigste, die heiligste zu sein. Sie ist es, nach der ich mich sehne, denn ihn ihr findet man keine Täuschung.

An dem Tag, da diese verehrte Mutter die Erde mit dem Himmel vertauschte, erhielt ich eine ganz besondere Gnade. Zum ersten Mal war ich beim Tod eines Menschen dabei. Wahrhaftig, es war ein ergreifendes Schauspiel! Aber innerhalb der zwei Stunden, die ich am Bett der heiligmäßig Dahinscheidenden verbrachte, ergriff mich eine Art Gefühllosigkeit. Das bedrückte mich, und in dem Augenblick, da unsere Mutter für den Himmel geboren wurde, wandelte sich meine innere Verfassung vollkommen. Plötzlich erfüllte mich unaussprechliche Freude und Glut, als ob die glückselige Seele unserer Mutter mir in diesem Augenblick etwas von jenem Glück hätte zukommen lassen, das sie bereits genoss. Ich bin nämlich fest überzeugt, dass sie geradewegs in den Himmel kam.

Zu Lebzeiten sagte ich eines Tages zu ihr: „O meine Mutter. Sie werden nicht ins Fegfeuer kommen." – „Das hoffe ich!" gab sie mir mit sanfter Stimme zur Antwort. Sicherlich konnte der liebe Gott ein mit solcher Demut erfülltes Vertrauen nicht enttäuschen. Alle Gunsterweisungen, die wir empfangen haben, sind ein Beweis dafür.

Jede Schwester beeilte sich, eine Reliquie unserer verehrten Mutter zu erbitten. Und Sie wissen, meine Mutter, welches die Reliquie ist, die ich sorgfältig aufbewahre. Während ihres Todeskampfes sah ich gleich einem Diamanten eine Träne an ihrer Wimper glänzen.

Diese Träne, die letzte von allen, die sie auf Erden vergossen hat, fiel nicht. Ich sah sie noch schimmern, als die sterbliche Hülle unserer Mutter im Chor ausgestellt war. Da nahm ich ein feines Tüchlein, wagte es, mich des Abends zu nähern, ohne von jemandem gesehen zu werden. So habe ich jetzt das Glück, die letzte Träne einer Heiligen zu besitzen.

Meinen Träumen lege ich keinerlei Wert bei. Zudem habe ich selten solche, die eine sinnbildliche Bedeutung haben. Ich frage mich, woher es kommt, dass ich den ganzen Tag an den lieben Gott denke, aber mich während des Schlafes nicht mehr mit ihm beschäftige. Für gewöhnlich träume ich von den Wäldern, den Bäumen, den Bächen und dem Meer. Fast regelmäßig erblicke ich nette kleine Kinder, fange Schmetterlinge und Vögel, wie ich noch nie solche gesehen habe. Wenn meine Träume somit auch einen poetischen Anstrich in sich tragen, so sehen Sie doch, meine Mutter, dass sie weit entfernt sind, mystischer Art zu sein.

In einer der Nächte nach dem Tod unserer Mutter Genoveva hatte ich aber einen trostvolleren Traum. Einer jeden von uns schenkte diese heiligmäßige Mutter irgendetwas, das ihr gehört hatte. Als die Reihe an mich kam, glaubte ich, nichts zu erhalten, denn ihre Hände waren leer. Sie schaute mich mit Zärtlichkeit an und wiederholte dreimal: *„Ihnen hinterlasse ich mein Herz!“*
Einen Monat nach diesem in den Augen des Herrn so kostbaren Tod, also in den letzten Tagen des Jahres 1891, wütete die Epidemie der Influenza in der Klostergemeinde. Ich selbst wurde nur leicht davon befallen und blieb mit zwei anderen Schwestern auf den Beinen. Es ist unmöglich, sich den trostlosen Zustand

vorzustellen, in dem unser Karmel sich in diesen Tagen der Trauer befand. Die Schwerkranken wurden von jenen verpflegt, die sich kaum noch dahinschleppen konnten. Überall herrschte der Tod, und sobald eine unserer Schwestern den letzten Atemzug getan hatte, mussten wir sie leider sogleich im Stich lassen.

Der Tag, an dem ich 19 Jahre alt wurde, war durch den Tod unserer verehrten Mutter Subpriorin getrübt (Schwester Febronia, gestorben am 2. Januar 1892). Mit der Krankenschwester konnte ich ihr in ihrem Todeskampf beistehen. Ihr folgten alsbald zwei weitere Schwestern im Tod. Die Sakristei musste ich in diesen Tagen allein besorgen, und ich fragte mich, wie ich mit allem fertig werden konnte.

Als das Zeichen zum Aufstehen eines Morgens gegeben wurde, hatte ich das Gefühl, Schwester Magdalena habe ausgelitten. Der Korridor der Schwesternzellen lag in völligem Dunkel. Niemand kam aus den Zellen. Dennoch entschloss ich mich, in die Zelle von Schwester Magdalena einzutreten: tatsächlich fand ich sie völlig angekleidet auf ihrem Strohsack in der Unbeweglichkeit des Todes ausgestreckt. Ich empfand nicht den geringsten Schrecken, lief in die Sakristei, brachte ganz schnell eine Kerze herbei und legte ihr einen Kranz aus Rosen aufs Haupt. Inmitten dieser Verlassenheit spürte ich die Hand Gottes, sein Herz, das über uns wachte! Ganz ohne Anstrengung gingen unsere lieben Schwestern in ein besseres Leben hinüber. Der Ausdruck himmlischer Freude verbreitete sich auf ihrem Gesicht. Sie schienen einen sanften Schlaf zu schlafen, um auszuruhen. In diesen langen Wochen der Heimsuchung wurde mir der unaussprechliche Trost zuteil, täglich die heilige Kommunion zu empfangen! Ach! Welch ein Glück! Lange verwöhnte mich Jesus, länger als seine treuen Bräute. Nach der Influenzaepidemie wollte er noch einige Monate lang täglich bei mir einkehren, ohne dass die Gemeinschaft mein Glück teilen konnte ... Ich hatte nicht um diese Ausnahme gebeten, aber ich war sehr glücklich, mich täglich mit meinem Vielgeliebten zu vereinigen.

Auch war ich glücklich, die heiligen Gefäße berühren und die kleinen Kelchtüchlein bereiten zu dürfen, die Jesus aufnehmen sollten. Ich fühlte, dass ich sehr eifrig sein müsse und erinnerte mich immer wieder an das Wort, das an einen Diakon gerichtet wurde: „Sei heilig, der du die Gefäße des Herrn berührst!“ (Jes 52, 11).

Was soll ich Ihnen, meine Mutter, von meinen Danksagungen in der damaligen Zeit und sonst immer sagen? Es gibt keine Augenblicke, in denen mir weniger Trost zuteil wird! Und das ist ganz natürlich, weil ich den Besuch des Heilandes nicht zu meiner Befriedigung, sondern einzig und allein zu seiner Freude zu empfangen wünsche.

Ich stelle mir meine Seele wie ein freies Gelände vor und bitte die Allerseligste Jungfrau, den Schutt, das sind die Unvollkommenheiten, wegzuräumen. Alsdann flehe ich sie an, sie selbst möge ein geräumiges, des Himmels würdiges Zelt aufschlagen und es mit ihrem eigenen Schmuck zieren. Ich lade alle Engel und Heiligen ein, zu kommen und Lieder der Liebe zu singen. Dann scheint es mir, als ob Jesus zufrieden sei, so herrlich empfangen zu werden, und ich, ich teile seine Freude. Alles das hindert aber nicht, dass die Zerstreuungen und die Schläfrigkeit mich belästigen können … Auch kommt es nicht selten vor, dass ich den Vorsatz fasse, den ganzen Tag über meine Danksagung fortzusetzen, weil ich sie so schlecht im Chor gemacht habe. Sie sehen also, meine geliebte Mutter, dass ich weit davon entfernt bin, den Weg der Furcht zu wandeln. Immer wieder weiß ich Mittel und Wege zu finden, um glücklich zu sein und aus meinen Armseligkeiten Nutzen zu ziehen. Unser Herr und Heiland selbst ermuntert mich auf diesem Weg. Entgegen meiner Gewohnheit fühlte ich mich einmal beunruhigt, als ich zum heiligen Tisch ging. Seit einigen Tagen reichte die Zahl der Hostien nicht mehr aus, und ich erhielt jeweils nur eine Partikel einer Hostie. Und an jenem Morgen machte ich die wenig begründete Überlegung: „Wenn ich heute nur die Hälfte einer Hostie bekomme, dann glaube ich, das Jesus nur ungern in mein Herz kommt." Ich nähere mich … O Glück! Der Priester bleibt stehen, reicht mir *zwei wohl voneinander getrennte* Hostien! War das nicht eine beseligende Antwort?

O meine Mutter, wie viele Gründe habe ich, dem lieben Gott gegenüber dankbar zu sein! Ich will Ihnen noch in aller Kindlichkeit etwas anvertrauen: Der Heiland hat mir dieselbe Barmherzigkeit erwiesen wie dem König Salomon. Alle meine Wünsche sind erfüllt worden. Nicht nur mein Verlangen nach Vollkommenheit, sondern auch nach Dingen, deren Eitelkeit ich begriff, ohne sie erfahren zu haben. Da ich stets in Ihnen mein Ideal erblickte, wollte ich Ihnen in allem ähnlich sein. Wenn ich sah, wie Sie reizende Miniaturen machten und schöne Gedichte verfassten, dachte ich, glücklich zu sein, wenn ich ebenfalls malen[40], meine Gedanken in Versen ausdrücken und so in meiner

Umgebung Gutes tun könnte. Diese natürlichen Gaben hätte ich aber nicht erbeten mögen, und so blieben meine Wünsche auf dem Grunde meines Herzens verborgen.

Jesus, der sich ebenfalls in diesem armen, kleinen Herzen verbarg, gefiel es, ihm wieder einmal mehr die Nichtigkeit alles Irdischen vor Augen zu führen. Zum großen Staunen der Gemeinschaft gelangen auch mir mehrere Malereien, ich machte Gedichte, und es war mir vergönnt, einigen Seelen Gutes zu tun. Und ebenso wie Salomon sich seiner Hände Arbeit zuwandte, auf die er so viele unnütze Mühe aufgewandt hatte, und sah, dass alles unter der Sonne nur Eitelkeit und Geistesplage ist (Prd 2, II), so erkannte ich durch die Erfahrung, dass das einzige Glück auf dieser Erde darin besteht, sich zu verbergen und in völliger Unkenntnis der geschaffenen Dinge zu bleiben. Ich verstand, dass ohne die Liebe alle Werke, selbst die glänzendsten, nur ein Nichts sind. Statt mir zu schaden und meine Seele zu verwunden, führen mich alle Gaben, die der Herr mir in verschwenderischer Weise geschenkt hat, zu ihm hin. Ich sehe, dass er allein unveränderlich und allein imstande ist, meine unendlichen Wünsche zu erfüllen.

40 Schon von Kindheitstagen an hegte Therese diesen Wunsch. Später erzählte sie einmal: „Ich war zehn Jahre alt, als mein Vater zu Celine sagte, er wolle ihr Malunterricht erteilen lassen. Ich hörte das und beneidete sie um ihr Glück. Da wandte sich Papa an mich und fragte: ‚Und du, meine kleine Königin, würde es auch dir Freude machen, malen zu lernen?‘ Schon wollte ich freudig ja antworten, da wies Maria darauf hin, ich hätte bei weitem nicht Celines Talent. Bald war Papa von ihrer Ansicht überzeugt. Ich schwieg in dem Gedanken, dies sei eine schöne Gelegenheit, Jesus ein großes Opfer zu bringen. Mein Verlangen, malen zu lernen, war so groß, dass ich mich heute noch frage, woher ich die Kraft hatte, zu schweigen.“

Da ich nun einmal an dem Kapitel meiner Wünsche bin, möchte ich noch auf andere Wünsche hinweisen, die der Herr mir ebenfalls überreichlich erfüllte. Kindliche Wünsche waren es, gleich meinem *Verlangen nach Schnee* an meinem Einkleidungstag. Sie wissen, meine Mutter, wie sehr ich die Blumen liebe. Da ich mich im Alter von 15 Jahren zur Gefangenen machte, verzichtete ich für immer auf diese Freude, die mit den Frühlingsschätzen überfüllten Gefilde zu durchstreifen: nie besaß ich *mehr* Blumen als seit meinem Eintritt in den Karmel! In der Welt herrschte der Brauch, dass der Bräutigam seiner Braut Blumen schenkt. Jesus hat das nicht vergessen ... In Fülle erhielt ich für seinen Altar Kornblumen, Klatschmohn, Margeriten – alle jene Blumen, die mich am meisten entzückten. Nur eine meiner kleinen Lieblingsblumen, die Kornrade, hatte beim Stelldichein gefehlt. Ich wünschte sehr, sie wiederzusehen! Und siehe da: letzthin kam sie lächelnd zu mir und zeigte, wie der liebe Gott sowohl in den kleinsten als auch in den größten Dingen den Seelen, die aus Liebe zu ihm alles verlassen, schon in diesem Leben das Hundertfache gewährt (Mt 19, 29; Mk 10, 30; Lk 15, 30).

Ein einziger Wunsch, der innigste von allen, der aus vielerlei Gründen am schwersten zu erfüllende, blieb mir noch. Es war der Wunsch, dass auch Celine in den Karmel von Lisieux eintrete. Doch hatte ich ihn ganz zum Opfer gebracht und Gott allein die Zukunft meiner geliebten Schwester anvertraut. Ich war bereit, wenn es sein müsste, sie bis ans Ende der Welt fortziehen zu sehen. Nur wollte ich sie gleich mir als Braut Jesu sehen. Oh, wie sehr habe ich gelitten, da ich sie in der Welt

Gefahren ausgesetzt wusste, die mir unbekannt geblieben waren! Ich kann wohl sagen, dass meine schwesterliche Liebe eher der Liebe einer Mutter glich. Ich war von Hingabe und Sorge für ihre Seele erfüllt ...

Am 29. Juli des verflossenen Jahres (1894) rief der Herr unseren guten, so schwer geprüften und heiligmäßigen Vater zu sich! Während der beiden letzten Jahre, die seinem Tod vorausgingen, hatte mein Onkel ihn bei sich behalten, indem er seinem schmerzvollen Alter mit allen nur möglichen Rücksichten begegnete. Wegen seiner Schwäche und Hilflosigkeit konnten wir ihn jedoch im Verlauf seiner Krankheit nur ein einziges Mal im Sprechzimmer sehen. Oh, welche Begegnung! Sie erinnern sich daran, meine Mutter! Im Augenblick, da wir uns trennen sollten, erhob er seine Augen, zeigte mit dem Finger zum Himmel, verharrte ziemlich lange in dieser Stellung und konnte seine Gedanken durch dieses mit tränenerstickter Stimme gesprochene Wort ausdrücken: „Im Himmel!!!“

Nun war der Himmel sein Anteil geworden, und jene Bande gelöst, die *seinen tröstenden Engel* in dieser Welt zurückhielten. Die Engel verweilen aber nicht auf Erden: sobald sie ihre Mission erfüllt haben, kehren sie zu Gott zurück. Deswegen haben sie Flügel! Celine versuchte also ihren Weg in den Karmel zu nehmen. Aber ach, die Schwierigkeiten schienen unüberwindlich. Als sich eines Tages ihre Angelegenheiten immer mehr verwickelten, sagte ich nach der heiligen Kommunion zum Heiland: „Du weißt, mein Jesus, wie sehr ich danach verlangt habe, die Heimsuchung möge meinem Vater als Fegfeuer dienen. Oh, wie gerne möchte ich wissen, ob meine Wünsche erfüllt sind! Ich bitte dich nicht, zu mir zu sprechen, ich möchte nur ein Zeichen von dir haben. Du weißt, wie sehr sich Schwester X dem Eintritt Celines widersetzt. Wohlan denn, wenn sie von jetzt ab keine Schwierigkeiten mehr dagegen macht, so wird das deine Antwort sein. Dadurch wirst du mir sagen, dass mein Vater geradenwegs in den Himmel eingegangen ist."

O unendliche Barmherzigkeit! O unaussprechliche Herablassung! Der liebe Gott, der das Herz des Menschen in seiner Hand hält und es lenkt, wie er will, änderte die Gesinnung dieser Schwester. Die erste Person, der ich nach der Danksagung begegnete, war gerade sie selbst. Mit Tränen in den Augen rief sie mich, sprach mit mir über den Eintritt Celines und bezeugte mir nur mehr eines: den lebhaften Wunsch, sie in unserer Mitte zu sehen! Schon bald löste der hochwürdigste Herr Bischof auch die letzten noch bestehenden Schwierigkeiten und gestattete Ihnen, meine Mutter, ohne weiteres, seiner verbannten kleinen Taube unsere Pforten zu öffnen. (14. September 1894. Celine erhielt den Namen Schwester Genoveva vom Heiligsten Antlitz.) Jetzt habe ich keinen Wunsch mehr, außer dem, Jesus bis zur Torheit zu lieben. Ja, es ist die *Liebe allein, die mich* anzieht. Ich verlange nicht mehr nach dem Leiden, noch nach dem Tod, und dennoch liebe ich sie alle beide! Lange Zeit rief ich sie als Boten der Freude herbei! Das Leiden wurde mein Anteil, und ich dachte, die Gestade des Himmels erreicht zu haben! Schon von zartester Kindheit an glaubte ich, die *kleine Blume* werde in ihrem Frühling gepflückt. Heute aber leitet mich nur noch die Hingabe. Einen anderen Kompass habe ich nicht. Um nichts vermag ich mit mehr Inbrunst zu flehen, als einzig und allein darum, der Wille Gottes möge sich restlos an meiner Seele erfüllen. Mit unseren heiligen Vater Johannes vom Kreuz kann ich diese Worte aus seinem Geistlichen Gesang sprechen:

„Im innern Keller des Geliebten
vom Wein ich trank und trat heraus
und hatt‘ auf diesem weiten Felde
von keinem Dinge Wissen mehr:
Die Herde, der ich einst gefolget,
verloren war sie und dahin.
Zu seinem Dienst hab‘ ich die Seele
und alle Kräfte mein verwandt.
Ich hüte nimmermehr die Herden
verwalte auch kein andres Amt.
Von jetzt an ist mein Tun und Treiben
nur lieben – einzig lieben ihn.“

Oder auch so:

„Mich hat Erfahrung längst gelehrt
der Liebe überwiegend Macht,
dass ihrem Zepter still sich alles neiget,
aus Gut und Bös die Nahrung ziehet,
bis siegreich sie allein im Herzen glüht.“

Meine Mutter, wie beglückend ist der Weg der *Liebe*! Gewiss kann man fallen und Untreuen begehen, aber die Liebe weiß *aus allem Nutzen zu ziehen*, und sehr rasch hat sie alles verzehrt, was Jesus missfallen kann. Auf dem Grunde des Herzens hinterlässt sie nur einen demütigen und tiefen Frieden. Wieviel Licht habe ich aus den Schriften des heiligen Johannes vom Kreuz geschöpft! Im Alter von 17 und 18 Jahren hatte ich keine andere geistige Nahrung. Später aber ließen mich alle geistlichen Schriftsteller kalt und ungerührt, und auch heute noch bin ich in dieser Verfassung.

Wenn ich ein Buch öffne, selbst das schönste und ergreifendste, verkrampft sich mein Herz, und ich lese, ohne verstehen zu können. Verstehe ich aber, so versagt mein Geist, ohne betrachten zu können.

Die Heilige Schrift und die „Nachfolge Christi" kommen mir bei diesem Unvermögen zu Hilfe. In diesen Büchern finde ich ein verborgenes, kräftiges und reines Manna. Vor allem ist es das Evangelium, das mich während meiner Betrachtungen beschäftigt. Daraus nehme ich alles, was meine arme, kleine Seele nötig hat. Da entdecke ich immer wieder neue Erleuchtungen, verborgene und geheimnisvolle Sinndeutungen. Ich verstehe und weiß aus Erfahrung, *dass das Reich Gottes in uns ist* (Lk 17, 21). Jesus braucht weder Bücher noch Kirchenlehrer, um die Seelen zu unterweisen. Er, der Lehrer der Lehrer, unterrichtet ohne Wortgeräusch. Nie habe ich ihn sprechen hören, aber ich weiß, dass er in mir ist. Jeden Augenblick leitet und erleuchtet er mich. Gerade in jenem Moment, da ich dessen bedarf, erblicke ich ein bis dahin ungekanntes Licht. Diese Klarheit erstrahlt durchaus nicht am häufigsten in den Stunden des Gebetes vor meinen Augen, sondern inmitten der Beschäftigung des Tages.

Meine Mutter, kann ich nach all diesen Gnaden nicht mit dem Psalmisten ausrufen: *„Gut ist der Herr, und seine Barmherzigkeit währet ewig"* (Ps 117, 1)? Es scheint mir: wenn alle Geschöpfe die gleichen Gunstbezeugungen empfingen, dann würde Gott von niemandem gefürchtet, sondern von allen bis zum Übermaß *geliebt*. Aus Liebe – und nicht aus Furcht – würde dann keine Seele den geringsten freiwilligen Fehler begehen.

Nun aber verstehe ich, dass nicht alle Seelen einander gleichen können. Sie müssen sich in verschiedenen Graden aufgliedern, damit jede göttliche Vollkommenheit verherrlicht wird. Mir hat er seine unendliche Barmherzigkeit geschenkt, und in diesem unvergleichlichen Spiegel betrachtete ich seine anderen Eigenschaften.

Dann scheinen mir alle von *Liebe* zu strahlen: selbst die *Gerechtigkeit*; sie vielleicht noch mehr als die anderen scheint mir von *Liebe* umkleidet. Welch beglückende Freude zu erwägen, dass der Herr gerecht ist, das heißt, dass er die Gebrechlichkeit unserer Natur vollkommen kennt! Wovor sollte ich also Furcht haben? Muss der unendlich gerechte Gott, der mit so großer Barmherzigkeit die Fehler des Verlorenen Sohnes verzeiht, nicht auch mir gegenüber *gerecht sein, da ich stets bei ihm bin?* (Lk 15, 31).

Im Jahr 1895 wurde mir die Gnade zuteil, besser denn je zu begreifen, wie sehr Jesus geliebt zu werden wünscht. Als ich eines Tages an die Seelen dachte, die sich der Gerechtigkeit Gottes als Opfer anbieten, um das Strafgericht von den Sündern abzuwenden, indem sie es auf sich selbst herabrufen, fand ich diese Aufopferung groß und großmütig, aber ich war weit davon entfernt, mich selbst dazu angetrieben zu fühlen. „O mein göttlicher Meister“, rief ich aus tiefstem

Herzensgrunde, „werden denn nur deiner Gerechtigkeit Brandopfer-Hostien angeboten? Hat *deine barmherzige Liebe* sie nicht ebenso nötig? Allerorts ist sie verkannt, zurückgewiesen: die Herzen, an die du sie verschwenden möchtest, wenden sich den Geschöpfen zu, suchen bei ihnen das Glück durch eine erbärmliche Zuneigung, die nur einen Augenblick dauert, statt sich in deine Arme zu werfen und die wonnesame Glut deiner unendlichen Liebe in Empfang zu nehmen.

O mein Gott, soll deine verachtete Liebe in deinem Herzen verbleiben? Mir scheint, fändest du Seelen, die sich deiner Liebe als Brandopfer darbieten, dann würdest du sie rasch verzehren und wärest glücklich, die Flammen deiner unendlichen Zärtlichkeit, die in dir verborgen sind, nicht länger zurückzudrängen.

Wenn deine Gerechtigkeit, die sich nur auf diese Erde erstreckt, sich zu offenbaren wünscht, um wieviel mehr sehnt sich deine *barmherzige Liebe* danach, die Seelen zu entflammen, *da deine Barmherzigkeit bis zum Himmel reicht* (Ps 35, 6). O Jesus, möge ich dieses glückliche Schlachtopfer sein! Verzehre deine kleine Hostie durch das Feuer der göttlichen Liebe."

Meine Mutter, Sie, die Sie mir gestattet haben, mich so dem lieben Gott aufzuopfern, Sie kennen die Flammen oder vielmehr die Ozeane von Gnaden, die meine Seele gleich nach meiner Aufopferung am 9. Juni 1895 überströmt haben ... Seit diesem Tag durchdringt und umgibt mich die Liebe. Jeden Augenblick reinigt, erneuert mich diese *barmherzige Liebe* und lässt in meinem Herzen keine Spur von Sünde zurück. Nein, ich kann das Fegfeuer nicht fürchten. Ich weiß, dass ich einmal verdiente, mit den heiligen Seelen in diesen Ort der Sühne einzugehen. Aber ich weiß auch, dass das Fegfeuer der Liebe heiligender ist als das des Fegfeuers. Ich weiß, dass Jesus keine unnötigen Leiden für uns wollen kann und dass er mir die Wünsche, die ich spüre, nicht eingeben würde, wenn er sie nicht über das Maß erfüllen wollte …

Meine vielgeliebte Mutter, das ist alles, was ich Ihnen über das Leben Ihrer kleinen Therese sagen kann! Sie selbst wissen aus eigener Erfahrung besser, was sie ist und was Jesus für sie getan hat. Sie werden mir auch verzeihen, dass ich die Geschichte meines klösterlichen Lebens sehr abgekürzt habe.

Welches Ende wird sie wohl nehmen, diese „Geschichte einer kleinen weißen Blume"? …

Vielleicht wird die kleine Blume in ihrer Frische gepflückt oder an andere Gestade verpflanzt werden … Ich weiß es nicht, aber dessen bin ich gewiss: die Barmherzigkeit des lieben Gottes wird sie immerfort begleiten, und sie wird nie aufhören, die Mutter zu segnen, die sie Jesus geschenkt hat.

Ewig wird sie sich freuen, eine der Blüten ihrer Krone zu sein, und ewig mit dieser geliebten Mutter das immer neue Lied der Liebe und Dankbarkeit singen.

IX
Die dunkle Nacht – Die königliche Tugend

Verehrte Mutter, Sie äußerten den Wunsch, ich möge mit Ihnen die Erbarmungen des Herrn zu Ende besingen[41]. Ich will keine Einwände erheben, kann mich aber eines Lächelns nicht erwehren, wenn ich erneut zur Feder greife, um Ihnen Dinge zu berichten, die Sie ebenso gut wissen wie ich. Kurzum, ich gehorche! Ich will nicht nach dem Nutzen forschen, den dieses Manuskript haben kann. Ich gestehe Ihnen, meine Mutter, wenn Sie es vor meinen Augen verbrennen würden, ohne es selbst gelesen zu haben, empfände ich keine Betrübnis darüber.

In der Klostergemeinde glaubt man allgemein, Sie hätten mich seit meinem Eintritt in den Karmel auf alle mögliche Weise verwöhnt. Der Mensch sieht nur das Äußere, *Gott aber liest im Grunde der Herzen* (Kön 16, 7). Meine Mutter, ich danke Ihnen, dass Sie mich nicht geschont haben. Jesus wusste wohl, dass seine kleine Blume des lebendigen Wassers der Verdemütigung bedurfte. Sie war zu schwach, um ohne dieses Mittel Wurzeln zu fassen, und Ihnen verdanke ich diese unschätzbare Wohltat.

Seit einigen Monaten hat der göttliche Meister die Art völlig geändert, seine kleine Blume wachsen zu lassen. Da er sie offensichtlich genügend getränkt fand, lässt er sie jetzt unter den warmen Strahlen einer glänzenden

41 Dieses und das folgende Kapitel sind an die Mutter Maria Gonzaga gerichtet, bilden den zweiten Teil des Manuskriptes und wurden im Jahr 1897 geschrieben.

Sonne wachsen. Er will ihr nur noch sein Lächeln schenken, und das gibt er wieder durch Sie, verehrte Mutter. Weit davon entfernt, die kleine Blume zum Welken zu bringen, fördert die milde Sonne ihr Wachstum wunderbar. In der Tiefe ihres Kelches bewahrt sie die kostbaren Tautropfen, die sie früher erhalten hat, und gerade diese Tropfen werden sie immer wieder daran erinnern, dass sie klein und schwach ist. Alle Geschöpfe könnten sich der kleinen Blume zuneigen, sie bewundern und mit Lobsprüchen überhäufen. Das könnte auch nicht einen Schatten eitler Befriedigung auf die wahre Freude werfen, die sie in ihrem Herzen verkostet, weil sie sich in den Augen Gottes als ein armes, kleines Nichts sieht, nichts anderes.

Wenn ich sage, alle Komplimente ließen mich unempfindlich, so will ich, meine Mutter, keineswegs von der Liebe und dem Vertrauen sprechen, die Sie mir bezeugen. Im Gegenteil: Ich bin davon tief gerührt, aber ich fühle, dass ich nichts zu fürchten habe. Jetzt kann ich mich nach Herzenslust darüber freuen, weil ich alles Gute, was der Herr in mich hineinlegen wollte, auf ihn zurückführe. Wenn es ihm gefällt, mich besser erscheinen zu lassen, als ich bin, so geht das mich nichts an. Er ist frei, zu handeln, wie er will!

Mein Gott, wie verschiedenartig sind doch die Wege, auf denen du die Seelen führst! Unter den Heiligen gibt es eine große Anzahl, die nach ihrem Tod nichts von sich hinterlassen haben: nicht das geringste Andenken, nicht die geringste schriftliche Aufzeichnung. Andere gibt es dagegen, wie unsere heilige Mutter Theresia, welche die Kirche mit ihrer erhabenen Lehre bereichert und nicht gefürchtet haben, *die Geheimnisse des Königs zu offenbaren* (Tob 12, 7), damit dieser von den Seelen besser erkannt und mehr geliebt werde. Welche von diesen beiden Arten gefällt dem Herrn am besten? Mir scheint, ihm sind beide gleich wohlgefällig.

Alle Lieblinge Gottes folgen dem Antrieb des Heiligen Geistes, der den Propheten die Worte niederschreiben ließ: *„Sagt dem Gerechten, dass alles gut ist"* (zu Jes 3, 10). Ja, alles ist gut, wenn man nur den göttlichen Willen sucht. Aus diesem Grunde gehorche ich Jesus, ich arme, kleine Blume, indem ich versuche, jener Freude zu machen, die ihn mir hienieden darstellt.

Sie wissen, meine Mutter, dass es immer mein Wunsch war, heilig zu werden. Aber ach! Wenn ich mich mit den Heiligen verglich, dann stellte ich immer fest, dass zwischen ihnen und mir der gleiche Unterschied besteht, wie in der Natur zwischen einem Berg, dessen Gipfel bis zu den Wolken reicht, und dem am Wege liegenden verkannten Sandkörnchen, das unter den Füßen der Vorübereilenden zertreten wird.

Statt aber den Mut zu verlieren, sagte ich mir: „Der liebe Gott kann keine unerfüllbaren Wünsche eingeben, daher darf ich trotz meines Kleinseins nach Heiligkeit verlangen. Mich größer machen ist unmöglich. Ich muss mich so ertragen, wie ich bin, mit meinen zahllosen Unvollkommenheiten. Aber ich will nach dem Mittel suchen, auf einem kleinen, ganz geraden Weg, einem ganz kurzen, einem kleinen, ganz neuen Weg in den Himmel zu kommen. Wir leben in einem Jahrhundert der Erfindungen. Jetzt ist es nicht mehr nötig, mühsam die Stufen einer Treppe hinaufzusteigen. Bei den Reichen ersetzt ein Aufzug die Treppe in vorteilhafter Weise. Ich möchte auch einen *Aufzug* entdecken, der mich zu Jesus emporträgt, denn ich bin zu klein, um die mühsame Treppe der Vollkommenheit emporzusteigen."

Dann befragte ich die Heiligen Bücher um die Angabe eines *Aufzugs,* dem Gegenstand meines Verlangens. Und ich las die Worte der ewigen Weisheit selbst: *„Wenn jemand ganz klein ist, dann komme er zu mir!"* (Spr 9, 4). Ich habe mich also Gott genähert, da ich wohl ahnte, das gefunden zu haben, was ich suchte. Da ich noch wissen wollte, was er dem *ganz Kleinen* tun werde, setzte ich meine Forschungen fort; und dies habe ich gefunden: *„Wie eine Mutter ihr Kind liebkost, so will ich euch trösten. An meiner Brust will ich euch tragen und auf meinen Knien euch wiegen"* (Jes 66, 13).

Niemals haben zärtlichere, an Wohlklang reichere Worte meine Seele erfreut. Der *Aufzug,* der mich zum Himmel erheben muss, sind deine Arme, o Jesus. Darum brauche ich nicht zu wachsen, im Gegenteil, ich muss klein bleiben, ich muss es immer mehr werden. O mein Gott, du hast meine Erwartungen übertroffen, und ich will deine Erbarmungen besingen! *Von Jugend auf hast du mich unterwiesen, und bis zur Stunde habe ich deine Wundertaten verkündigt; ich werde fortfahren, sie bis in mein höchstes Alter zu künden* (Ps 70, 17).

Welches wird für mich das vorgerückte Alter sein? Ich glaube, es könnte ebenso gut jetzt wie später sein: zweitausend Jahre sind ja in den Augen des Herrn nicht mehr als 20 Jahre …, als ein einziger Tag!

Aber glauben Sie nicht, meine Mutter, Ihr Kind wünsche Sie zu verlassen, weil es etwa annimmt, es sei eine größere Gnade, am Morgen des Lebens als gegen Abend zu sterben. Jesus Freude machen: das ist das einzige, was Ihr Kind schätzt und begehrt. Jetzt, da er sich ihm zu nähern scheint, um es in den Wohnsitz der Glorie zu ziehen, freut sich sein Herz. Es weiß, es hat verstanden, dass der liebe Gott keines Menschen bedarf – und zwar der Person Ihres Kindes noch weniger als andere –, um Gutes auf Erden zu tun.

Einstweilen, meine verehrte Mutter, kenne ich Ihren Willen: Sie wünschen, dass ich an Ihrer Seite eine recht angenehme und leichte Mission erfülle. Vom Himmel aus will ich diese Aufgabe vollenden. Wie Jesus zum heiligen Petrus, so sprachen auch Sie zu mir: „Weide meine Lämmer!" (Joh 21, 15). Und ich? Ich war erstaunt, ich hielt mich dafür zu klein, ich flehte Sie an, selbst Ihre Lämmlein auf die Weide zu führen und mich aus Gnade unter ihnen weilen zu lassen. Indem Sie meinem gerechten Wunsch in etwa entgegenkamen, machten Sie mich eher zu Ihrer ersten Gefährtin als zu ihrer Meisterin[42], trugen mir aber auf, sie auf fruchtbare und schattige Weide zu führen, ihnen die besten und kräftigsten Grasflächen zu zeigen und sie vor den zwar glänzenden, aber giftigen Blumen zu bewahren, die sie nie berühren dürfen, es sei denn, um sie mit den Füßen zu zertreten.

Meine Mutter, wie kommt es, dass meine Jugend, meine Unerfahrenheit Sie nicht schreckten? Sie fürchteten nicht, dass ich Ihre Lämmlein in die Irre gehen lasse? Als Sie so handelten, haben Sie sich vielleicht

42 Ohne den Titel zu führen, hatte Schwester Therese das Amt einer Novizenmeisterin ab Februar 1893.

daran erinnert, dass es dem Herrn oftmals gefällt, gerade den Kleinsten die Weisheit zu geben.

Auf dieser Erde sind die Seelen sehr selten, die die göttliche Macht nicht nach ihren eigenen kurzsichtigen Gedanken messen! Die Welt will wohl zugeben, dass es hienieden überall Ausnahmen gibt. Nur der liebe Gott soll kein Recht dazu haben! Seit langem, ich weiß es, ist es bei den Menschen üblich, die Erfahrung nach den Lebensjahren zu messen, denn schon der heilige König David sang dem Herrn in seiner Jugend: *„Ein Jüngling bin ich und verachtet!"* Aber er fürchtet sich nicht, im gleichen Psalm zu sagen: *„Ich bin klüger als die Greise geworden, weil ich deinen Willen suchte. Dein Wort ist das Licht, das meine Schritte erleuchtet; ich bin bereit, deine Satzungen zu erfüllen, und nichts verwirrt mich"* (Ps 118, 141, 100, 105 und 60).

Sie erachteten es nicht einmal für unklug, meine Mutter, mir eines Tages zu sagen, dass der göttliche Meister meine Seele erleuchtet und mir die Erfahrung der Jahre schenkt. Ich bin zu klein, um Eitelkeit zu besitzen; ich bin noch zu klein, um schöne Redensarten zu führen, die den Anschein erwecken, als besitze ich große Demut.

Ich ziehe vor, schlicht und einfach einzugestehen, *dass der Allmächtige große Dinge an mir getan hat* (Mk 1, 49). Und das Größte ist, dass er mir meine Kleinheit und mein Unvermögen zu allem Guten gezeigt hat.

Meine Seele hat vielfältige Prüfungen gekannt. Ich habe viel hienieden gelitten! In meiner Kindheit habe ich mit Trauer gelitten, heute aber verkoste ich alle bitteren Früchte in Frieden und Freude. Damit Sie beim Lesen dieser Seiten nicht lächeln, gestehe ich, dass Sie mich, meine geliebte Mutter, durch und durch kennen. Denn gibt es eine Seele, die scheinbar weniger geprüft wurde als die meinige? Wenn das Martyrium, das ich seit einem Jahr erleide, den Blicken sichtbar würde, welch ein Erstaunen!

Da Sie es wünschen, will ich versuchen, es niederzuschreiben. Aber es gibt keine Ausdrücke, um diese Dinge zu erklären, und ich werde daher immer hinter der Wirklichkeit zurückbleiben.

Während der letztjährigen Fastenzeit fühlte ich mich kräftiger denn je, und diese Kraft hielt ungeachtet des Fastens, das ich in seiner ganzen Strenge beobachtete, vollkommen an bis Ostern. Am heiligen Karfreitag schenkte mir Jesus in der ersten Morgenstunde die Hoffnung, bald zu ihm in seinen herrlichen Himmel zu gehen. Wie beglückend ist diese Erinnerung für mich!

Am Gründonnerstagabend hatte ich keine Erlaubnis erhalten, die ganze Nacht über am heiligen Grab zu verweilen, und gegen Mitternacht kehrte ich in unsere Zelle zurück. Kaum ruhte mein Kopf auf dem Kissen, da spürte ich, wie eine Welle bis zu meinen Lippen heraufsprudelte. Ich glaubte, ich würde sterben, und mein Herz wollte vor Freude brechen. Da ich aber inzwischen unser Lämpchen ausgelöscht hatte, überwand ich meine Neugierde bis zum Morgen und schlief friedlich ein.

Als um fünf Uhr das Zeichen zum Aufstehen gegeben wurde, dachte ich gleich daran, dass ich etwas Beglückendes erfahren werde. Ich näherte mich dem Fenster und stellte es bald fest, da ich mein Taschentuch mit Blut getränkt sah. O meine Mutter, welche

Hoffnung! Ich war fest überzeugt, dass mein Christus mich an diesem Gedächtnistag seines Todes einen ersten Anruf, gleich einem sanften, fernen Säuseln, vernehmen ließ, der mir seine glückselige Ankunft meldete.

Mit großem Eifer wohnte ich der Prim und dem Kapitel bei. Ich hatte Eile, zu den Füßen meiner Mutter niederzusinken und ihr mein Glück anzuvertrauen. Ich verspürte nicht die geringste Müdigkeit, nicht den geringsten Schmerz. Auch erhielt ich mit Leichtigkeit die Erlaubnis, meine Fastenzeit so zu beenden, wie ich sie begonnen hatte. Ohne jede Erleichterung nahm ich an diesem Freitag an der ganzen Strenge des Karmels teil. Niemals zuvor war sie mir so köstlich vorgekommen ... Die Hoffnung, in den Himmel zu gehen, bewirkte, dass ich vor Jubel außer mir war.

Am Abend dieses glücklichen Tages kehrte ich voller Freude in unsere Zelle zurück. Als ich gerade im Begriff war, sanft einzuschlafen, gab mir mein guter Jesus, wie in der vorhergehenden Nacht, das gleiche Zeichen meines baldigen Eintritts in das ewige Leben. Dabei erfreute ich mich eines so lebendigen und klaren Glaubens, dass der Gedanke an den Himmel mein ganzes Glück ausmachte. Ich konnte nicht glauben, dass es gottlose Menschen gibt, die den Glauben nicht besitzen. Ich redete mir ein, dass sie sicher gegen ihre Überzeugung sprechen, wenn sie das Bestehen einer anderen Welt leugnen.

In der so lichterfüllten Osterzeit ließ mich Jesus begreifen, dass es wirklich Seelen ohne Glaube und Hoffnung gibt. Seelen, die durch den Missbrauch der Gnaden jene kostbaren Schätze verlieren, die Quelle der einzig reinen und wahren Freuden sind. Er ließ zu, dass tiefste Finsternis über meine Seele hereinbrach und dass der Gedanke an den Himmel, der seit meinen Kindheitstagen so beglückend für mich war, mir zum Gegenstand des Kampfes und der Qualen wurde. Die Dauer dieser Prüfung war nicht auf einige Tage oder Wochen beschränkt. Nun sind es Monate her, dass ich darunter leide, und immer harre ich auf die Stunde meiner Befreiung. Ich möchte ausdrücken können, was ich empfinde, aber das ist unmöglich! Man muss selbst durch diesen dunklen Tunnel gegangen sein, um dessen Finsternis zu begreifen. Dennoch will ich versuchen, mich durch einen Vergleich verständlich zu machen:

Ich nehme an, ich sei in einem von dichtem Nebel umgebenen Lande geboren. Nie erblickte ich einen einzigen Sonnenschein. Wohl aber höre ich schon seit meiner Kindheit über diese Wunder sprechen. Ich weiß, dass das Land, das ich bewohne, nicht mein Vaterland ist, dass es vielmehr ein anderes gibt, nach dem ich mich ohne Unterlass sehnen muss. Das ist keine von einem Einwohner des Nebellandes erfundene Geschichte, es ist eine unbestreitbare Wahrheit, denn der König des Vaterlandes mit der glänzenden Sonne lebte dreiunddreißig Jahre im Land der Finsternis … *Ach, und die Finsternis hat nicht begriffen, dass er das Licht der Welt war* (Joh 1, 5).

Dein Kind aber, o Herr, hat dein göttliches Licht verstanden. Es bittet dich um Verzeihung für seine ungläubigen Brüder. Es ist bereit, so lange du willst, das Schmerzensbrot zu essen. Aus Liebe zu dir setzt es sich an die Tafel voller Bitterkeit, von der die armen Sünder ihre Nahrung nehmen, und es will sich nicht von dieser

Tafel erheben, bis deine Hand das Zeichen gibt. Aber darf es nicht in seinem eigenen Namen, im Namen seiner schuldbeladenen Brüder bitten: *„Hab Erbarmen mit uns, o Herr, denn wir sind arme Sünder“* (Lk 18, 13)? Entlasse uns gerechtfertigt! Mögen endlich alle, die nicht von der Fackel des Glaubens erleuchtet sind, sie aufflammen sehen! O mein Gott, wenn die von ihnen beschmutzte Tafel von einer dich liebenden Seele gereinigt werden muss, dann will ich gern an ihr das Brot der Tränen essen, bis es dir gefällt, mich in dein lichtumflossenes Reich einzuführen. Das ist die einzige Gnade, die ich von dir erflehe: dich niemals zu beleidigen.

Ich sagte Ihnen, meine Mutter, dass die Gewissheit, eines Tages weit fort von meinem dunklen Vaterland zu ziehen, mir schon in meiner Kindheit zuteil geworden war. Nicht nur glaubte ich das nach dem, was ich sagen hörte, sondern durch ein tiefinneres Sehnen fühlte ich auch im eigenen Herzen, dass eine andere Erde, ein schöneres Land mir eines Tages zur ständigen Heimat werde, ebenso wie der Genius eines Christoph Kolumbus ihn seine neue Welt vorausahnen ließ. Da aber drangen plötzlich die Nebel, von denen ich umgeben war, in meine Seele ein und umhüllten mich so, dass es mir selbst nicht mehr möglich war, das geliebte Bild meiner Heimat in mir wiederzufinden ... Alles ist verschwunden! ...

Wenn ich meinem Herzen Ruhe gönnen will, weil es wegen der Finsternis, die es einschließt, ermüdet ist, dann versuche ich, es durch den Gedanken an ein zukünftiges und ewiges Leben zu stärken. Aber dann verdoppelt sich meine Qual. Es ist mir, als ob die Finsternis die Stimme der Gottlosen annehme, meiner spotte und mir sage: „Du träumst vom Licht, von einem von Wohlduft und Wonne erfüllten Vaterland, vom ewigen Besitz des Schöpfers dieser Wunderwerke, du glaubst, du könntest den Nebeln, in denen du schmachtest, eines Tages entfliehen! Schreite weiter! Schreite weiter! Freue dich auf den Tod, der dir nicht geben wird, was du erhoffst, sondern eine noch viel tiefere Nacht: die Nacht des Nichts!"

Vielgeliebte Mutter, dieses Bild meiner Prüfung ist ebenso unvollkommen wie eine Skizze im Vergleich zum Vorbild. Aber ich möchte nicht länger darüber schreiben: ich würde fürchten, Lästerungen auszustoßen ... ich fürchte, schon zuviel gesagt zu haben! Ach, möge Gott mir verzeihen! Er weiß wohl, dass ich mir Mühe gebe, die Werke des Glaubens zu vollbringen, wenn ich auch den freudigen Genuss des Glaubens entbehre. Innerhalb eines Jahres habe ich mehr Glaubensakte erweckt als während meines ganzen Lebens.

Bei jeder neuen Gelegenheit zum Kampf benehme ich mich wie ein tapferer Held, wenn mein Feind mich herausfordern will. Da ich weiß, dass es Feigheit ist, sich im Zweikampf zu messen, drehe ich meinem Gegner den Rücken, ohne ihm je ins Gesicht zu schauen. Dann eile ich zu meinem Jesus. Ich sage ihm, dass ich bereit bin, all mein Blut zu vergießen, um zu bekennen, dass es einen Himmel gibt. Ich sage ihm, dass ich glücklich bin, den herrlichen Himmel, der mich erwartet, nicht auf Erden mit den Augen der Seele betrachten zu können, damit er ihn gnädig für ewig den armen Ungläubigen erschließe.

Und trotz dieser Prüfung, die mir jedes Gefühl des Genusses raubt, kann ich noch ausrufen: *„Du, o Herr,* *erfüllst mich mit Freude durch all dein Tun"* (Ps 91, 4). Denn gibt es eine größere Freude, als um deiner Liebe willen zu leiden? Je schmerzlicher das Leid ist, je weniger es in die Augen der Menschen fällt, umso mehr Wohlgefallen hast du daran, o mein Gott! Und was unmöglich ist: solltest du selbst meine Not nicht kennen, dann wäre ich dennoch glücklich zu leiden, weil ich hoffe, durch meine Tränen eine einzige Sünde gegen den Glauben verhindern oder vielleicht sühnen zu können.

Sie werden wohl glauben, meine verehrte Mutter, ich übertreibe die Nacht meiner Seele etwas. Wenn Sie sich ein Urteil darüber bilden nach den Gedichten, die ich in diesem Jahr verfasst habe, dann muss ich Ihnen wohl wie eine von Trost überflutete Seele erscheinen; wie ein Kind, für das der Schleier des Glaubens fast zerrissen ist! Und dennoch ...! Es ist kein Schleier mehr, es ist bereits eine Mauer, die sich bis zum Himmel erhebt und den Sternenhimmel verdeckt!

Wenn ich das Glück des Himmels, den ewigen Besitz Gottes besinge, empfinde ich darüber nicht die geringste Freude, denn ich besinge ja nur, *was ich glauben will.* Ich gestehe, dass hier und da ein ganz kleiner Sonnenstrahl die Finsternis meiner Seelennacht erleuchtet. Dann hört die Prüfung für einen Augenblick auf. Statt mich aber zu trösten, trägt der Gedanke an diesen Sonnenstrahl dazu bei, die Finsternis noch dichter zu gestalten.

Ach, niemals empfand ich so tief, wie sanft und barmherzig der Herr ist. Er hat mir dieses schwere Kreuz erst in diesem Augenblick geschickt, in dem ich es zu tragen vermochte. Ich glaube, früher hätte es mich mutlos gemacht. Jetzt bringt es nur diese eine Wirkung hervor: es nimmt mir jedes Gefühl natürlicher Befriedigung in meinem Sehnen nach dem himmlischen Vaterland. Mutter, mir scheint, dass mich jetzt nichts mehr hindert, davonzufliegen, denn ich habe keine großen Wünsche mehr außer dem einen: so zu lieben, dass ich vor Liebe sterbe … Ich bin frei. Ich habe keine Sorge, selbst jene nicht, die ich am meisten fürchtete: ich will sagen, die Furcht, lange krank zu bleiben und so der Klostergemeinschaft zur Last zu fallen. Wenn das dem lieben Gott Freude macht, so willige ich gerne darin ein, dass mein Leben der Leiden des Körpers und der Seele sich Jahre hindurch verlängert.

O nein, ich fürchte ein langes Leben nicht. Ich weise den Kampf nicht zurück: *„Der Herr ist der Fels, auf dem ich stehe. Er unterweist meine Hände zum Kampf und meine Finger zum Streit. Er ist mein Schild, auf ihn vertraue ich“* (Ps 143, 1, 2). Niemals habe ich den lieben Gott gebeten, mich jung sterben zu lassen. Freilich habe ich nie aufgehört zu glauben, dass dem so sei, ohne aber irgendetwas zu tun, um es zu erlangen.

Oft begnügt sich der Herr mit dem Wunsch, für seine Ehre zu arbeiten. Und meine Wünsche sind sehr groß gewesen. Das wissen Sie, meine Mutter! Sie wissen auch, dass Jesus mir in Bezug auf meine geliebten Mitschwestern mehr als einen bitteren Kelch gereicht hat. Der heilige König David hatte recht, wenn er sang: *„Oh, wie gut und lieblich ist es, wenn Brüder in völliger Eintracht beisammen wohnen“* (Ps 132, 1). Aber diese Eintracht muss hienieden inmitten der Opfer zustande kommen. Nein, nicht um mit meinen Schwestern zusammenzuleben, bin ich in diesen gesegneten

Karmel eingetreten: im Gegenteil, ich ahnte wohl, dass das eine Quelle großer Leiden sein muss, wenn man der Natur nichts zugestehen will.
Wie kann man nur behaupten, es sei vollkommener, sich von den Seinen zu trennen? Hat man jemals Brüdern den Vorwurf gemacht, gemeinsam auf ein und demselben Schlachtfeld gekämpft zu haben und zusammen vorangestürmt zu sein, um die Palme des Martyriums zu erlangen? Sicherlich hat man mit Recht angenommen, dass sie sich gegenseitig Mut machen, aber auch, dass das Martyrium des einzelnen das Martyrium aller wird.

Ebenso ist es im klösterlichen Leben, das die Theologen ein Martyrium nennen. Indem das Herz sich Gott schenkt, verliert es seine natürliche Zärtlichkeit nicht. Im Gegenteil, sie wächst dadurch, dass sie reiner und göttlicher wird. Diese Zärtlichkeit ist es, mit der ich Sie, meine Mutter, und mit der ich meine Schwestern liebe. Ja, ich bin glücklich, wie in einer Familie für die Ehre des himmlischen Königs zu kämpfen. Ich wäre aber auch bereit, auf ein anderes Schlachtfeld zu eilen, falls der göttliche General mir diesen Wunsch äußerte. Ein Befehl wäre nicht nötig, sondern ein einfacher Blick, ein Zeichen genügten!

Seit meinem Eintritt in den Karmel habe ich stets gedacht, falls Jesus mich nicht sehr schnell in den Himmel entführen würde, dann wäre das Los der kleinen Taube Noes auch das meinige: Der Herr würde eines Tages das Fenster der Arche weit öffnen und mir sagen, ganz weit fort nach den Gestaden der Ungläubigen hinauszufliegen und den Ölzweig des Friedens mitzunehmen. Dieser Gedanke ließ mich hoch über dem Geschaffenen schweben. Da ich begriffen hatte, dass es auch im Karmel Trennungen geben könne, wollte ich bereits vor der Zeit im Himmel weilen. Ich war bereit, nicht nur selbst inmitten eines unbekannten Volkes in die Verbannung zu gehen, sondern – was bitterer für mich war – ich nahm diese Verbannung auch für meine Schwestern an. Tatsächlich wurden zwei von ihnen durch den Karmel von Saigon, den unser Kloster gegründet hatte, erbeten. Einige Zeit hindurch war ernstlich die Rede davon, sie dorthin zu schicken. Ich hätte nicht ein Wort sagen wollen, um sie zurückzuhalten, obwohl mein Herz beim Gedanken an die Prüfungen, die sie dort erwarteten, gebrochen wäre …

Jetzt ist alles vorbei. Die Oberen haben ihrer Abreise unüberwindliche Hindernisse in den Weg gelegt. Nur mit den Lippen habe ich diesen Kelch gekostet, gerade lange genug, um dessen Bitterkeit zu schmecken. Gestatten Sie, meine Mutter, Ihnen zu sagen, weshalb ich dem Ruf unserer Mütter in Hanoi folgen möchte, falls die Allerseligste Jungfrau mich heilt. Es scheint, dass man eine besondere Berufung haben muss, um in den ausländischen Karmelklöstern zu leben. Viele Seelen glauben, sie seien dazu berufen, ohne es in Wirklichkeit zu sein. Meine Mutter, Sie haben mir gesagt, dass ich diesen Beruf habe; nur meine Gesundheit hindere mich darin, ihm zu folgen.

Sollte ich eines Tages meine klösterliche Wiege verlassen müssen, dann geschähe das nicht ohne Wunden. Ich habe kein unempfindliches Herz. Und gerade weil mein Herz imstande ist, viel zu leiden, wünsche ich Jesus alle Arten von Leiden zu schenken, die es zu ertragen vermag. Hier, meine Mutter, werde ich von Ihnen, von allen Schwestern geliebt, und diese Zuneigung macht mich sehr glücklich. Deshalb träume ich von einem Kloster, in dem ich unbekannt wäre, wo ich die Verbannung des Herzens zu erdulden hätte. Nein, nicht um dem Karmel von Saigon Dienste zu erweisen, würde ich alles verlassen, was mir lieb ist. Ich kenne mein Unvermögen zu gut. Mein einziges Ziel wäre, den Willen Gottes zu erfüllen und mich nach dem Gutdünken seiner Wünsche für ihn zu opfern. Ich fühle, dass ich keine Enttäuschung erleben würde. Denn wenn man sich auf nichts als nur auf Leiden gefasst hält, dann ist die geringste Freude eine Überraschung für uns. Und noch etwas: das Leiden selbst wird zur größten Freude, wenn man es als einen kostbaren Schatz aufsucht.

Aber jetzt bin ich krank und werde nicht mehr gesund. Trotzdem bleibe ich im Frieden. Seit langem schon gehöre ich mir nicht mehr an. Ich bin Jesus vollständig ausgeliefert ... Er ist frei, mit mir zu tun, was immer ihm gefallen wird. Er gab mir das Verlangen nach einer vollständigen Verbannung ein, er hat mich gefragt, ob ich einwillige, diesen Kelch zu trinken: sofort wollte ich ihn ergreifen, aber Jesus zog seine Hand zurück und zeigte mir, dass meine bloße Bereitschaft ihn befriedigt hatte.

Mein Gott, von welchen Unruhen befreit man sich, wenn man das Gelübde des Gehorsams ablegt! Wie glücklich sind doch die einfachen Ordensschwestern! Da ihr einziger Kompass der Wille der Obern ist, sind sie stets sicher, auf dem rechten Weg zu sein, und sie brauchen nicht zu fürchten, sich zu irren, selbst dann nicht, wenn es ihnen sicher zu sein scheint, dass die Obern sich irren. Sobald man aber aufhört, den unfehlbaren Kompass zu befragen, verirrt sich die Seele sofort auf trockenen Wegen, wo ihr alsbald das Wasser der Gnade fehlt.

Meine Mutter, Sie sind der Kompass, den Jesus mir gegeben hat, um mich sicher zu den ewigen Gestaden zu führen. Wie beglückend ist es für mich, meinen Blick auf Sie zu richten und dann den Willen des Herrn zu erfüllen! Indem der göttliche Meister zuließ, dass ich Versuchungen gegen den Glauben erdulde, hat er den Glaubensgeist in meinem Herzen stark vermehrt. Er ließ mich Jesus in Ihrer Seele schauen, und durch Sie hat er mir seine heiligen Befehle übermittelt. Ich weiß wohl, meine Mutter, dass Sie mir die Bürde des Gehorsams versüßen und leicht machen. Nach meinem innersten Empfinden aber scheint mir, dass ich auch dann meine Handlungsweise nicht ändern und meine kindliche Zärtlichkeit keine Verminderung erfahren würde, wenn es Ihnen gefiele, mich streng zu behandeln, weil ich darin noch den Willen meines Herrn und Gottes erblickte, wie er sich auf eine andere Art und Weise zum größten Nutzen meiner Seele kundtut.

Unter den zahllosen Gnaden, die ich dieses Jahr empfing, halte ich die nicht für die geringste, die mich das Gebot der Nächstenliebe in seiner ganzen Ausdehnung verstehen lehrte. Niemals hatte ich dieses Wort des Herrn tiefer ergründet: *„Das zweite Gebot aber ist dem ersten gleich: du sollst deinen Nächsten lieben wie dich selbst“* (Mt 22, 39). Ich war vor allem bestrebt, Gott zu lieben, und indem ich ihn liebte, habe ich das Geheimnis der anderen Worte entdeckt: *„Es sind nicht jene, die sagen ‚Herr! Herr!‘ die in das Himmelreich eingehen werden, sondern der, der den Willen meines Vaters erfüllt“* (zu Mt 7, 21).

Diesen Willen ließ Jesus mich erkennen, als er beim letzten Abendmahl *sein neues Gebot* gab und seinen Aposteln sagte, *sich gegenseitig so lieben, wie er sie geliebt hat …* (Joh 13, 34). Und ich begann zu ergründen, wie Jesus seine Jünger liebte. Ich sah, dass es nicht ihrer natürlichen Eigenschaften wegen war, weil ich feststellte, dass sie unwissend und voll irdischer Gedanken waren. Dennoch nennt er sie seine Freunde (Joh 15, 15), seine Brüder (Mt 28, 10; Joh 20, 17). Er wünscht sie bei sich im Reiche seines Vaters zu sehen, und um ihnen dieses Reich zu erschließen, ist er bereit, am Kreuz zu sterben, denn er sagte: *„Es gibt keine größere Liebe, als sein Leben für jene hinzugeben, die man liebt“* (Joh 15, 13).

Während ich diese göttlichen Worte betrachtete, erkannte ich, wie unvollkommen meine Liebe zu meinen Schwestern war. Ich habe verstanden, dass ich sie nicht so liebte, wie Jesus sie liebt. Jetzt ahnte ich, dass die wahre Nächstenliebe darin besteht, alle Fehler des Nächsten zu ertragen, sich über seine Schwächen nicht zu wundern, sich an seinen geringsten Tugenden zu erbauen. Besonders aber habe ich gelernt, dass die Nächstenliebe nicht im Grunde des Herzens eingeschlossen bleiben darf, denn *niemand zündet ein Licht an, um es unter den Scheffel zu stellen, sondern man stellt es auf den Leuchter, damit es allen leuchte, die im Hause sind* (Lk 11, 33). Mir scheint, Mutter, dieses Licht versinnbildlicht die Nächstenliebe, die nicht nur jene, die mir am liebsten sind, sondern *alle, die im Hause sind,* erleuchten und erfreuen soll.

Als der Herr im Alten Gesetz seinem Volk befahl, den Nächsten wie sich selbst zu lieben, war er noch nicht auf diese Erde gekommen. Und da er wohl wusste, in welchem Maße man seine eigene Person liebt, konnte er nicht mehr verlangen. Als aber Jesus seinen Aposteln ein neues Gebot (Joh 13, 34), *sein Gebot* (Joh 14, 12) gibt, da verlangt er nicht nur, dass man seinen Nächsten liebt, wie sich selbst, sondern so, wie er selbst ihn, wie er ihn bis ans Ende der Zeiten lieben wird.

O mein Jesus, ich weiß, dass du nichts Unmögliches verlangst. Du kennst meine Schwäche und Unvollkommenheit besser als ich. Du weißt, dass ich es nie fertigbringen werde, meine Schwestern so zu lieben wie du, wenn du selbst, o mein göttlicher Heiland, sie nicht *in mir* liebst. Weil du mir diese Gnade verleihen wolltest, hast du dieses *neue* Gebot gegeben. Wie liebe ich dieses Gebot, weil es mir die Gewissheit gibt, dass es dein Wille ist, alle *in mir* zu *lieben,* die zu lieben du mir befohlen hast.

Ja, ich fühle es: wenn ich liebevoll bin, dann ist es Jesus allein, der in mir wirkt. Je inniger ich mit ihm vereinigt bin, desto mehr liebe ich alle meine Mitschwestern. Wenn ich diese Liebe in meinem Herzen üben will und der böse Feind versucht, mir die Fehler dieser oder jener Schwester vor Augen zu führen, dann beeile ich mich, mir ihre Tugenden und ihren guten Willen vor Augen zu halten. Ich sage mir: wenn ich sie auch einmal fehlen sah, so mag sie doch zahlreiche Siege davongetragen haben, die sie aus Demut verbirgt. Ja, selbst was mir ein Fehler zu sein scheint, kann wegen der guten Absicht sehr leicht ein Tugendakt sein. Ich habe umso weniger Mühe, mich davon zu überzeugen, weil ich diese Erfahrung bei mir selbst gemacht habe.

Eines Tages kam die Pförtnerin während der Erholung und erbat sich eine Schwester für eine Arbeit, die sie angab. Ich hatte ein kindliches Verlangen, mich an diese Arbeit zu begeben. Und richtig: die Wahl fiel auf mich. Sofort legte ich unsere Handarbeit zusammen, tat es aber langsam genug, damit meine Nachbarin die ihrige vor mir gefaltet hatte, denn ich wusste, dass es sie freute, meine Stelle einzunehmen. Als die Schwester, die um Hilfe gebeten hatte, mich so wenig eilig sah, sagte sie lachend: „Das habe ich mir schon gedacht, dass Sie diese Perle nicht in Ihre Krone einfügen würden, Sie waren zu langsam!“ Und die ganze Gemeinschaft glaubte, ich hätte aus natürlichem Antrieb so gehandelt.

Ich kann gar nicht ausdrücken, wie nutzbringend mir dieses kleine Erlebnis war und wie nachsichtig es mich gemacht hat. Es hindert mich daran, eitel zu sein, wenn ich günstig beurteilt werde, denn ich sage mir: Da meine kleinen Tugendakte für Unvollkommenheiten gehalten werden können, dann kann man sich ebenso gut irren, wenn man für Tugend hält, was nun Unvollkommenheit ist, und mit dem heiligen Paulus wiederhole ich: *„Mir macht es sehr wenig aus, von irgendeinem Gerichtshof gerichtet zu werden. Ich richte mich nicht selbst. Der mich richtet, ist der Herr“* (1 Kor 4, 3–4).

Ja, es ist der Herr, es ist Jesus, der mich richtet: Und nur um sein Gericht gnädig zu machen, oder vielmehr, um gar nicht gerichtet zu werden, will ich immer liebevolle Gedanken hegen, denn er hat gesagt: *„Richtet nicht, und ihr werdet nicht gerichtet werden“* (Lk 6, 37).

Ich greife auf das Evangelium zurück, in dem Jesus mir so eindeutig erklärt, worin *sein neues Gebot besteht* (Joh

13, 34). Beim Evangelisten Matthäus lese ich die Worte: *„Ihr habt gehört, dass gesagt worden ist: Du sollst deinen Freund lieben und deinen Feind hassen. Ich aber sage euch: Liebet eure Feinde, betet für jene, die euch verfolgen"* (Mt 5, 43, 44).

Sicherlich begegnet man im Karmel keinen Feinden, aber schließlich gibt es doch Sympathien. Zu dieser Schwester fühlt man sich hingezogen, während eine andere uns veranlassen könnte, einen weiten Umweg zu machen, um eine Begegnung mit ihr zu vermeiden. Nun gut, Jesus sagt mir, dass ich diese Schwester lieben, für sie beten muss, auch dann, wenn ihr Benehmen mich glauben lässt, sie liebe mich nicht: *„Wenn ihr nur die liebt, die euch lieben, welchen Dank wird man euch dafür wissen? Denn auch die Sünder lieben jene, die sie lieben"* (Lk 6, 32). Aber es ist nicht genug, dass man liebt: man muss beweisen, dass man liebt. Man ist auf natürliche Weise froh, einem Freunde Freude zu bereiten. Das aber ist noch gar keine Nächstenliebe, denn die Sünder tun das auch.

Jesus lehrt mich noch: *„Gib jedem, der dich bittet, und wenn man dir nimmt, was dir gehört, so fordere es nicht zurück"* (Lk 6, 30). Allen zu geben, die darum bitten, ist weniger angenehm, als selbst aus dem Antrieb des Herzens heraus etwas anzubieten. Bittet man uns noch in liebenswürdiger Weise um etwas, dann kostet das Geben keine Überwindung. Bedient man sich aber unglücklicherweise wenig feinfühliger Worte, so lehnt die Seele sich sofort auf, wenn sie nicht in der vollkommenen Nächstenliebe gefestigt ist. Dann findet sie tausend Gründe, um abzuschlagen, was man von ihr verlangt. Erst wenn sie die Bittstellerin von ihrer Taktlosigkeit überzeugt hat, gibt sie ihr aus Gnade, was sie fordert, oder leistet ihr einen Dienst, der zwanzigmal weniger Zeit erfordert, als sie gebraucht hat, um eingebildete Hindernisse und Rechte geltend zu machen. Wenn es schon schwer ist, jedem, der bittet, zu geben, dann ist es noch schwerer, sich nehmen zu lassen, was einem gehört, ohne es zurückzufordern. Mutter, ich sage, dass es schwierig ist, aber ich müsste eher sagen, dass das schwer zu sein scheint, denn *das Joch des Herrn ist lieblich und leicht* (Mt 11, 30). Und nimmt man es auf sich, dann fühlt man alsbald seine Süßigkeit.

Ich sage: Jesus will nicht, dass ich das zurückfordere, was mir gehört. Das sollte mir ganz natürlich scheinen, da ich ja in Wirklichkeit nichts besitze. Daher muss ich mich freuen, wenn ich die Armut spüre, die ich feierlich gelobt habe. Früher glaubte ich, an nichts zu hängen, was es auch war. Seit mir aber die Worte Jesu leuchtend geworden sind, erkenne ich mich als sehr unvollkommen. Wenn ich mich beispielsweise zum Malen an die Arbeit setze und finde die Pinsel in Unordnung, wenn ein Lineal oder ein Federmesser verschwunden ist, dann verlässt mich fast die Geduld, und ich muss mich zusammennehmen, um die fehlenden Gegenstände nicht mit Bitterkeit zurückzufordern.

Gewiss darf ich um diese unentbehrlichen Dinge bitten, und wenn ich es in aller Demut tue, verfehle ich mich nicht gegen das Gebot Jesu. Im Gegenteil: ich handle wie die Armen, die die Hand ausstrecken, um das Notwendige zu erhalten. Weist man sie ab, so wundern sie sich nicht. Niemand ist ihnen etwas schuldig. Welcher Friede überflutet die Seele, wenn sie sich über die Gefühle der Natur erhebt! Nein, es gibt keine

Freude, die sich mit jener vergleichen ließe, die der wahre Arme im Geiste genießt! Erbittet er, innerlich losgelöst, etwas Notwendiges, und es wird ihm nicht nur abgeschlagen, versucht man auch noch, ihm wegzunehmen, was er hat, dann befolgt er den Rat des Herrn: *„Wer dir deinen Mantel nimmt, dem gib auch deinen Rock"* (Mt 5, 40). Einem den Mantel geben, heißt wohl, so scheint mir: auf alle Rechte verzichten und sich als die Magd, die Sklavin der andern betrachten. Hat man sich des Mantels entledigt, dann geht und läuft man leichter. Auch fügt Jesus hinzu: *„Und wer immer dich nötigt, tausend Schritte zu gehen, mit dem gehe noch weitere zweitausend"* (zu Mt 5, 41). Nein, mir genügt es nicht, jedem zu geben, der mich bittet. Ich muss den Wünschen zuvorkommen, mich sehr zu Dank verpflichtet zeigen, mich geehrt fühlen, Dienste zu erweisen. Und nimmt man mir eine Sache, die in meinem Gebrauch war, so muss ich glücklich sein, davon *befreit* zu sein.

Jedenfalls kann ich die Lehren des Evangeliums nicht immer dem Buchstaben nach befolgen. Es gibt Gelegenheiten, wo ich mich gezwungen sehe, meinen Mitschwestern etwas abzuschlagen. Hat aber die Nächstenliebe tiefe Wurzeln in der Seele geschlagen, dann zeigt sie sich nach außen. Es gibt eine so liebenswürdige Art und Weise, etwas zu verweigern, was man nicht gewähren kann, dass die Absage ebenso Freude macht wie die Gabe. Es stimmt, dass man sich weniger scheut, jene auszunützen, die sich jederzeit dienstbereit zeigen. Dennoch darf ich die Schwestern nicht meiden, die leicht um einen Dienst bitten, weil ich vorschütze, gezwungen zu sein, ihnen abschlägige Antworten zu geben, denn der göttliche Lehrmeister sagt: *„Meide den* *nicht, der von dir borgen will"* (zu Mt 5, 42). Ich darf auch deshalb nicht gefällig sein, um den Anschein der Gefälligkeit zu erwecken oder in der Hoffnung, die Schwester, der ich helfe, werde mir ein andermal auch einen Dienst erweisen, denn abermals sagt der Heiland: *„Wenn ihr solchen leiht, von denen ihr ebenfalls etwas zu erhalten glaubt, welcher Lohn gebührt euch? Denn selbst die Sünder leihen den Sündern, damit sie das Gleiche wiedererhalten. Ihr aber tut Gutes, leiht, ohne etwas zurückzuerwarten, und euer Lohn wird groß sein"* (Lk 6, 34–35).

O ja, der Lohn ist groß, selbst auf dieser Erde. Auf diesem Weg ist nur der erste Schritt schwer. *Leihen, ohne eine Gegenleistung dafür zu erwarten,* scheint mir hart zu sein. Liebe würde man verschenken, denn eine verschenkte Sache gehört uns nicht mehr. Wenn man im Ton vollkommener Überzeugung sagen kann: „Schwester, ich bedarf für einige Stunden Ihrer Hilfe. Seien Sie aber beruhigt, ich habe die Erlaubnis unserer Mutter, und ich werde Ihnen die Zeit zurückerstatten, die Sie mir zukommen lassen." Wahrhaftig, wenn man sehr gut weiß, dass die geliehene Zeit nicht zurückgegeben wird, dann möchte man lieber antworten: „Ich schenke sie Ihnen!" Das befriedigt die Eigenliebe, denn es ist ein großmütigerer Akt, zu geben als zu leihen, und so lässt man die Schwester auch fühlen, dass man nicht auf ihre Dienste zählt.

Ach, wie sehr sind doch die göttlichen Lehren den natürlichen Gefühlen zuwider! Ohne den Beistand der Gnade wäre es weder möglich, sie in die Tat umzusetzen, noch sie zu verstehen.

Liebe Mutter, mehr denn je fühle ich, dass ich mich schlecht ausgedrückt habe. Ich weiß nicht, welches

Interesse Sie bei der Lektüre all dieser wirren Gedanken haben können. Schließlich schreibe ich ja kein literarisches Werk. Wenn ich Sie mit dieser Art von Rede über die Nächstenliebe langweile, so sehen Sie wenigstens, dass Ihr Kind guten Willen bewiesen hat.

Leider muss ich gestehen, dass ich weit davon entfernt bin, das auszuführen, was ich begreife. Aber schon das Verlangen allein, entsprechend handeln zu wollen, gibt mir den Frieden. Wenn es vorkommt, dass ich in einen gegenteiligen Fehler falle, so erhebe ich mich sofort. Seit einigen Monaten brauche ich nicht einmal mehr zu kämpfen und kann mit unserem Vater, dem heiligen Johannes vom Kreuz, ausrufen: *„Meine Wohnung* ist vollständig befriedet." Und diesen tiefinnerlichen Frieden schreibe ich einem gewissen Kampf zu, bei dem ich Siegerin geblieben bin. Seit dieser Zeit eilen mir die himmlischen Heerscharen zu Hilfe. Sie können es nicht ertragen, dass sie mich verwundet sehen, nachdem ich bei der Gelegenheit, die ich jetzt beschreiben will, so tapfer gekämpft habe.

Eine heiligmäßige Schwester unserer Ordensgemeinde hatte das Talent, mir in allem zu missfallen. Dabei war der böse Feind im Spiel. Ganz sicher war er es, der mich so viele unangenehme Seiten bei ihr sehen ließ. Ich wollte aber der natürlichen Abneigung nicht nachgeben, die ich empfand. Ich sagte mir, die Nächstenliebe dürfe nicht nur in Gefühlen bestehen, sondern müsse sich auch in Werken zeigen. So befliss ich mich denn, für diese Schwester zu tun, was ich getan hätte für die Person, die mir am liebsten ist. So oft ich ihr begegnete, betete ich für sie zum lieben Gott und opferte ihm ihre Tugenden und Verdienste auf. Ich fühlte wohl, dass das Jesus gar sehr erfreute, denn es gibt keinen Künstler, der nicht gerne Lob für seine Werke entgegennähme, und der göttliche Seelenkünstler ist glücklich, wenn man nicht nur beim Äußeren stehen bleibt, sondern bis ins Innerste des Heiligtums vordringt, das er sich zur Wohnung erkoren hat und dessen Schönheit bewundert.

Ich begnügte mich nicht damit, viel für jene zu beten, die mir Anlass zu so vielen Kämpfen gab, sondern ich war bestrebt, ihr alle möglichen Dienste zu erweisen. Und wenn ich versucht war, ihr in unangenehmer Weise zu antworten, dann beeilte ich mich, sie liebevoll anzulächeln und dem Gespräch eine andere Wendung zu geben, denn die Nachfolge Christi sagt, *es sei besser, jeden bei seiner Meinung zu lassen, als zu streiten* (Nachf. Christi I, 3, III, 44, 1).

Oft auch kam es vor, dass der böse Feind mich heftig versuchte und ich mich fortmachen konnte, ohne dass sie meinen inneren Kampf merkte. Wie ein fahnenflüchtiger Soldat ergriff ich die Flucht. Und bei all dem sagte sie mir eines Tages mit strahlender Miene: „Meine liebe Schwester Therese vom Kinde Jesus, möchten Sie mir nicht anvertrauen, was Sie so sehr zu mir hinzieht? Denn nie begegne ich Ihnen, ohne dass Sie mir Ihr liebenswürdigstes Lächeln schenken." Das, was mich zu ihr hinzog, war der in ihrem Herzen verborgene Jesus, der süß machen kann, was am bittersten ist.

Soeben sprach ich Ihnen, meine Mutter, von meinem letzten Mittel, eine Niederlage in den Kämpfen des Lebens zu vermeiden, nämlich von der *Fahnenflucht*. Dieses wenig ehrenvollen Mittels bediente ich mich während meines Noviziates, und es ist mir immer vollkommen gelungen. Ich möchte Ihnen dafür ein Beispiel anführen, über das Sie wohl lächeln:

Sie waren seit einigen Tagen an einer Bronchitis erkrankt, die uns sehr beunruhigte. Ganz leise näherte ich mich eines Morgens Ihrer Krankenzelle, um Ihnen die Schlüssel des Kommuniongitters zu überbringen, denn ich war ja Sakristanin. Im Grunde freute ich mich, Gelegenheit zu haben, Sie zu sehen, hütete mich aber, mir etwas davon anmerken zu lassen. Aber von heiligem Eifer beseelt, glaubte eine Ihrer Töchter, ich werde Sie wecken, und wollte mir die Schlüssel in diskreter Weise abnehmen. So höflich wie nur eben möglich antwortete ich ihr, dass ich ebenso wie sie kein Geräusch zu machen wünsche, und fügte bei, es *sei mein Recht,* die Schlüssel abzugeben. Heute begreife ich, dass es vollkommener gewesen wäre, einfach nachzugeben, aber damals verstand ich das nicht und wollte nach ihr eintreten, obschon sie dagegen war.

Bald geschah das gefürchtete Unglück: das von uns verursachte Geräusch weckte Sie, und die ganze Schuld fiel auf mich. Die Schwester, der ich widerstanden hatte, beeilte sich, eine richtige Rede zu halten, deren letzter Sinn war: „Schwester Therese vom Kinde Jesus hat das Geräusch verursacht.“ Es brannte in mir der Wunsch, mich zu verteidigen, aber glücklicherweise kam mir ein lichtvoller Gedanke: ich sagte mir, wenn ich anfinge, mich zu verteidigen, würde ich sicher den Seelenfrieden verlieren. Da überdies meine Tugend zu schwach sei, um mich ohne Widerrede anklagen zu lassen, müsse ich die Flucht als letzte Rettungsplanke ergreifen. Gedacht, getan! Ich machte mich davon, aber mein Herz klopfte so laut, dass es mir unmöglich war, weit zu gehen, und ich setzte mich auf der Treppe nieder, um in Ruhe die Früchte meines Sieges genießen zu können. Sicherlich war das eine eigenartige Tapferkeit. Doch ich glaube, es ist besser, sich dem Kampf nicht auszusetzen, wenn die Niederlage gewiss ist.

Wenn ich an meine Noviziatszeit zurückdenke, wie stelle ich dann meine Unvollkommenheit fest! Jetzt lache ich über bestimmte Dinge. Wie gut ist der Herr, dass er meine Seele emporgehoben, dass er ihr Flügel gegeben hat! Alle Schlingen der Jäger vermöchten mir keinen Schrecken mehr einzujagen, *denn umsonst spannt man das Netz vor den Augen derer, die Flügel haben* (zu Spr 1, 17).

Später erscheint mir möglicherweise die Zeit, in der ich jetzt lebe, auch noch angefüllt mit vielen Armseligkeiten. Aber ich wundere mich über nichts mehr. Ich werde nicht untröstlich, wenn ich sehe, dass ich die Schwäche selbst bin. Im Gegenteil: gerade ihrer rühme ich mich und bin darauf gefasst, täglich neue Unvollkommenheiten in mir zu entdecken. Ich gestehe, dass diese Erleuchtungen über mein eigenes Nichts mir mehr Gutes tun als Erleuchtungen über den Glauben.

Wenn ich daran denke, dass *die Liebe die Menge der Sünden bedeckt* (Spr 10, 12), dann schöpfe ich in der reichen Fundgrube, die der Herr uns in seinem Evangelium erschlossen hat. Ich durchforsche die Tiefen seiner anbetungswürdigen Worte und rufe mit David aus: „Ich *durcheile den Weg deiner Gebote,* seitdem du mein Herz erweitert hast“ (Ps 118, 32). Und die Liebe allein vermag mein Herz zu erweitern ... O Jesus, seitdem diese liebliche Flamme es verzehrt, laufe ich mit Lust den Weg *deines neuen Gebotes.* Auf ihm will ich bis zu jenem glückseligen Tag weitereilen, da ich mich dem jungfräulichen Ehrengeleit anschließe, dir in die unermesslichen Himmelsräume folge und *dein Neues Lied singe,* welches das Lied Liebe sein muss.

X
Geistige Mutter in Kloster und Mission

Meine verehrte Mutter, der liebe Gott hat mir die Gnade geschenkt, in die geheimnisvollen Tiefen der Nächstenliebe einzudringen. Könnte ich ausdrücken, was ich verstehe, so würden Sie eine himmlische Melodie hören. Aber ach, ich vermag nur zu stammeln gleich einem Kind, und dienten die Worte Jesu mir nicht als Stütze, wäre ich versucht, Sie um die Erlaubnis zu bitten zu schweigen.

Wenn der göttliche Meister mir sagt, *jedem, der mich bittet, zu geben, und mir das, was mein ist, nehmen zu lassen, ohne es zurückzuverlangen* (Lk 6, 30), so denke ich, dass er nicht nur von den Gütern dieser Erde spricht, sondern darunter auch die himmlischen Güter versteht. Übrigens, weder die einen noch die anderen gehören mir: auf erstere habe ich durch die Gelübde der Armut verzichtet, und die zweiten sind mir ebenfalls nur vom lieben Gott geliehen worden. Er kann sie mir entziehen, ohne dass es mir erlaubt ist, mich zu beklagen.

Aber die tiefen und persönlichen Gedanken, die Licht- und Feuerflammen des Verstandes und des Herzens bilden einen Reichtum, an den man sich hängt, wie an ein persönliches Gut, an das zu rühren niemand ein Recht hat. Ein Beispiel: wenn ich einer meiner Schwestern irgendeine Erleuchtung mitteile, die mir in meiner Betrachtung zuteil wurde, und diese offenbart sie, als komme sie von ihr, so scheint es, dass sie sich mein Gut aneignet. Oder man sagt während der Erholung seiner Nachbarin ganz leise ein geistreiches und treffendes Wort, das diese laut wiederholt, ohne die Quelle kundzugeben. Das erscheint mir wie ein Diebstahl an der Eigentümerin, die zwar keinen Einspruch erhebt, es aber gern tun möchte und die erste beste Gelegenheit ergreifen wird, um auf feine Art und Weise wissen zu lassen, dass man sich ihrer Gedanken bemächtigt hat.

Meine Mutter, ich könnte Ihnen diese armseligen Gefühle der Natur nicht so gut erklären, wenn ich sie nicht selbst empfunden hätte. Gerne ließe ich mich von der Täuschung einschläfern, ich allein sei von ihnen heimgesucht worden, hätten Sie mir nicht befohlen, die Versuchungen der Novizinnen anzuhören. Bei der Erfüllung der mir übertragenen Aufgabe habe ich viel gelernt. Vor allen Dingen sah ich mich gezwungen, selbst zu üben, was ich lehrte.

Ja, jetzt kann ich es sagen: ich habe die Gnade erhalten, nicht mehr an den Gütern des Geistes und des Herzens zu hängen als an den Gütern der Erde. Geschieht es, dass ich etwas denke und sage, was meinen Schwestern gefällt, dann finde ich es ganz natürlich, dass sie sich dessen wie eines ihnen gehörenden Gutes bemächtigen. Dieser Gedanke gehört dem Heiligen Geist und nicht mir, da der heilige Paulus versichert, dass *wir ohne diesen Geist der Liebe noch nicht einmal Gott den Namen eines Vaters geben können* (Röm 5, 15). Er ist also ganz frei, sich meiner zu bedienen, um einer Seele einen guten Gedanken einzugeben, und ich glaube nicht, dass dieser Gedanke mein Eigentum ist.

Wenn ich übrigens die schönen Gedanken keineswegs verachte, die mit Gott vereinigen, so habe ich doch schon lange begriffen, dass man sich wohl hüten muss, sich allzu sehr darauf zu stützen. Die erhabensten Eingebungen sind nichts ohne die Werke. Es ist wahr, dass andere Seelen viel Nutzen daraus ziehen können, wenn sie dem Herrn demütige Dankbarkeit dafür erzeigen, dass er ihnen gestattet, an der Festtafel einer seiner auserlesenen Seelen teilzunehmen. Wenn diese sich aber in ihrem Reichtum gefällt und das Gebet des Pharisäers verrichtet, dann gleicht sie einem Menschen, der an einer reichgedeckten Tafel Hungers stirbt, während alle Eingeladenen reiche Nahrung finden und vielleicht einen neidischen Blick auf den Besitzer so großer Schätze werfen.

Wie doch nur Gott allein den Grund des Herzens kennt! Was für kurzsichtige Gedanken die Geschöpfe doch haben! Bemerken sie eine Seele, deren Erleuchtungen die ihrigen übersteigt, dann schließen sie daraus, der göttliche Meister liebe sie weniger. Seit wann hat er denn nicht mehr das Recht, sich der Seele eines seiner Geschöpfe zu bedienen, um seinen Kindern die Nahrung zu verteilen, die sie brauchen. Zur Zeit Pharaos hatte der Herr dieses Recht noch, denn in der Heiligen Schrift sagt er zu diesem Monarchen: *Ich habe dich eigens dazu erhoben, um meine Macht an dir zu offenbaren, damit mein Name auf der ganzen Welt verkündet werde* (zu Ex 9, 16).
Jahrhunderte sind vergangen, seit der Allerhöchste diese Worte gesprochen hat, aber seine Handlungsweise hat sich nicht geändert: immer wieder hat er sich Werkzeuge unter den Völkern erwählt, um sein Werk in den Seelen zu vollbringen. Könnte die Leinwand, auf die ein Künstler malt, denken und sprechen, so würde

sie sich zweifellos nicht beklagen, beständig vom Pinsel berührt und immer wieder berührt zu werden. Auch würde sie dieses Werkzeug nicht beneiden, da sie weiß, dass sie letzten Endes die Schönheit, mit der sie bekleidet wird, nicht dem Pinsel, sondern dem Künstler verdankt, der sich seiner bedient hat. Der Pinsel seinerseits könnte sich nicht durch sich selbst des Meisterwerkes rühmen, das mit seiner Hilfe zustande gekommen ist, denn er wüsste wohl, dass Künstler nie verlegen sind, die Schwierigkeiten spielend zu überwinden und sich zuweilen zu ihrem Vergnügen der schwächsten und mangelhaftesten Werkzeuge bedienen.

Meine Mutter, ich bin ein kleiner Pinsel, den Jesus dazu ausersehen hat, um sein Bild in den Seelen zu malen, die Sie mir anvertraut haben. Ein Künstler hat mehrere Pinsel. Er muss wenigstens zwei haben: der eine, der ihm am nützlichsten ist, trägt die Grundtöne auf und bedeckt die ganze Leinwand in sehr kurzer Zeit. Der andere ist kleiner und dient für die Einzelheiten. Meine Mutter, Sie stellen den kostbaren Pinsel dar, den Jesu Hand mit Liebe hält, wenn er eine große Arbeit in der Seele Ihrer Kinder vollbringen will. Ich aber, ich bin der ganz kleine Pinsel, den er zu benutzen sich würdigt, um die kleinsten Einzelheiten auszuführen.

Es war um den 8. Dezember 1892, als der göttliche Meister seinen kleinen Pinsel zum ersten Mal ergriff. Ich werde mich stets daran als eine Gnadenzeit erinnern.

Als ich in den Karmel eintrat, fand ich eine Gefährtin vor, die acht Jahre älter war als ich. Trotz des Altersunterschiedes entstand bald zwischen uns beiden eine wahre Vertraulichkeit. Zur Pflege dieser Zuneigung, die geeignet schien, Früchte der Tugend zu zeitigen, wurden uns kurze geistliche Gespräche gestattet. Meine liebe Mitschwester entzückte mich durch ihre Unschuld und ihren mitteilsamen und offenen Charakter. Anderseits aber wunderte ich mich, wie ganz verschieden ihre Liebe zu Ihnen, meine Mutter, von der meinigen war. Außerdem fand ich manches in ihrem Benehmen bedauerlich. Doch ließ der liebe Gott mich schon begreifen, dass es Seelen gibt, auf die seine Barmherzigkeit unermüdlich wartet, denen er sein Licht nur stufenweise zukommen lässt. So hütete ich mich sehr, seiner Stunde vorzugreifen.

Als ich eines Tages über die uns gewährte Erlaubnis nachdachte, die uns gewährt wurde, um uns, gemäß unseren heiligen Regeln, „noch mehr in der Liebe zu unserem Bräutigam zu entflammen", musste ich mit Betrübnis feststellen, dass sie nicht zu dem angestrebten Ziel führte. Ich erkannte eindeutig, dass ich nicht mehr länger schweigen durfte, oder besser noch, dass Unterhaltungen, die denen glichen, die Freundinnen in der Welt miteinander führen, aufhören mussten. Ich bat den Heiland innig, mir milde und überzeugende Worte auf die Lippen zu legen oder vielmehr an meiner Stelle zu sprechen. Er erhörte mein Gebet, *denn jene, die ihre Blicke auf ihn richten, werden erleuchtet werden* (Ps 33, 5), *und in der Finsternis ist denen das Licht aufgegangen, die geraden Herzens sind* (Ps 104, 11). Den ersten Teil dieser Schriftstellen wende ich auf mich selbst an und den zweiten auf meine Gefährtin, die wirklich geraden Herzens war.

Als die für unsere Zusammenkunft bestimmte Stunde schlug, merkte meine arme, kleine Mitschwester von Anfang an, dass ich nicht mehr dieselbe war. Errötend nahm sie neben mir Platz. Ich drückte sie an mein Herz und sagte ihr mit Zärtlichkeit alles, was ich von ihr dachte. Ich zeigte ihr, worin die wahre Liebe besteht, und bewies ihr, dass sie sich selbst liebt, wenn sie ihre Mutter Priorin nur mit einer bloß natürlichen Zuneigung liebt. Ich vertraute ihr an, welche Opfer ich in dieser Hinsicht zu Beginn meines klösterlichen Lebens bringen musste, und bald vereinigten sich ihre Tränen mit den meinigen. Ganz demütig gestand sie mir ihr Unrecht ein, erkannte, dass ich die Wahrheit sagte, versprach mir, ein neues Leben zu beginnen und bat, sie immer wieder auf ihre Fehler aufmerksam zu machen. Von diesem Augenblick an wurde unsere Liebe eine rein geistige. An beiden erfüllte sich der Ausspruch des Heiligen Geistes: *„Ein Bruder, der seinem Bruder zu Hilfe eilt, ist wie eine befestigte Stadt“* (Spr 18, 19). Meine Mutter, Sie wissen wohl, dass ich keineswegs die Absicht hatte, meine Gefährtin von Ihnen abzuwenden. Ich wollte ihr bloß zeigen, dass sich die wahre Liebe von Opfern nährt und dass die Zärtlichkeit einer Seele umso männlicher und uneigennütziger wird, je mehr sie sich die natürlichen Befriedigungen versagt.

Ich erinnere mich, dass ich als Postulantin bisweilen so heftige Versuchungen hatte, meine natürliche Genugtuung zu suchen und einige Tropfen Freude zu finden, dass ich gezwungen war, schnell an Ihrer Zelle vorüberzueilen und mich an das Treppengeländer klammern musste, um nicht zurückzukehren. Eine Reihe zu erfragender Erlaubnisse und tausenderlei Vorwände kamen mir in den Sinn, um meiner Natur Recht zu verschaffen und sie zu befriedigen. Wie froh bin ich jetzt, mich gleich

Therese im 15. Lebensjahr (1887).

vom Beginn meines Ordenslebens an abgetötet zu haben! Schon genieße ich die Belohnung, die jenen verheißen ist, die mutig kämpfen. Ich spüre nicht mehr, dass es nötig ist, mir die Herzenströstungen zu versagen, denn mein Herz ist in Gott verankert … Weil ich ihn einzig und allein liebe, hat es sich nach und nach erweitert, so dass es jetzt imstande ist, denen, die ihm lieb und teuer sind, unvergleichlich tiefere Herzlichkeit zu schenken, als wenn es sich auf eine selbstsüchtige und unfruchtbare Zuneigung konzentriert hätte.

Ich habe Ihnen, vielgeliebte Mutter, von jener ersten Arbeit gesprochen, die Jesus und Sie durch den kleinen Pinsel ausführten. Sie war aber nur das Vorspiel zu dem Meisterwerk, das Sie ihm dann anvertrauten.

Sobald ich in das Heiligtum der Seelen eindrang, erkannte ich auf den ersten Blick, dass diese Aufgabe meine Kräfte überstieg. Ich warf mich schnell in die Arme des lieben Gottes und ahmte die ganz kleinen Kinder nach, die unter dem Eindruck irgendeines Schreckens ihr lockiges Köpfchen an der Schulter ihres Vaters bergen. Und ich sprach: „Herr, du siehst, ich bin zu klein, um deine Kinder zu ernähren. Wenn du durch mich jedem von ihnen geben willst, was ihm bekömmlich ist, so fülle meine kleine Hand, und ohne deine Arme zu verlassen, ja, ohne auch nur den Kopf abzuwenden, werde ich deine Schätze der Seele austeilen, die kommen wird, um mich um Nahrung zu bitten. Wenn sie diese Nahrung nach ihrem Geschmack findet, so weiß ich, dass sie nicht mir, sondern dir dieselbe schuldet. Beklagt sie sich dagegen und findet bitter, was ich ihr darbiete, dann wird dadurch mein Frieden nicht gestört sein. Ich werde danach streben, sie zu überzeugen, dass diese Nahrung von dir stammt, und ich werde mich wohl hüten, eine andere für sie zu suchen."

Indem ich begriff, dass es mir unmöglich ist, aus mir selbst heraus etwas tun zu können, schien mir die Arbeit vereinfacht. Meine innere und einzige Beschäftigung war, mich mehr und mehr mit Gott zu vereinigen, denn ich wusste, *dass mir alles Übrige hinzugegeben werde* (Mt 6, 33). Tatsächlich wurde meine Hoffnung nie getäuscht, meine Hand war gefüllt, sooft es notwendig war, um die Seelen meiner Schwestern zu nähren. Ich gestehe Ihnen, Mutter, hätte ich anders gehandelt und mich auf meine eigenen Kräfte verlassen, dann hätte ich Ihnen ohne Zögern die Waffen zurückgegeben.

Von weitem betrachtet, scheint es leicht zu sein, den Seelen Gutes zu tun, sie in der Liebe Gottes zu fördern und nach den Absichten und Gedanken des Herrn zu formen. In der Nähe hingegen spürt man, dass es ebenso unmöglich ist, ohne Gottes Hilfe Gutes zu tun, als die Sonne während der Nacht auf unsere Erde zurückzuholen. Man fühlt, dass man seinen Geschmack, seine persönlichen Auffassungen vergessen muss und die Seelen nicht auf seinem eigenen Weg leiten darf, sondern nur auf dem besonderen Weg, den Jesus ihnen anweist. Und das ist noch nicht einmal das Schwierigste! Die Beobachtung der Fehler und der geringsten Unvollkommenheiten, denen der Kampf angesagt werden muss, kostet mich am meisten Überwindung.

Fast hätte ich gesagt: zu meinem Unglück – doch nein, das wäre Feigheit –, ich sage also: zum Glück für meine Mitschwestern gleiche ich dem Wächter, der den Feind vom höchsten Turm einer Festung aus beobachtet, seit ich in den Armen Jesu Platz genommen habe. Nichts entgeht meinen Blicken. Oft staune ich, so klar zu sehen, und finde, dass der Prophet Jonas durchaus zu entschuldigen ist, als er die Flucht vor dem Angesicht des Herrn ergriff, um nicht den Untergang Ninives ankündigen zu müssen. Lieber möchte ich tausend Vorwürfe entgegennehmen, als auch nur einen einzigen erteilen zu müssen. Ich fühle aber, wie sehr es notwendig ist, dass diese Aufgabe Leid für mich ist. Wenn man nämlich aus natürlichem Antrieb handelt, so ist es unmöglich, dass die schuldige Seele ihr Unrecht einsieht. Sie wird einfach so denken: „Die Schwester, die mit meiner Leitung betraut wurde, ist ärgerlich, und ihr Ärger fällt auf mich zurück, die ich doch von den besten Absichten beseelt bin."

Meine Mutter, damit geht es wie mit allem anderen: in allem muss ich der Selbstverleugnung und dem Opfer begegnen. So fühle ich, dass ein Brief keine Frucht bringen wird, solange ich ihn nicht mit einem gewissen Widerwillen und aus dem einzigen Motiv des Gehorsams heraus schreibe. Spreche ich mit einer Novizin, dann gebe ich mir Mühe, mich abzutöten. Ich vermeide es, Fragen an sie zu stellen, die meine Neugierde befriedigen könnten. Wenn sie anfängt, von einer sehr interessanten Sache zu sprechen und, ohne sie zu Ende zu führen, auf einen anderen Gegenstand übergeht, der mich langweilt, so hüte ich mich wohl, sie auf diese Unterbrechung hinzuweisen. Denn mir scheint, man kann nichts Gutes wirken, wenn man sich selbst sucht.

Meine Mutter, ich weiß, dass Ihre Schäflein mich streng finden! … Würden sie diese Zeilen lesen, dann sagten sie gewiss, dass es nicht den Anschein hat, als koste es mich die geringste Mühe, ihnen auf Schritt und Tritt nachzugehen, zu zeigen, dass sie ihr schönes Vlies befleckt haben, oder ihnen einige Wollflöckchen nachzutragen, die sie an den Dornengestrüppen des Weges hängen ließen. Die Schäfchen mögen alles sagen, was sie wollen: im Grunde fühlen sie, dass ich sie mit großer Liebe umfange. Nein, es besteht keine Gefahr, dass ich dem Mietling gleich werde, *der die Herde im Stich lässt und davonläuft, wenn er den Wolf erblickt* (Joh 10, 12). Ich bin bereit, *mein Leben für sie hinzugeben* (Joh 10, 14). Meine Liebe ist so rein, dass ich nicht einmal wünsche, dass sie sie kennen. Mit der Gnade Gottes habe ich nie versucht, die Herzen an mich zu ziehen. Ich habe begriffen, dass meine Aufgabe darin besteht, sie zu Gott zu führen und zu Ihnen, meine Mutter, die Sie hienieden Gott sichtbar darstellen, den sie lieben und achten müssen.

Ich habe gesagt, dass ich beim Unterrichten anderer viel gelernt habe. Zunächst sah ich, dass alle Seelen ungefähr die gleichen Kämpfe zu bestehen haben und es andererseits doch wiederum einen sehr großen Unterschied zwischen ihnen gibt. Diese Verschiedenartigkeit erfordert, dass man sie nicht auf gleiche Weise an sich ziehen darf. Bei manchen fühle ich, dass ich mich klein machen muss und nicht fürchten darf, mich zu verdemütigen, indem ich meine Kämpfe und Niederlagen eingestehe. Dann bekennen sie selbst mit Leichtigkeit die Fehler, die sie sich vorwerfen, und freuen sich, dass ich sie aus eigener Erfahrung verstehe. Um bei anderen Erfolg zu haben, ist Festigkeit am Platz. Niemals darf man auf eine ausgesprochene Entscheidung zurückkommen: sich erniedrigen wäre Schwäche.

Der Herr verlieh mir die Gnade, keine Angst vor dem Krieg zu haben. Um jeden Preis muss ich meine Pflicht erfüllen. Mehr als einmal bekam ich zu hören: „Wenn Sie bei mir etwas erreichen wollen, dann behandeln Sie mich nicht mit Strenge, sondern mit Güte, andernfalls erreichen Sie nichts.“ Aber ich weiß, dass niemand in eigener Sache ein guter Richter sein kann und dass ein Kind, das der Arzt einer schmerzlichen Operation unterwerfen muss, nie verfehlen wird, laut aufzuschreien und zu sagen, das Heilmittel sei schlimmer als das Übel selbst. Ist es aber einige Tage später geheilt, dann ist es ganz glücklich, weil es spielen und umherspringen kann. So verhält es sich auch mit den Seelen: bald erkennen sie, dass etwas Bitterkeit dem Zuckerwasser vorzuziehen ist, und sie fürchten auch nicht, dies einzugestehen.

Zuweilen ist es ein wirklich feenhaftes Schauspiel, die Wandlung festzustellen, die sich von einem Tag zum anderen vollzieht. So gesteht man mir: „Sie hatten gestern recht, streng zu sein. Zuerst war ich empört, dann aber besann ich mich auf die ganze Sache, und ich sah ein, dass Sie sehr gerecht waren. Als ich Ihre Zelle verließ, dachte ich, es wäre Schluss, und sagte mir: Ich gehe zur Mutter Priorin und erkläre ihr, dass ich nicht mehr zu Schwester Therese vom Kinde Jesus gehen werde, aber ich spürte, dass es der Teufel war, der mir das eingab. Und dann schien es mir, als ob Sie für mich beteten. Daraufhin blieb ich ruhig, und das Licht fing an aufzuleuchten. Jetzt bitte ich Sie, erleuchten Sie mich vollkommen. Gerade deshalb komme ich.“

Und ich, ganz glücklich, meiner Herzensneigung folgen zu dürfen, trage bald weniger bittere Gerichte auf

... Ja, aber ... ich merke, dass ich mich nicht zu weit einlassen darf ... Ein einziges Wort könnte das schöne, unter Tränen errichtete Gebäude vernichten! Wenn ich das Unglück habe, das geringste Wort zu sagen, was die am Vortag dargelegten Wahrheiten abzuschwächen scheint, so sehe ich, wie meine kleine Schwester versucht, sich wieder an den Ästen anzuklammern ...

Dann nehme ich meine Zuflucht zum Gebet. Ich werfe innerlich einen Blick auf die Gottesmutter, und Jesus trägt immer wieder den Sieg davon. Ja, Gebet und Opfer sind meine unüberwindlichen Waffen. Viel besser als Worte vermögen sie die Herzen zu rühren. Das weiß ich aus Erfahrung.

Während der Fastenzeit vor zwei Jahren kam eine Novizin ganz glückstrahlend zu mir und sagte: „Wenn Sie wüssten, was ich heute Nacht geträumt habe! Ich befand mich bei meiner so weltlich gesinnten Schwester und wollte sie von allen Eitelkeiten der Welt losreißen. Deshalb erklärte ich ihr die Worte Ihres Liedes ‚Aus Liebe leben':

> Dich, Jesus, lieben, welch glücklicher Verlust!
> All mein Wohlduft sei auf ewig dein!

Ich fühlte wohl, dass meine Worte bis auf den Grund ihrer Seele drangen, und war außer mir vor Freude. Heute Morgen denke ich, der liebe Gott wolle vielleicht, dass ich ihm diese Seele schenke. Wie wäre es, wenn ich ihr zu Ostern schreiben würde, um ihr meinen Traum zu erzählen und zu sagen, Jesus begehre sie zur Braut! Was halten Sie davon?" Ich gab ihr einfach die Antwort, sie könnte sich diese Erlaubnis erbitten.

Da aber die Fastenzeit sich keineswegs ihrem Ende näherte, waren Sie, meine Mutter, von einer solch verfrühten Bitte überrascht. Offensichtlich von Gott erleuchtet, erwiderten Sie, die Aufgabe der Karmelitinnen sei, die Seelen vielmehr durch das Gebet als durch Briefe zu retten. Als ich diese Entscheidung erfuhr, sagte ich zu meiner Mitschwester: „Machen wir uns also ans Werk! Beten wir viel! Welche Freude, wenn wir am Ende der Fastenzeit uns erhört sehen!" O unendliche Barmherzigkeit des Herrn! *Als die Fastenzeit ihr Ende erreicht hatte,* gab es eine Seele mehr, die sich dem Herrn weihte. Es war ein wahres Wunder der Gnade: ein Wunder, das durch den Eifer einer demütigen Novizin erwirkt wurde!

Wie groß ist doch die Macht des Gebetes! Man möchte es mit einer Königin vergleichen, die jederzeit Zutritt zum König hat und alles erhalten kann, um was sie bittet. Um erhört zu werden, ist es keineswegs notwendig, aus einem Gebetbuch eine schöne Formel zu lesen, die für diese Gelegenheit verfasst wurde. Wäre dem so, wie wäre ich dann zu bedauern!

Außer dem göttlichen Offizium, das ich mit Freude täglich verrichte, obwohl ich dessen sehr unwürdig bin, habe ich gar nicht den Mut, mich zu zwingen, schöne Gebete in Büchern zu suchen. Das bereitet mir Kopfschmerzen, gibt es doch so viele Gebete! Und dann ist eines schöner als das andere! Da ich sie aber unmöglich alle verrichten kann und nicht weiß, welche ich auswählen soll, mache ich es wie die kleinen Kinder, die noch nicht lesen können: ich sage ganz einfach dem lieben Gott, was ich ihm sagen will, und immer versteht er mich.

Für mich ist das Gebet ein Aufschwung des Herzens, ein einfacher Blick, den man zum Himmel richtet, ein Ausruf der Dankbarkeit und Liebe sowohl inmitten des Leidens wie inmitten der Freude! Kurz, es ist etwas Erhabenes, Übernatürliches, das die Seele weitet und sie mit Gott verbindet. Wenn sich mein Geist zuweilen in so großer Trockenheit befindet, dass ich auch nicht einen einzigen guten Gedanken aus ihm herausholen kann, dann bete ich ganz langsam ein Vaterunser und ein Ave-Maria. Diese Gebete allein entzücken mich, sie nähren in göttlicher Weise meine Seele und genügen ihr.

Aber wohin war ich denn von meinem Gegenstand abgeirrt! Nun bin ich wieder mitten in einem Wirrsal von Erwägungen ... Verzeihen Sie mir, meine Mutter, dass ich nicht präziser vorgehe! Ich gestehe, dass diese Geschichte ein sehr verwirrtes Knäuel ist. Aber leider kann ich es nicht besser machen. Ich schreibe die Gedanken eben so nieder, wie sie mir in den Sinn kommen. Auf gut Glück fische ich in dem Bächlein meines Herzens und biete Ihnen meine Fischlein so dar, wie sie sich fangen lassen.

Ich sprach von den Novizinnen, die mir oft sagen: „Auf alle Fragen haben Sie eine Antwort – aber diesmal glaubte ich Sie in Verlegenheit zu bringen ...! Wo holen Sie nur alles her, was Sie uns lehren?“ Es gibt sogar solche, die einfältig genug sind zu glauben, ich lese in ihrer Seele, da es geschah, dass ich ihnen zuvorkam, indem ich ihnen – ohne Offenbarung – sagte, was sie dachten.

Die älteste der Novizinnen hatte sich vorgenommen, mir ein schweres Leid zu verheimlichen, das ihr großen Schmerz bereitete. Sie hatte eine Nacht voller Ängste zugebracht, sich aber gehütet zu weinen, weil sie fürchtete, ihre verweinten Augen könnten sie verraten. Noch liebenswürdiger als gewöhnlich sprach sie mit mir. Da sagte ich ganz einfach zu ihr: „Sie haben Kummer! Ich bin dessen gewiss!“ Völlig erstaunt blickte sie mich an ... Ihre Betroffenheit war so groß, dass auch ich davon erfasst wurde und sie auf mich einen, ich weiß nicht wie, übernatürlichen Eindruck machte. Ich spürte, dass uns Gott nahe war, ganz nahe bei uns ... Ohne mir dessen bewusst zu werden – denn ich habe nicht die Gabe, in den Seelen zu lesen –, hatte ich ein wahrhaft inspiriertes Wort ausgesprochen und konnte diese Seele vollständig trösten.

Meine vielgeliebte Mutter, nun will ich Ihnen den größten geistlichen Nutzen anvertrauen, der mir bei den Novizinnen zuteil wurde. Sie verstehen, dass diesen alles gestattet ist: sie müssen ja alles sagen können, was sie denken, das Gute wie das Böse, ohne Einschränkung. Das fällt ihnen mir gegenüber umso leichter, als sie mir nicht die Ehrfurcht schulden wie einer Novizenmeisterin.

Ich kann nicht sagen, dass Jesus mich äußerlich den Weg der Verdemütigung gehen lässt. Er begnügt sich damit, mich im Grunde meiner Seele zu verdemütigen. Vor den Augen der Geschöpfe gelingt mir alles. Ich wandle auf dem gefährlichen Pfade der Ehren – wenn man sich im Klosterleben so ausdrücken darf –, und ich verstehe in dieser Hinsicht die Führung Gottes und der Oberen. Wenn ich wirklich in den Augen der Klostergemeinschaft für eine unfähige Schwester gehalten würde, die weder Verstand noch gesundes Urteil besitzt, dann wäre es Ihnen, meine Mutter, gar nicht möglich, sich von mir unterstützen zu lassen. Das ist der

Grund, weshalb der göttliche Meister über meine inneren und äußeren Fehler einen Schleier ausgebreitet hat.

Dieser Schleier zieht mir einige Lobsprüche vonseiten der Novizinnen zu: Lobsprüche ohne Schmeichelei. Ich weiß, dass sie denken, wie sie reden. Das aber flößt mir keine Eitelkeit ein, denn ich habe das Bewusstsein meiner Armseligkeit beständig vor Augen. Zuweilen aber befällt mich großes Verlangen, etwas anderes zu hören als Lobsprüche. Meine Seele wird der allzu süßen Nahrung überdrüssig; Jesus lässt ihr daher einen guten, mit scharfem Essig und starken Gewürzen angemachten Salat vorsetzen. Gar nichts fehlt darin, außer dem Öl, das ihm den rechten Wohlgeschmack geben soll.

Gerade dann tischen mir die Novizinnen diesen Salat auf, wenn ich am wenigsten darauf gefasst bin. Der liebe Gott lüftet ihnen den Schleier, der meine Unvollkommenheiten verbirgt, und wenn meine lieben jungen Schwestern die Wahrheit sehen, finden sie mich nicht mehr ganz nach ihrem Geschmack. Mit einer Schlichtheit, die mich entzückt, sagen sie mir, zu welchen Kämpfen ich ihnen Anlass gebe und was ihnen an mir missfällt. Sie tun sich dann ebenso wenig Zwang an, als handle es sich um jemand anderen, denn sie wissen, dass sie mir große Freude bereiten, wenn sie so handeln.

Wirklich, das ist mehr als nur Freude: es ist ein köstliches Festmahl, das meine Seele mit Freude erfüllt. Wie kann denn etwas, das der Natur so sehr missfällt, solches Glück bereiten? Hätte ich es nicht erfahren, dann könnte ich es nicht glauben.

Als ich mich eines Tages heftig danach sehnte, verdemütigt zu werden, übernahm eine junge Postulantin es so gründlich, mich zufriedenzustellen, dass mir der

Gedanke an Simri kam, der David verfluchte (vgl. 2 Kön 16, 10). Innerlich wiederholte ich mit dem heiligen König: *„Ja, es ist wirklich der Herr, der ihm aufgetragen hat, mir all das zu sagen."*

So sorgt der liebe Gott für mich. Er kann mir nicht immerfort das kräftigende Brot der äußeren Verdemütigung reichen, aber von Zeit zu Zeit erlaubt er mir, mich mit *den Brosamen zu nähren, die vom Tisch der Kinder fallen* (Mk 7, 28). Wie groß ist doch seine Barmherzigkeit! Vielgeliebte Mutter, da ich bereits hienieden versuche, mit Ihnen diese unendliche Barmherzigkeit zu preisen, muss ich Ihnen noch von einem wirklichen Vorteil berichten, den ich außer vielen anderen aus meiner kleinen Mission ziehe. Wenn ich früher eine Schwester zu meinem Missfallen anscheinend regelwidrig handeln sah, sagte ich mir: „Ach, könnte ich sie doch darauf aufmerksam machen und ihr den Fehler zeigen! Welche Erleichterung wäre das für mich!" Aber seit ich mitten in dieser Arbeit stehe, habe ich meine Meinung geändert! Wenn ich etwas sehe, was falsch ist, dann stoße ich einen Seufzer der Erleichterung aus: „Welch ein Glück! Es ist keine Novizin, und ich bin nicht verpflichtet, sie zu tadeln!" Dann gebe ich mir Mühe, die Fehlende zu entschuldigen und der Mitschwester gute Absichten zuzuschreiben, die sie auch zweifellos hat.

Verehrte Mutter, die Pflege, die Sie mir während meiner Krankheit in überreichem Maße angedeihen lassen, hat mir noch viele andere Lehren über die Nächstenliebe gegeben. Keine Arznei scheint Ihnen zu teuer zu sein. Und wirkt die eine nicht, dann versuchen Sie es unermüdlich mit einer anderen. Wenn ich in die

Erholung komme, achten Sie darauf, dass ich nicht dem geringsten Luftzug ausgesetzt bin. Meine Mutter, ich fühle, dass ich gegenüber den geistigen Schwächen meiner Mitschwestern ebenso mitleidig sein muss, wie Sie es für meine körperliche Schwäche sind.

Ich habe festgestellt, dass die heiligsten Ordensschwestern die beliebtesten sind. Man sucht ihre Gesellschaft auf, man erweist ihnen Dienste, sogar ohne dass sie darum bitten. Mit einem Wort: Seelen, die fähig sind, Rücksichtslosigkeiten und Mangel an Zartgefühl zu ertragen, sehen sich von der Liebe aller umgeben. Man kann das Wort unseres heiligen Vaters Johannes vom Kreuz auf sie anwenden: „Alle Güter wurden mir zuteil, sobald ich sie nicht aus Eigenliebe gesucht habe." Die unvollkommenen Seelen dagegen werden vernachlässigt. Man hält sich ihnen gegenüber in den Schranken der klösterlichen Höflichkeit, meidet aber ihre Gesellschaft aus Furcht, man könnte ihnen irgendein unfreundliches Wort sagen. Wenn ich von unvollkommenen Seelen rede, so meine ich nicht nur die geistlichen Unvollkommenheiten, da auch die heiligsten Schwestern erst im Himmel ganz vollkommen sein werden, sondern auch den Mangel an Urteil, an Erziehung und die Empfindlichkeit mancher Charaktere: alles Dinge, die das Leben nicht leichter machen. Ich weiß wohl, dass diese Schwächen chronisch sind, ohne Hoffnung auf Heilung, aber ich weiß auch, dass meine Mutter nicht aufhören würde, mich zu pflegen, sondern versuchen würde, mir auch dann Erleichterungen zu verschaffen, wenn ich lange Jahre hindurch krank bliebe.

Der Schluss, den ich daraus ziehe: Ich muss die Gesellschaft jener Schwestern aufsuchen, die mir von

Natur aus nicht gefallen, und ihnen gegenüber das Amt des guten Samaritans ausüben. Ein Wort oder ein liebenswürdiges Lächeln genügen oft, um eine traurige und verwundete Seele aufzuheitern. Dass ich liebenswürdig sein will, geschieht ja nicht nur in der Hoffnung zu trösten: ich weiß, dass ich bald mutlos wäre, wollte ich dieses Ziel verfolgen, denn auch ein in bester Absicht ausgesprochenes Wort kann falsch ausgelegt werden. Um weder Zeit noch Mühe zu vergeuden, bemühe ich mich, einzig und allein deswegen zu handeln, um dem Herrn Freude zu machen nach dem Rat des Evangeliums: *„Wenn du ein Gastmahl gibst, dann lade nicht deine Verwandten und Freunde ein aus Furcht, dass sie auch dich ihrerseits einladen, und so hättest du deinen Lohn bereits empfangen. Lade also vielmehr die Armen und Schwachen ein, und du wirst glücklich sein, weil sie es dir nicht vergelten können. Dein Vater aber, der ins Verborgene sieht, wird es dir lohnen"* (Lk 14, 12–14; Mt 6, 4).

Welches Festmahl könnte ich meinen Mitschwestern darbieten, wenn nicht ein geistiges der liebevollen und freudigen Nächstenliebe? Nein, ich kenne kein anderes und soll den heiligen Paulus nachahmen, der sich mit denen freute, die er in der Freude fand. Gewiss weinte er auch mit den Betrübten, und die Tränen müssen auch zuweilen bei dem Festmahl fließen, das ich anbieten will. Aber stets will ich versuchen, diese Tränen in Freude zu verwandeln, *denn der Herr liebt diejenigen, die mit Freude geben* (2 Kor 9, 7).

Ich entsinne mich eines Aktes der Nächstenliebe, den der liebe Gott mir schon eingab, als ich noch Novizin war. Für diesen scheinbar ganz kleinen Akt hat der himmlische Vater, *der ins Verborgene sieht,* mich schon belohnt, ohne das andere Leben abzuwarten. Es war zur Zeit, ehe unsere Schwester Petra ganz und gar kränklich wurde. Jeden Abend um zehn Minuten vor sechs musste jemand die Betrachtung unterbrechen, um sie in den Speisesaal zu führen. Es kostete mich viel, mich anzubieten, denn ich wusste, wie schwer oder vielmehr wie unmöglich es war, die arme Kranke zufriedenzustellen. Dennoch wollte ich eine so schöne Gelegenheit nicht verpassen, da ich mich an die göttlichen Worte erinnerte: „*Was ihr dem geringsten meiner Brüder getan habt, das habt ihr mir getan*" (Mt 25, 40).

Ich bot mich also ganz demütig an, sie zu führen. Es gelang mir nicht ohne Mühe, ihr meine Dienste genehm zu machen. Schließlich aber begab ich mich mit so viel gutem Willen ans Werk, dass ich einen vollen Erfolg erzielte. Allabendlich, wenn sie ihre Sanduhr bewegte, wusste ich, was das hieß: gehen wir!

Dann nahm ich meinen ganzen Mut zusammen. Ich stand auf, und es begann eine komplizierte Zeremonie. Zunächst musste ich die Bank *auf eine ganz bestimmte Art und Weise* in Bewegung bringen und tragen, mich nicht eilen und dann den Weg beginnen. Es handelte sich darum, hinter ihr herzugehen, indem ich sie mit dem Gürtel festhielt. Ich tat das mit der größtmöglichen Behutsamkeit. Wenn sie unglücklicherweise einen Fehltritt tat, dann meinte sie, ich hielte sie nicht fest und sie würde fallen: „O Gott, Sie gehen zu rasch. Ich breche zusammen!" Versuchte ich, sie noch langsamer zu führen: „Aber folgen Sie mir doch! Ich fühle Ihre Hand nicht mehr. Sie lassen mich ja los, ich falle. Ich hatte recht zu sagen, Sie seien zu jung, um mich zu führen!" Endlich kamen wir ohne weiteren Unfall im

Speisesaal an. Da traten neue Schwierigkeiten auf: ich musste meine arme Kranke an ihren Platz bringen und geschickt vorgehen, um ihr nicht wehe zu tun. Danach musste ich ihr noch immer auf eine gewisse Art die Ärmel zurückschlagen. Hierauf konnte ich fortgehen. Aber bald stellte ich fest, wie sie das Brot mit äußerster Mühe schnitt. Von da ab verließ ich sie erst, nachdem ich ihr auch diesen letzten Dienst erwiesen hatte. Da sie mir niemals diesen Wunsch geäußert hatte, war sie über die Aufmerksamkeit sehr gerührt. Durch diese in keiner Weise von mir gesuchten Mittel gewann ich ihr volles Vertrauen, besonders weil ich ihr – wie ich später erfuhr – nach all den kleinen Diensten, wie sie es ausdrückte, *mein schönstes Lächeln zeigte*.

Meine Mutter, schon lange ist es her, seit ich diesen Akt der Tugend geübt habe, und dennoch lässt mir der Herr die Erinnerung daran gleich einem Duft, einem Säuseln des Himmels.

An einem Winterabend verrichtete ich wie gewöhnlich meinen bescheidenen Dienst, von dem ich eben gesprochen habe. Es war kalt. Es war Nacht. Plötzlich ertönten aus der Ferne die harmonischen Klänge mehrerer Musikinstrumente. Ich stellte mir einen reich möblierten, von strahlenden Lampen erleuchteten, von Vergoldungen funkelnden Saal vor. In diesem Salon empfingen und verschenkten vornehm gekleidete junge Mädchen tausend weltliche Höflichkeitsbezeigungen. Dann fiel mein Blick auf die arme Kranke, die ich führte. Statt einer Melodie hörte ich ab und zu ihre kläglichen Seufzer. Statt glänzender Vergoldungen sah ich die Ziegelsteine unseres schmucklosen Kreuzganges, den ein schwaches Licht kaum notdürftig erhellte.

Dieser Gegensatz beeindruckte meine Seele. Der Herr erleuchtete sie mit den Strahlen der Wahrheit, die dermaßen den dunklen Glanz der irdischen Freuden übertreffen, dass ich die für meinen Liebesdienst aufgewandten zehn Minuten nicht für den Genus von tausend Jahren weltlicher Feste hergegeben hätte.

Wenn man schon mitten im Leid, mitten im Kampf derartige Genüsse verkostet, indem man bedenkt, dass Gott uns aus der Welt herausgeführt hat, was wird dann erst in der ewigen Herrlichkeit sein, wenn wir inmitten der ewigen Glorie und nie endender Ruhe die unvergleichliche Gnade erkennen, die er uns geschenkt hat, indem er uns berief, um in seinem Hause, dem wahren Vorhof des Himmels, zu wohnen?

Nicht immer habe ich die Nächstenliebe mit so begeisterter Freude geübt. Aber beim Beginn meines klösterlichen Lebens wollte Jesus mich fühlen lassen, wie beglückend es ist, ihn in den Seelen seiner Bräute zu erblicken. Wenn ich Schwester Petra begleitete, dann geschah es mit soviel Liebe, dass ich unmöglich mehr hätte tun können, wenn ich den Herrn selbst geführt hätte. Wie ich Ihnen eben sagte, geliebte Mutter, war die Übung der Nächstenliebe nicht immer so beglückend für mich. Um Ihnen das zu beweisen, will ich Ihnen von vielen Kämpfen nur einige erzählen:

Lange Zeit war ich während der Betrachtung nicht weit von einer Schwester entfernt, die unablässig ihren Rosenkranz, oder ich weiß nicht was, in Bewegung setzte. Vielleicht habe ich es allein wahrgenommen, denn ich habe ein äußerst feines Gehör. Ihnen aber zu sagen, wie mich das ermüdete, wäre unmöglich! Gerne hätte ich den Kopf umgedreht, um die Schuldige anzuschauen und so der Sache ein Ende zu machen. Aber ich fühlte, dass es besser sei, es in Geduld zu ertragen: zunächst aus Liebe zu Gott und dann auch, um einen Anlass zur Betrübnis zu vermeiden.

Ich blieb also ganz ruhig, aber zuweilen war ich in Schweiß gebadet und gezwungen, einfach aus dem Leiden ein Gebet zu machen. Schließlich suchte ich ein Mittel, um mit Frieden und mit Freude zu leiden – wenigstens im Seelengrunde. Ich bemühte mich, dieses kleine unangenehme Geräusch liebzugewinnen. Statt mich anzustrengen, es nicht zu hören – ein Ding der Unmöglichkeit –, war ich darauf bedacht, so aufmerksam zu lauschen, wie wenn es sich um ein entzückendes Konzert gehandelt hätte. Und mein betrachtendes Gebet, *das nicht das Gebet der Ruhe war,* verlief, indem ich Jesus dieses „Konzert" immer wieder aufopferte.

Ein anderes Mal stand ich in der Waschküche vor einer Schwester, die mich beim Waschen der Taschentücher jeden Augenblick mit schmutzigem Wasser bespritzte. Mein erster Gedanke war, zurückzuweichen und mir das Gesicht abzutrocknen, um jener, die mich so benetzte, zu zeigen, dass sie mir einen Dienst erweisen würde, wenn sie sich ruhiger verhielte. Aber schon bald dachte ich, wie dumm es sei, Schätze zurückzuweisen, die man mir in so freigebiger Weise darbot, und so hütete ich mich wohl, meinen Verdruss merken zu lassen. Im Gegenteil: ich tat alles, um mit möglichst viel schmutzigem Wasser besprengt zu werden, so dass ich wirklich nach einer halben Stunde Geschmack an dieser neuen Art von Besprengung gefunden hatte. Ich gelobte mir, sooft als möglich an diesen wertvollen Platz zurückzukehren, wo man mir so große Reichtümer umsonst anbot.

Meine Mutter, Sie sehen, ich bin eine ganz *kleine Seele*, die dem lieben Gott nur *ganz kleine Dinge* anbieten kann. Dabei kommt es noch oft vor, dass ich mir diese kleinen Opfer entgehen lasse, die so großen Herzensfrieden bringen. Aber das entmutigt mich nicht: ich ertrage es, wenn ich etwas weniger Herzensfrieden genieße, und ich gebe mir Mühe, ein andermal wachsamer zu sein.

Wie glücklich macht mich doch der Herr! Wie leicht und beglückend ist es, ihm hienieden zu dienen! Ja, ich wiederhole: immer wieder hat er mir gegeben, was ich wünschte, besser gesagt: er ließ mich das wünschen, was er mir geben wollte. So sagte ich mir kurze Zeit vor meiner furchtbaren Versuchung gegen den Glauben: „Wirklich, ich habe keine großen äußeren Leiden, und um innere Leiden zu haben, muss der liebe Gott meinen Weg ändern. Ich glaube nicht, dass er es tut. Dennoch kann ich nicht immer so in der Ruhe leben. Welches Mittel wird er wohl finden?"

Die Antwort ließ nicht auf sich warten. Sie zeigte mir, dass es ihm, den meine Seele liebt, niemals an Mitteln fehlt. Denn ohne meinen Weg zu verändern, schickte er mir diese schwere Prüfung, die alsbald allen Süßigkeiten Bitternis beimengte.

Nicht nur, wenn Jesus mir Prüfungen schicken will, lässt er mich das vorausahnen und begehren. Schon seit langem hegte ich einen Wunsch, der mir unerfüllbar schien: einen Bruder zu haben, der Priester ist. Oft dachte ich: Wenn meine kleinen Brüderchen nicht in den Himmel aufgenommen worden wären, dann hätte ich wohl das Glück gehabt, sie am Altar zu sehen. Wie ich den Verlust dieses Glückes bedauerte! Und nun ging der liebe Gott über meinen Traum hinaus – da ich mir ja nur einen Priesterbruder wünschte, der meiner jeden Tag am Altar gedächte –, und er vereinigte mich durch die Bande der Seele mit *zweien seiner Apostel.* Ich möchte Ihnen, liebe Mutter, ausführlich erzählen, wie der göttliche Meister meine Wünsche überreich erfüllte: Unsere heilige Mutter Theresia war es, die mir als Blumenstrauß zu meinem Namenstag im Jahre 1895 meinen ersten Bruder geschickt hat. Es war Waschtag, und ich war eifrig mit meiner Arbeit beschäftigt, als mich Mutter Agnes von Jesus, die damalige Priorin, beiseite nahm und mir den Brief eines jungen Seminaristen vorlas. Auf Eingebung der heiligen Theresia, so schrieb er, bitte er um eine Schwester, die sich besonders für sein Heil und das Heil der Seelen, um die er sich später kümmern solle, hingeben würde. Er versprach, sobald er einmal selbst das heilige Messopfer darbringen dürfe, werde er für jene, die seine Schwester würde, immer ein besonderes Gedenken haben. Und ich wurde gewählt, um die Schwester dieses künftigen Missionars zu werden[43].

Meine Mutter, ich kann Ihnen mein Glück nicht schildern. Mein Wunsch, der in so unverhoffter Weise erfüllt wurde, bewirkte in meinem Herzen eine Freude, die ich kindisch nennen möchte, denn ich muß mich schon in die Tage meiner Kindheit zurückversetzen, um die Erinnerung an die Freuden zu finden, die so lebhaft sind, dass die Seele zu klein ist, um sie in sich zu fassen. Seit Jahren hatte ich diese Art von Glück nicht genossen. Ich fühlte, dass meine Seele von dieser Seite her neu war, als

43 P. Rouland aus der Gesellschaft der Auswärtigen Missionare.

habe man in ihr musikalische Saiten angeschlagen, die bis dahin in Vergessenheit geblieben waren.

Da ich begriff, welche Verpflichtungen ich mir auferlegte, begab ich mich ans Werk. Ich gab mir Mühe, meinen Eifer zu verdoppeln, und von Zeit zu Zeit schrieb ich einige Briefe an meinen neuen Bruder. Zweifellos sind Gebet und Opfer die Mittel, durch die man den Missionen helfen kann. Aber wenn es Jesus gefällt, zwei Seelen zu seiner Verherrlichung miteinander zu vereinigen, dann gestattet er zuweilen, dass sie sich ihre Gedanken mitteilen können, damit sie sich gegenseitig zu größerer Gottesliebe antreiben.

Ich weiß, dass man dazu den ausdrücklichen Willen der Obern braucht. Es scheint mir, dass sonst dieser begehrte Briefwechsel mehr schaden als nützen würde, wenn auch nicht dem Missionar, so doch wenigstens der Karmelitin, die durch ihre Lebensweise beständig der Gefahr ausgesetzt ist, sich zuviel mit sich selbst zu beschäftigen. Statt sie mit Gott zu verbinden, würde dieser Briefaustausch – selbst bei großen Abständen – ihren Geist in unnützer Weise in Anspruch nehmen. Sie würde sich vielleicht einbilden, Wunder zu wirken, während sie in Wirklichkeit unter dem Deckmantel des Seeleneifers nichts weiter tut, als sich eine überflüssige Zerstreuung zu verschaffen.

Vielgeliebte Mutter, nun bin ich selbst zwar nicht in Zerstreuungen, aber in eine ebenfalls überflüssige Abhandlung hineingeraten. Von dieser Weitschweifigkeit, die für Sie beim Lesen ermüdend sein muss, werde ich mich nie bessern! Verzeihen Sie mir und erlauben Sie, dass ich bei der nächsten Gelegenheit wieder beginne.

Ende Mai vorigen Jahres waren Sie es, die mir meinen zweiten Bruder schenkte[44]. Auf mein Bedenken, dass ich meine armseligen Verdienste bereits für einen künftigen Apostel aufgeopfert habe und daher glaubte, dies nicht auch noch in der Meinung eines andern tun zu dürfen, gaben Sie zur Antwort, der Gehorsam werde meine Verdienste verdoppeln.

Im Grunde meiner Seele dachte ich das wohl auch, und da der Eifer einer Karmelitin die ganze Welt umspannen soll, hoffe ich mit der Gnade Gottes, mehr als zwei Missionaren nützlich zu sein. Ich bete für alle, ohne die einfachen Priester zu vergessen, da deren Apostolat manchmal ebenso schwer ist wie das der Apostel, die den Ungläubigen predigen. Kurz, wie unsere heilige Mutter Theresia will ich *„eine Tochter der Kirche"* sein und in allen Meinungen des Heiligen Vaters, des Stellvertreters Jesu Christi, beten. Das ist der große Zweck meines Lebens.

So wie ich mich aber in ganz besonderer Weise den Werken meiner kleinen, lieben Brüder angeschlossen hätte, falls sie am Leben geblieben wären, ohne dabei die großen, umfassenden Interessen der Kirche im Stich zu lassen, bleibe ich ganz besonders mit den neuen Brüdern vereint, die Jesus mir gegeben hat. Alles, was mir gehört, gehört jedem von ihnen. Ich fühle, dass Gott zu gut, zu großmütig ist, um Teilungen vorzunehmen. Er ist so reich, dass er ohne Maß gewährt, um was ich ihn bitte, obwohl ich mich nicht in langen Aufzählungen verliere. Seitdem ich die Sorge für zwei Brüder und für meine Schwestern, die Novizinnen,

44 Pater Bellière, Weißer Vater.

habe, wären die Tage zu kurz, wollte ich die Bedürfnisse jeder Seele bis in die Einzelheiten aufzählen, und ich würde sehr fürchten, etwas Wichtiges zu vergessen. Einfache Seelen bedürfen keiner komplizierten Mittel, und da ich zu den einfachen Seelen gehöre, gab der liebe Gott mir ein kleines, sehr einfaches Mittel ein, meinen Verpflichtungen nachzukommen.

Eines Tages nach der heiligen Kommunion ließ er mich das Wort des Hohenliedes verstehen: *„Ziehe mich an, so wollen wir dem Wohlgeruch deiner Salben nacheilen"* (zu Hld 1, 3, 4). O Jesus, so ist es also nicht nötig zu sagen: Indem du mich an dich ziehst, ziehe auch jene Seelen an dich, die ich liebe. „Ziehe mich" genügt! Ja, hat sich eine Seele einmal von dem berauschenden Duft deiner Seelen berücken lassen, so vermag sie nicht allein zu laufen: alle Seelen, die sie liebt, werden mit ihr fortgerissen. Das ist eine natürliche Folge der Anziehungskraft, die sie zu dir hintreibt!

Gleichwie ein Strom alles, was sich ihm hindernd in den Weg stellt, hinter sich her in die Tiefen des Meeres reißt, so zieht auch, o mein Jesus, die Seele, die sich in den uferlosen Ozean deiner Liebe versenkt, alle ihre Schätze nach sich!

Herr, du weißt es, die Schätze sind für mich die Seelen, die du nach deinem Wohlgefallen mit der meinigen verbunden hast. Diese Schätze hast du selbst mir anvertraut. Daher wage ich es, deine eigenen Worte zu entlehnen, die Worte vom letzten Abend, der dich noch als Pilger und Sterblicher auf Erden sah.

O Jesus, mein Vielgeliebter, ich weiß nicht, an welchem Tag meine irdische Verbannung enden wird ... Vielleicht wird mehr als ein Abend Zeuge sein, dass ich deine Erbarmungen noch hienieden besinge. Aber schließlich wird auch für mich einmal der letzte Abend anbrechen ... Dann wünsche ich mit dir sprechen zu können: „Ich habe dich auf Erden verherrlicht. Ich habe das Werk vollbracht, das du mir aufgetragen hattest. Ich habe deinen Namen denen geoffenbart, die du mir gegeben hast. Sie waren dein, und du hast sie mir geschenkt. Jetzt erkennen sie, dass alles, was du mir gegeben, von dir herkommt. Denn ich habe ihnen die Worte mitgeteilt, die du mir anvertraut hast. Sie nahmen sie auf und glaubten, dass du mich gesandt hast. Ich bitte für die, die du mir gegeben hast, denn sie sind dein. Ich bin nicht mehr in der Welt. Sie aber weilen noch in ihr, während ich zu dir zurückkehre. Bewahre sie um deines Namens willen!

Ich gehe jetzt zu dir. Dies sage ich, da ich noch in der Welt bin, damit deine Freude in ihnen vollkommen sei. Ich bitte dich nicht, sie aus der Welt zu nehmen, sondern sie vor dem Bösen zu bewahren. Sie sind nicht von der Welt, wie auch ich nicht von der Welt bin.

Nicht nur für sie bete ich, sondern auch für alle, die auf ihr Wort hin glauben werden.

Mein Gott, ich wünsche, dass, wo ich sein werde, auch die mit mir seien, die du mir gegeben hast, und dass die Welt erkenne, dass du sie geliebt hast, wie du mich geliebt hast“ (Joh 17, 4–23).

Ja, Herr, das ist es, was ich dir nachsprechen möchte, bevor ich hinauffliege in deine Arme! Veilleicht ist es Vermessenheit ... Aber nein ... Hast du mir nicht schon längst gestattet, dir gegenüber kühn zu sein? Gleichwie der Vater zu seinem verlorenen Sohn gesagt, so sprichst auch du zu mir: *„Alles, was mein ist, ist auch* *dein"* (Lk 15, 31). Deine Worte, o Jesus, sind also auch die meinigen. Ich darf mich ihrer bedienen, um die Gnadenerweise des himmlischen Vaters auf die Seelen herabzuziehen, die mir gehören.

Mein Gott, wie du weißt, habe ich niemals etwas anderes gewünscht, als einzig und allein dich zu lieben. Nach keinem anderen Ruhm strebe ich. Deine Liebe kam mir von Kindheitstagen an zuvor. Sie wuchs mit mir, und nun ist sie zu einem Abgrund geworden, dessen Tiefe ich nicht zu ermessen vermag.

Die Liebe zieht die Liebe an sich. Meine Liebe erschwingt sich zu dir hin und möchte den Abgrund ausfüllen, der sie anzieht. Aber ach! Sie ist noch nicht einmal ein im Ozean verlorener Tautropfen! Um dich so zu lieben, wie du mich liebst, muss ich dir deine eigene Liebe entlehnen. Erst dann finde ich Ruhe.

O mein Jesus, mir scheint, du kannst keine Seele mit größerer Liebe überhäufen, als du die meine überhäuft hast. Deshalb wage ich es, dich zu bitten, *jene zu lieben, „die du mir gegeben hast, wie du mich selbst geliebt hast"* (Joh 17, 23).

Wenn ich eines Tages im Himmel entdecke, dass du sie mehr geliebt hast als mich, so werde ich mich darüber freuen, da ich bereits in dieser Welt erkenne, dass diese Seelen mehr Liebe verdienen. Aber hienieden vermag ich mir keine größere Maßlosigkeit der Liebe vorzustellen als jene, mit der du mich nach deinem Wohlgefallen, ohne jedwedes Verdienst meinerseits, begnadet hast.

Mutter, ich bin ganz erstaunt über das, was ich soeben niedergeschrieben habe. Es war nicht beabsichtigt.

Da ich die Worte des heiligen Evangeliums wiederhole: *„Ich habe ihnen die Worte mitgeteilt, die du mir anvertraut hast“* (Joh 17, 8), dachte ich nicht an meine Brüder, sondern an meine Schwestern aus dem Noviziat, denn ich halte mich nicht für fähig, Missionare zu unterweisen. Was ich für sie niedergeschrieben habe, war das Gebet Jesu: *„Ich bitte dich nicht, sie von dieser Welt wegzunehmen ... Ich bitte dich auch für jene, die auf ihr Wort hin an dich glauben werden“* (Joh 17, 15. 20).

Wie könnte ich wirklich jene Seelen vergessen, die durch Leiden und Predigt von ihnen erobert werden sollen? Aber ich habe Ihnen meinen ganzen Gedankengang über das Wort des Hohenliedes noch nicht erklärt: *„Ziehe mich zu dir, so werden wir zu dir eilen ...“*

Jesus hat gesagt: *„Niemand kann mir folgen, wenn nicht mein Vater, der mich gesandt hat, ihn zu sich zieht“* (Joh 6, 44). Dann lehrt er uns, dass es genüge, zu klopfen, damit uns aufgetan werde, zu suchen, um zu finden, und demütig die Hand auszustrecken, um zu empfangen. Er fügt hinzu, der Vater gewähre alles, *um was wir ihn in seinem Namen bitten* (Joh 16, 23). Zweifellos hat der Heilige Geist deshalb vor der Geburt Jesu das prophetische Gebet diktiert: „Ziehe mich an, so werden wir (zu dir) eilen ...“

Bitten, angezogen zu werden, heißt, sich auf die innigste Weise mit dem Gegenstand vereinigen wollen, der das Herz fesselt. Wenn Feuer und Eisen vernunftbegabt wären, und das Eisen würde zum Feuer sagen: „Ziehe mich an!“, bewiese es dadurch nicht sein Verlangen, mit dem Feuer derart eins zu werden, dass es dessen Wesen teilt? Nun gut, gerade das ist der Inhalt meines Gebetes. Ich bitte Jesus, mich in die Flammen seiner Liebe hineinzuziehen, mich so innig mit sich zu verbinden, dass er in mir lebt und wirkt. Ich fühle es: je mehr das Feuer der Liebe mein Herz entflammen wird, desto mehr werde ich rufen: „Ziehe mich zu dir!“ Desto mehr werden auch die Seelen, die sich der meinen nähern, *den Wohlgerüchen des Geliebten nacheilen.*

Ja, sie werden dahineilen. Gemeinsam werden wir dahineilen, denn liebeentbrannte Seelen können nicht untätig bleiben. Zweifellos bleiben sie gleich Maria Magdalena zu den Füßen Jesu und lauschen seinen zarten und glühenden Worten. Obschon sie nichts zu geben scheinen, geben sie weit mehr als Martha, *die sich um so viele Dinge kümmerte* (Lk 10, 41). Trotzdem sind es nicht Marthas Arbeiten, die der Heiland tadelt, sondern ihre Unruhe allein. Dieselben Arbeiten hat seine heilige Mutter in aller Demut verrichtet, denn sie musste die Mahlzeiten der Heiligen Familie zubereiten.

Alle Heiligen haben das begriffen, und ganz besonders vielleicht jene, die die Welt mit der Erleuchtung ihrer evangelischen Lehre erfüllt haben. Schöpften der heilige Paulus, der heilige Augustinus, der heilige Thomas von Aquin, der heilige Johannes vom Kreuz, die heilige Theresia und so manche andere Freunde Gottes ihre wunderbare Wissenschaft, die die größten Geister entzückt, nicht aus der Betrachtung? Ein Gelehrter hat gesagt: „Gebt mir einen Stützpunkt, und ich hebe die Welt aus den Angeln.“ Was Archimedes nicht zu erreichen vermochte, das haben die Heiligen in vollem Maß erlangt. Der Allmächtige hat ihnen einen Stützpunkt gegeben: *Sich selbst! Sich allein!* Als Hebel hat er ihnen die Betrachtung gegeben, die ein Liebesfeuer entzündet. Und so geschah es, dass sie die Welt aus den Angeln gehoben haben. So geschieht es, dass die gegenwärtig auf dieser Welt noch streitenden Heiligen dasselbe tun und es bis an das Ende der Zeiten tun werden.

Geliebte Mutter, ich muss Ihnen noch erklären, was ich unter den *Wohlgerüchen des Geliebten verstehe*. Da Jesus in den Himmel aufgefahren ist, vermag ich ihm nur zu folgen, indem ich den Spuren nachgehe, die er zurückgelassen hat. Wie leuchten diese Spuren! Welch göttlichen Duft strömen sie aus! Ich brauche nur in das Evangelium zu schauen, und sogleich atme ich den Wohlgeruch des Lebens Jesu ein. Und ich weiß, in welcher Richtung ich laufen muss. Nicht auf den ersten, sondern auf den letzten Platz stürze ich mich. Ich lasse den Pharisäer emporsteigen, und voll Vertrauen wiederhole ich das Gebet des Zöllners. Ganz besonders ahme ich das Benehmen der Maria Magdalena nach: ihre erstaunliche oder vielmehr liebende Kühnheit, die das Jesu-Herz entzückt, verlockt das meinige!

Nicht weil ich vor der Todsünde bewahrt geblieben bin, erhebe ich mich durch das Vertrauen und die Liebe zu Gott. Ich fühle es wohl: Selbst wenn ich alle Verbrechen, die begangen werden können, auf dem Gewissen hätte, so würde ich nichts von meinem Vertrauen verlieren. Mit einem vom Schmerz der Reue gebrochenen Herzen würde ich mich in die Arme meines Heilandes werfen. Ich weiß, dass er den verlorenen Sohn liebt. Ich habe seine Worte an die heilige Magdalena, an die Ehebrecherin, an die Samariterin vernommen. Nein, niemand könnte mir Angst einjagen, denn ich weiß, was ich von seiner Liebe und Barmherzigkeit zu halten habe. Ich weiß, dass diese ganze

Therese im Klostergarten.

Menge von Beleidigungen in einem Augenblick versinken würde, gleich einem Wassertropfen, der in einen glühenden Feuerofen geworfen wird.

Im Leben der Wüstenväter wird erzählt, wie einer von ihnen eine öffentliche Sünderin bekehrt hat, deren Sündenleben einer ganzen Gegend zum Ärgernis gereichte. Von der Gnade gerührt, folgte die Sünderin dem Heiligen in die Wüste, um dort strenge Buße zu tun. Während der ersten Nacht ihrer Reise, bevor sie den Ort ihrer Abgeschiedenheit erreicht hatte, wurden ihre sterblichen Bande durch die Heftigkeit ihrer Liebesreue zerrissen, und der Einsiedler schaute im selben Augenblick, wie ihre Seele von den Engeln in den Schoß Gottes getragen wurde.

Das ist ein ganz auffallendes Beispiel für das, was ich sagen möchte. Doch diese Dinge können nicht in Worte gefasst werden …

XI
Der Weg der geistigen Kindheit

Meine vielgeliebte Schwester[45], Sie baten mich, Ihnen ein Andenken zu hinterlassen. Nachdem unsere Mutter es gestattet hat, ist es mir eine Freude, mich mit Ihnen, die Sie in zweifacher Hinsicht meine Schwester sind, unterhalten zu können – mit Ihnen, die Sie (bei meiner Taufe), da ich noch nicht sprechen konnte, das Versprechen ablegten, dass ich nur Jesus dienen wolle.

Geliebte Taufpatin: das Kind, das Sie dem Herrn weihten und das am heutigen Abend mit Ihnen plaudert, liebt Sie, wie eben nur ein Kind seine Mutter zu lieben vermag ... Die ganze Dankbarkeit aber, von der mein Herz überfließt, werden Sie erst im Himmel erkennen.

Meine geliebte Schwester, Sie möchten die Geheimnisse erfahren, die Jesus Ihrem Töchterchen anvertraut. Diese Geheimnisse vertraut er auch Ihnen an, ich weiß es: denn Sie sind es gewesen, die mich lehrte, den göttlichen Unterweisungen zu lauschen. Dennoch will ich versuchen, einige Worte zu stammeln, obwohl ich fühle, dass es dem menschlichen Wort unmöglich ist, Dinge wiederzugeben, die das Herz kaum zu ahnen vermag ...

Glauben Sie nicht, dass ich in Tröstungen schwimme. O nein: mein Trost hienieden ist, keinen Trost auf Erden zu haben.

45 Dieses Kapitel ist an Schwester Maria vom Heiligsten Herzen, ihre leibliche Schwester Maria, gerichtet.

Ohne sich zu zeigen, ohne mich seine Stimme vernehmen zu lassen, unterweist Jesus mich im Verborgenen. Und er tut es nicht mit Hilfe von Büchern, denn ich verstehe nicht, was ich lese! Bisweilen aber ist es ein Wort, das mich tröstet, wie beispielsweise dies, das ich heute Abend am Schluss einer in Trockenheit verbrachten Betrachtung aufschlug: *„Das ist der Lehrer, den ich dir gebe, er wird dich alles lehren, was du tun sollst. Im Buch des Lebens will ich dich lesen lassen, das die Wissenschaft der Liebe enthält“* (Jesus an die heilige Margareta Maria Alacoque).

Die Wissenschaft der Liebe! Zart klingt dies Wort im Ohr meiner Seele wider! Nur diese Wissenschaft ersehne ich. Um ihretwillen *habe ich alle meine Reichtümer hingegeben* gleich der Braut im Hohelied, und *dennoch meine ich, nichts hingegeben zu haben* (Hld 8, 7). Ich begreife so gut, dass nur die Liebe fähig ist, uns dem lieben Gott wohlgefällig zu machen, und dass diese Liebe das einzige Gut ist, nach dem ich begehre.

Es gefällt Jesus, mir den einzigen Weg zu zeigen, der zu diesem göttlichen Glutofen führt: dieser Weg ist die Hingabe des kleinen Kindes, das furchtlos auf den Armen seines Vaters einschläft. *„Ist jemand ganz klein, dann komme er zu mir“* (Spr 9, 4), hat der Heilige Geist durch den Mund Salomons gesprochen, und dieser selbe Geist der Liebe sagt auch, dass *„den Kleinen Barmherzigkeit gewährt wird“* (Weish 6, 7). In seinem Namen offenbart uns der Prophet Jesaja, dass am letzten Tag der Herr seine Herde auf die Weide führen, die Lämmlein sammeln und an sein Herz drücken wird (Jes 40, 11). Und wie wenn alle diese Beweise noch nicht ausreichten, ruft dieser Prophet, dessen erleuchteter Blick bereits in die ewigen Tiefen eingetaucht ist, im

Namen des Herrn aus: *„Wie eine Mutter ihr Kind liebkost, so will ich euch trösten. An meiner Brust will ich euch tragen und auf meinen Knien wiegen"* (Jes 13, 12).

Meine vielgeliebte Schwester! Nach solchen Worten gilt es nur mehr, zu schweigen und vor Dankbarkeit und Liebe zu weinen ... Wenn die schwachen und unvollkommenen Seelen gleich der meinen fühlten, was ich fühle: keine würde zweifeln, den Gipfel der Liebe zu erreichen, da Jesus keine großen Handlungen, sondern nur Hingabe und Dankbarkeit verlangt.

„Ich habe deines Hauses Stiere nicht nötig", *spricht der Herr, „noch die Böcke deiner Herden. Denn mir gehört alles Wild des Waldes, tausende von Tieren, die auf den Bergen weiden. Ich kenne alle Vögel der Berge.*
Wenn mich hungern würde, so bräuchte ich es dir nicht zu sagen, denn die Erde und alles, was sie trägt, ist mein. Soll ich wohl das Fleisch der Stiere essen und das Blut der Widder trinken? Bringe also Gott Lobopfer dar und Dank!" (Ps 50, 9–14).

Das ist also alles, was Jesus von uns verlangt! Er hat unsere Werke nicht nötig, sondern einzig unsere Liebe. Dieser selbe Gott, der erklärt, er habe keineswegs nötig, uns zu sagen, wenn ihn hungert, hat sich nicht gescheut, etwas Wasser von der Samariterin zu erbetteln ... Ihn dürstete! Aber mit diesen Worten: *„Gib mir zu trinken!"* (Joh 4, 7) forderte der Schöpfer des Weltalls die Liebe seines armen Geschöpfes. Ihn dürstete nach Liebe.

Ja, mehr denn je ist Jesus vom Durst gequält. Er begegnet nur Undankbaren und Gleichgültigen unter den Jüngern der Welt, und unter *seinen eigenen Jüngern* findet er leider wenig Herzen, die sich ohne irgendwelchen Vorbehalt der Zärtlichkeit und seiner unendlichen

Liebe ausliefern. Wie glücklich sind wir doch, die innersten Geheimnisse unseres Bräutigams zu verstehen! Wenn auch Sie niederschreiben wollten, was Sie darüber wissen, könnten wir herrliche Seiten lesen. Aber ich weiß, dass Sie die Geheimnisse des Königs lieber in der Tiefe Ihres Herzens behalten ... Mir aber sagen Sie, *dass es ehrenvoll ist, die Werke des Allerhöchsten zu verkünden* (Tob 12, 7). Ich finde, dass Sie recht haben, wenn Sie schweigen. Es ist wirklich unmöglich, mit irdischen Worten die Geheimnisse des Himmels wiederzugeben!

Was mich angeht: Hätte ich Seiten und Seiten niedergeschrieben, so fände ich, dass ich noch nicht begonnen habe. So viele verschiedene Gesichtspunkte, so viele, bis ins Unendliche gehende Nuancen gibt es, dass nur die Palette des himmlischen Malers mir nach der Nacht dieses Lebens die göttlichen Farben zu geben vermag, um diese Wunder, die er dem Auge meiner Seele entschleiert, wiederzugeben.

Da Sie aber, geliebte Schwester, den Wunsch aussprachen, soweit als möglich die Gefühle meines Herzens von Grund auf zu kennen, und da Sie wollen, dass ich schriftlich den tröstlichsten Traum meines Lebens und meine „Kleine Lehre", wie Sie sie nennen, festhalten soll, werde ich das auf den nachfolgenden Seiten tun.

Ich werde zu Jesus sprechen. Dann wird es mir leichter sein, meine Gedanken zum Ausdruck zu bringen. Vielleicht werden Sie meine Ausdrücke übertrieben finden, doch kann ich Ihnen versichern, dass es in meinem Herzen keinerlei Übertreibung gibt: Alles ist dort ruhig und friedlich.

O Jesus, wer wird sagen können, mit welcher Zärtlichkeit und Milde du meine kleine Seele führst! ...

Der Gewittersturm brauste arg in ihr seit dem schönen Fest deines Triumphes, dem strahlenden Osterfest, als du an einem Tag des Monats Mai einen reinen Strahl deiner Gnade in das Dunkel meiner Nacht leuchten ließest ... Als ich an die geheimnisvollen Träume dachte, die du zuweilen deinen Bevorzugten gewährst, sagte ich mir, dass dieser Trost nicht für mich geschaffen ist. Dass es für mich die Nacht, immer die tieffinstere Nacht gibt! Und mitten im Gewitter schlief ich ein. Am folgenden Morgen, dem 10. Mai, beim ersten Leuchten der Morgenröte, sah ich mich mitten im Schlaf in einer großen Halle, wo ich mit unserer Mutter allein auf und ab ging. Plötzlich erblickte ich, ohne zu wissen, wie sie hereingekommen waren, drei Karmelitinnen, mit den Mänteln und großen Schleiern bekleidet, und ich verstand, dass sie vom Himmel kamen. Ich dachte: „Wie glücklich wäre ich, könnte ich eines der Gesichter dieser Karmelitinnen sehen!" Wie wenn mein Gebet erhört worden wäre, schritt die größte der Heiligen auf mich zu, und ich fiel auf die Knie. O Glück! Sie lüftete ihren Schleier, oder besser gesagt, sie hob ihn etwas hoch und bedeckte mich damit.

Ich erkannte ohne jedes Zögern die ehrwürdige Mutter Anna von Jesus, die Gründerin des Karmels in Frankreich[46]. Ihr Antlitz war schön, von einer vergei-

46 Die ehrwürdige Mutter Anna von Jesus, eine geborene Anna von Lobera, wurde im Jahr 1545 in Spanien geboren. Sie trat 1570 in das erste Karmelitinnenkloster in Spanien, St. Joseph von Avila genannt, ein und wurde schon bald die Ratgeberin der großen heiligen Teresa von Avila. Nach dem Tod der heiligen Teresa von Avila gründete sie in Spanien noch drei Klöster nach der strengen Reform und führte diese

stigten Schönheit. Kein Lichtstrahl ging von ihm aus, und dennoch sah ich ungeachtet des dichten Schleiers, der uns beide einhüllte, dieses himmlische Antlitz von einem unaussprechlich milden Licht erleuchtet, das es selbst zu erzeugen schien.

Die Heilige überhäufte mich mit Liebkosungen, und da ich mich so zärtlich geliebt sah, wagte ich die Worte zu sprechen: „O meine Mutter, ich bitte Sie inständig, sagen Sie mir, ob der liebe Gott mich lange auf dieser Welt lassen wird? Wird er mich schon bald holen kommen?" Zärtlich lächelte sie mir zu: *„Ja, bald …, bald …, ich verspreche es dir."* – „Meine Mutter", fügte ich bei, „sagen Sie mir noch, ob der liebe Gott nichts anderes von mir verlangt als meine armseligen Handlungen und meine Wünsche. Ist er zufrieden mit mir?"

In diesem Augenblick erstrahlte das Antlitz der ehrwürdigen Mutter in einem neuen Glanz, und sein Ausdruck erschien mir noch unvergleichlich zärtlicher: „Der liebe Gott verlangt nichts anderes von dir", sagte sie. „Er ist zufrieden, sehr zufrieden …" Und sie nahm meinen Kopf in ihre Hände und überschüttete mich mit solchen Liebkosungen, dass es mir unmöglich ist, deren Zartheit wiederzugeben. Mein Herz war ganz von Freude erfüllt; da dachte ich an meine Schwestern und wollte auch einige Gnaden für sie erbitten … Aber ach, da wachte ich auf!

Den Jubel meiner Seele vermöchte ich nicht wiederzugeben. Seit diesem unaussprechlichen Traum sind mehrere Monate verflossen, und dennoch hat die Erinnerung,

auch in Frankreich und Belgien ein. Im Jahr 1627 (4. März) starb sie im Ruf der Heiligkeit zu Brüssel. Am 3. Mai 1887 wurde ihr Seligsprechungsprozess in Rom eingeleitet.

die er zurücklässt, nichts von der Frische, vom himmlischen Zauber des Traumes selbst verloren. Noch sehe ich den Blick und das Lächeln voller Liebe dieser heiligen Karmelitin, und noch glaube ich die Liebkosungen zu fühlen, mit denen sie mich überhäuft hat.

O Jesus, du hattest dem Wind und den Wellen geboten, und es trat eine große Stille ein (Mt 8, 26).

Bei meinem Erwachen glaubte, ja fühlte ich, dass es einen Himmel gibt und dass dieser Himmel mit Seelen bevölkert ist, die mich lieben und als ihr Kind betrachten. Dieser Eindruck bleibt in meinem Herzen und ist umso beglückender, als die ehrwürdige Mutter Anna von Jesus mir bis dahin – wenn ich es so ausdrücken darf – gleichgültig war. Niemals hatte ich sie angerufen, und ich dachte nur dann an sie, wenn von ihr geredet wurde, was selten vorkam.

Jetzt aber weiß und verstehe ich, wie wenig gleichgültig ich ihr war, und dieser Gedanke mehrt meine Liebe nicht nur zu ihr, sondern zu allen glücklichen Bewohnern des himmlischen Vaterlandes.

O mein Vielgeliebter, diese Gnade war nur das Vorspiel zu noch viel größeren Gnaden, mit denen du mich überhäufen wolltest. Gestatte mir, dass ich dich heute daran erinnere, und verzeihe mir, dass ich Torheiten rede, wenn ich meine Hoffnung und meine bis ans Unendliche grenzenden Wünsche wieder aufzählen will ... Verzeihe mir und heile meine Seele, indem du ihr gibst, was sie erhofft!

Deine Braut sein, o Jesus, Karmelitin sein, durch meine Vereinigung mit dir Mutter der Seelen sein: das alles müsste mir genügen. Doch ich fühle noch andere

Berufungen in mir: ich fühle in mir die Berufung zum Krieger, Priester, Apostel, Kirchenlehrer und Märtyrer ... Ich möchte die heldenmütigsten Werke vollbringen. Ich fühle in mir den Mut eines Kreuzfahrers und möchte auf einem Schlachtfeld für die Verteidigung der Kirche sterben.

O Beruf des Priesters! Mit welcher Liebe würde ich dich, Jesus, in meinen Händen tragen, wenn meine Stimme dich vom Himmel herabrufen würde! Mit welcher Liebe würde ich dich den Seelen darreichen! Aber ach, wenn ich mich auch danach sehne, Priester zu sein, so bewundere und beneide ich den heiligen Franziskus von Assisi, und ich fühle in mir die Berufung, ihm nachzufolgen und die Würde des Priestertums auszuschlagen. Wie aber soll ich diese Gegensätze vereinigen? Gleich den Propheten und Kirchenlehrern möchte ich die Seelen erleuchten. Ich möchte die ganze Welt durcheilen, deinen Namen verkünden und im Lande des Unglaubens dein glorreiches Kreuz aufpflanzen, o mein Vielgeliebter!

Aber ein einziges Missionsland würde mir nicht genügen: ich möchte das Evangelium zu gleicher Zeit in allen Teilen der Welt verkünden und bis hinaus auf die entlegensten Inseln. Ich möchte Missionar sein, nicht nur während einiger Jahre, sondern ich möchte es seit der Schöpfung gewesen sein und fortfahren es zu sein bis zur Vollendung der Zeiten.

Vor allem möchte ich Märtyrin sein! Das Martyrium! Das war der Traum meiner Jugend! Dieser Traum ist in der Klosterzelle mit mir gewachsen. Aber das ist eine weitere Torheit: denn ich sehne mich nicht nach einer Art von Martertum: um meine diesbezüglichen Wünsche zu befriedigen, müsste ich alle Arten erdulden ... Gleich dir, mein angebeteter Bräutigam, möchte ich gegeißelt, gekreuzigt werden ... Ich möchte mir die Haut abziehen lassen wie ein heiliger Bartholomäus. Wie ein heiliger Johannes möchte ich in das siedende Öl getaucht, gleich einem heiligen Ignatius von Antiochien von den Zähnen der Tiere zermalmt werden, um so ein Brot zu werden, das Gottes würdig ist. Wenn ich an die unerhörten Qualen denke, die zur Zeit des Antichrist der Anteil der Christen sein werden, dann fühle ich mein Herz erzittern, und ich wünschte, all diese Qualen wären mir vorbehalten. Öffne, mein Jesus, dein Buch des Lebens, in dem alle Taten deiner Heiligen aufgezeichnet sind: sie alle möchte ich für dich vollbracht haben.

Was wirst du auf alle diese meine Torheiten antworten? Gibt es auf dieser Erde eine Seele, die kleiner, ohnmächtiger als die meine ist? Dennoch hat es dir eben wegen meiner Schwäche gefallen, meine kleinen, kindlichen Wünsche zu erfüllen. Heute willst du mir andere Wünsche erfüllen, die größer sind als das Weltall ... Da diese Sehnsucht ein wirkliches Martyrium wurde, öffnete ich eines Tages die Briefe des heiligen Paulus, um irgendein Heilmittel für meine Qual zu suchen. Die Kapitel 12 und 13 des ersten Briefes an die Korinther fielen mir unter die Augen. Dort las ich, dass nicht alle zugleich *Apostel, Propheten und Kirchenlehrer* sein können, dass die Kirche sich aus verschiedenartigen Gliedern zusammensetzt und dass das Auge nicht zugleich Hand sein kann (1 Kor 12, 21–30).

Die Antwort war klar, aber sie erfüllte meine Wünsche nicht und gab mir nicht den Frieden. *„Da* *erniedrigte ich mich bis in die Tiefe meines Nichts und erhob mich so hoch, dass ich mein Ziel zu erreichen vermochte"* (Johannes vom Kreuz). Und ohne mich zu entmutigen, setzte ich die Lesung fort und fand den Ratschlag, der mich tröstete: *„Strebet eifrig nach den vollkommeneren Gaben, aber ich werde euch einen noch weit vorzüglicheren Weg zeigen"* (1 Kor 12, 31).

Und dann erklärt der Apostel, wie auch die vollkommensten Gaben nichts sind ohne die Liebe – dass die Nächstenliebe der ausgezeichnetste Weg ist, um sicher zu Gott zu gehen. Endlich hatte ich Ruhe gefunden. Als ich den mystischen Leib der heiligen Kirche betrachtete, hatte ich mich in keinem der vom heiligen Paulus beschriebenen Glieder erkannt. Oder besser gesagt: ich wollte mich in allen erkennen.

Die Nächstenliebe hat mir den *Schlüssel meiner Berufung* gegeben. Ich begreife, dass die Kirche einen aus verschiedenen Gliedern zusammengesetzten Körper hat, dass das notwendigste, das edelste von allen Organen ihr nicht fehlt. Ich verstand, dass sie *ein Herz* hat, und dieses Herz glüht von Liebe. Ich verstand, dass die Liebe allein die Triebkraft der Glieder ist – dass, wenn die Liebe erlöschen sollte, die Apostel das Evangelium nicht mehr verkündigen und die Märtyrer sich weigern würden, ihr Blut zu vergießen. Ich begreife, dass die Liebe alle Berufungen in sich einschließt, dass die Liebe alles ist, dass sie alle Zeiten und Orte umfasst, weil sie ewig ist!

Im Übermaß meiner Freude rief ich aus:

„O Jesus, meine Liebe, endlich habe ich meine Berufung gefunden! *Mein Beruf ist die Liebe!* Ja, ich habe meinen Platz im Schoß der Kirche gefunden, und diesen Platz, o mein Gott, hast du mir gegeben: im Herzen der Kirche, meiner Mutter, *werde ich die Liebe sein!* ... Auf diese Weise werde ich alles sein. So wird mein Traum verwirklicht werden!"

Warum aber von einer überströmenden Freude sprechen? Nein, dieser Ausdruck ist nicht richtig. Es ist vielmehr der Friede, der mein Anteil wurde. Der stille und heitere Friede des Steuermanns, der den Leuchtturm erblickt, welcher ihm Wegweiser zum Hafen ist. O strahlender Leuchtturm der Liebe! Ich weiß, wie ich zu dir kommen werde. Ich habe das Geheimnis gefunden, mir deine Flammen anzueignen! Ich bin nur ein ohnmächtiges und schwaches Kind. Und dennoch ist es gerade meine Schwachheit, die mir die Kühnheit verleiht, mich deiner Liebe zum Opfer anzubieten, o Jesus! Ehemals waren es die reinen und makellosen Hostien, die allein vom starken und mächtigen Gott entgegengenommen wurden: um der göttlichen Gerechtigkeit Genugtuung zu leisten, bedurfte es vollkommener Opfer. Aber das Gesetz der Furcht ist abgelöst worden durch das Gesetz der Liebe, und die Liebe hat mich zum Brandopfer auserwählt, mich schwaches und unvollkommenes Geschöpf! Ist diese Wahl nicht der Liebe würdig? Ja, damit die Liebe vollkommen zufriedengestellt werde, muss sie sich herabneigen bis zu dem Nichts und dieses Nichts in Feuer umwandeln.

O mein Gott, ich weiß es: *Liebe kann nur durch Liebe vergolten werden* (Johannes vom Kreuz). Auch habe ich gesucht, und ich habe das Mittel gefunden, mein Herz zu erleichtern, indem ich dir Liebe mit Liebe vergelte. *Bedient euch der Reichtümer, die ungerecht machen, um euch Freunde zu erwerben, die euch in die ewigen Wohnungen aufnehmen* (Lk 16, 9). Das ist, o Herr, der Ratschlag, den du deinen Jüngern erteilst, nachdem du ihnen gesagt hast, dass *die Kinder der Finsternis klüger sind als die Kinder des Lichtes* (Lk 21, 3).

Als Kind des Lichtes habe ich begriffen, dass mein Verlangen, alles zu sein, alle Berufungen zu umfassen, Reichtümer darstellen, die mich ungerecht machen könnten. Deshalb habe ich mich ihrer bedient, um mir Freunde zu erwerben. Da ich mich der Bitte des Elisäus an den Propheten Elias erinnerte, als er ihn um seinen doppelten Geist bat, stellte auch ich mich den Engeln und der Versammlung der Heiligen vor und sagte zu ihnen: „Ich bin das kleinste aller Geschöpfe, ich kenne meine Armseligkeit, aber ich weiß auch, wie gerne edle und großmütige Herzen Gutes tun. Ich beschwöre euch also, ihr seligen Bewohner der himmlischen Stadt, nehmt mich als euer Kind an! Die Herrlichkeit, die ihr mir erwerben helft, wird auf euch allein zurückfallen. Erhört gnädig mein Gebet und erlangt mir, ich flehe euch darum an, *eure zweifache Liebe.*"

O Herr, ich wage nicht, meine Bitte zu begründen, ich würde fürchten, unter der Last meiner kühnen Wünsche zusammenzubrechen! Meine Entschuldigung ist mein Titel: Kind. Kinder überlegen nicht die Tragweite ihrer Worte. Wenn aber ihr Vater, ihre Mutter den Thron besteigen und unermessliche Reichtümer besitzen, dann zögern sie nicht, die Wünsche der kleinen Wesen, die sie mehr als sich selbst lieben, zu erfüllen. Um ihnen Freude zu machen, begehen sie Torheiten, ja sie gehen sogar bis zur Schwäche. Nun gut: ich bin das Kind der heiligen Kirche. Die

Kirche ist die Königin, da sie deine Braut ist, o göttlicher König der Könige! Es sind nicht die Reichtümer und die Glorie – nicht einmal die Glorie des Himmels – die mein Herz verlangt. Die Glorie ist mit Recht der Anteil meiner Brüder: der Engel und der Heiligen. Die Glorie, die mir zukommt, ist der Widerschein der Herrlichkeit, die von der Stirne meiner Mutter strahlen wird. Um was ich bitte, ist die *Liebe.* Ich kann nur eines: *Dich lieben,* o Jesus! Die glänzenden Werke sind mir versagt. Ich kann das Evangelium nicht verkünden, mein Blut nicht vergießen ... Was tut das? Meine Brüder arbeiten an meiner statt, und ich *kleines Kind* bleibe ganz nahe dem königlichen Thron – ich liebe für jene, die kämpfen. Aber wie werde ich meine Liebe bekunden, da die Liebe sich doch durch Werke erweist? Nun gut: *das kleine Kind wird Blumen streuen ...* Mit seinem Duft wird es den göttlichen Thron umgeben. Mit seiner silberklaren Stimme wird es das Loblied der Liebe singen!

Ja, mein Vielgeliebter, so möge mein flüchtiges Leben sich vor dir verzehren. Ich habe keine anderen Mittel, um dir meine Liebe zu beweisen, als Blumen zu streuen: das heißt, kein Opfer, keinen Blick, kein Wort vorübergehen zu lassen, aus den kleinsten Handlungen Nutzen ziehen und sie aus Liebe tun. Ich will leiden aus Liebe und mich selbst aus Liebe freuen: so werde ich Blumen streuen. Nicht eine einzige werde ich finden, ohne sie für dich zu entblättern ... Und dann werde ich singen –, immer singen, selbst wenn ich meine Rosen mitten unter den Dornen pflücken muss. Und mein Gesang wird umso melodischer klingen, je länger und schmerzlicher die Dornen sind.

Aber, mein Jesus, wozu wollen dir meine Blumen und meine Gesänge dienen? Oh, ich weiß es wohl: dieser duftige Regen, die hinfälligen und wertlosen Blätter, dieser Gesang der Liebe eines kleinen Herzens werden dich dennoch entzücken. Ja, diese Nichtigkeiten werden dir Freude bereiten: sie werden der triumphierenden Kirche ein Lächeln abgewinnen – sie wird mit ihrem kleinen Kind, das diese entblätterten Rosen wieder sammelt, spielen, und indem es sie durch deine göttlichen Hände gehen lässt, damit du sie mit unendlichem Wert bekleidest, wird es sie auf die leidende Kirche hinabstreuen, um ihre Flammen zu ersticken, und auf die streitende Kirche, um ihr zum Sieg zu verhelfen.

O mein Jesus, ich liebe dich, ich liebe die Kirche, meine Mutter, ich vergesse nicht, dass *die geringste Bewegung* aus reiner Liebe ihr nützlicher ist als *alle anderen Werke zusammen* (Johannes vom Kreuz). Aber ist die reine Liebe wirklich in meinem Herzen? Sind meine unermesslichen Wünsche nicht ein Traum, eine Verrücktheit? Oh, wenn dem so ist, dann erleuchte du mich, du weißt ja, dass ich die Wahrheit suche. Sind meine Wünsche vermessen, dann lass sie verschwinden, denn diese Wünsche sind für mich das größte Martyrium. Und dennoch gestehe ich: wenn ich diese höchsten Regionen, nach denen meine Seele verlangt, nicht eines Tages erreiche, dann werde ich in meinem Martyrium, in meiner Torheit eine größere Süßigkeit verkostet haben, als ich sie in den ewigen Freuden genießen werde; es sei denn durch ein Wunder, dass du mir das Andenken an meine irdischen Hoffnungen wegnähmest. Jesus! Jesus! Wenn schon die Sehnsucht nach der Liebe so köstlich ist, was wird es erst sein, wenn man sie besitzt und sich ihrer auf immer erfreut? Wie mag eine so unvollkommene Seele wie die meine sich nach der Fülle der Liebe sehnen? Welches Geheimnis ist das? Warum, o mein einzig geliebter Freund, behältst du diese unermessliche Sehnsucht nicht den großen Seelen vor, den Adlern, die in den Höhen kreisen? Ach, ich bin nur ein armes Vögelchen, mit einem leichten Flaum bedeckt. Ich bin kein Adler, ich habe lediglich seine Augen und sein Herz ... Ja, ungeachtet meiner äußersten Kleinheit, wage ich es, die göttliche Sonne fest anzuschauen und verbrenne vor Begierde, mich zu ihr hinaufzuschwingen. Ich möchte fliegen, ich möchte es den Adlern gleichtun. Aber alles, was ich zu tun vermag, ist dieses: meine kleinen Flügel emporzuheben. Es liegt nicht in meiner Macht zu fliegen.

Was wird aus mir werden? Werde ich vor Schmerz sterben, wenn ich mich so ohnmächtig sehe? O nein, ich werde darüber nicht einmal betrübt sein. Mit kühner Hingabe will ich da verharren und bis zu meinem Tod meine göttliche Sonne unentwegt anblicken. Nichts vermag mich zu erschrecken, weder der Wind noch der Regen. Und wenn schwere Wolken nahen und mir den Liebesstern verbergen, wenn mir scheint, dass ich nicht glaube, dass es etwas anderes als die Nacht dieses Lebens gibt, dann wird das der Augenblick der *vollkommenen Freude* sein –, der Augenblick, wo es gilt, mein Vertrauen bis zu den äußersten Grenzen auszudehnen, in dem ich mich wohl hüte, den Platz zu wechseln, weil ich weiß, dass über all dem traurigen Gewölk meine zarte göttliche Sonne noch strahlt!

O mein Gott! Bis dahin begreife ich deine Liebe zu mir. Aber du weißt, wie oft ich mich von meiner einzigen Beschäftigung ablenken lasse: ich entferne mich von dir, ich durchnässe meine kleinen, kaum geformten Flügel in den Wasserpfützen, die ich auf der Erde finde. *Dann seufze ich gleich der Schwalbe* (Jes 38, 14) und mein Seufzen unterrichtet dich über alles, unendliche Barmherzigkeit, und du erinnerst dich daran, *dass du nicht gekommen bist, die Gerechten zu berufen, sondern die Sünder* (Mt 9, 13).

Wenn du dennoch für das klagende Gezwitscher deines armseligen Geschöpfes stumm bleibst, wenn du verschleiert bleibst – nun gut, dann bin ich damit einverstanden, durchnässt zu bleiben, vor Kälte zu zittern, und ich werde mich obendrein über dieses doch verdiente Leiden freuen. O mein geliebtes Gestirn, ja, ich bin glücklich, mich in deiner Gegenwart klein und schwach zu fühlen, und mein Herz bleibt im Frieden ... Ich weiß, dass alle Adler deines himmlischen Hofes Mitleid mit mir haben, dass sie mich beschützen, verteidigen und die Geier, das Abbild der Teufel, die mich verschlingen möchten, in die Flucht jagen. Ich fürchte sie nicht. Ich bin keineswegs dazu bestimmt, ihre Beute zu werden, wohl aber jene des göttlichen Adlers.

O göttliches Wort! O mein Heiland, du bist der Adler, den ich liebe und der mich an sich zieht: Du bist es, der auf die Erde der Verbannung kam. Du hast leiden und sterben wollen, um alle Seelen emporzuheben und sie hineinzutauchen in die Heiligste Dreifaltigkeit, den ewigen Hort der Liebe! Du bist es, der wieder aufgestiegen ist zu dem unvergänglichen Licht, das uns in diesem Tal der Tränen unter dem Schein einer weißen Hostie verborgen bleibt, um mich mit deiner eigenen Substanz zu nähren. O Jesus, lass mich dir sagen, dass deine Liebe bis zur Torheit geht ... Wie willst du, dass angesichts dieser Torheit mein Herz dir nicht entgegenfliegt! Wie könnte mein Vertrauen Grenzen haben!

Ich weiß es: für dich haben die Heiligen Torheiten begangen, sie haben große Dinge vollbracht, weil sie eben Adler waren! Ich aber bin zu klein, um große Dinge zu vollbringen, und meine Torheit besteht darin, zu hoffen, dass deine Liebe mich als Opfer annimmt. Meine Torheit besteht darin, dass ich auf die Engel und Heiligen zähle, um mit deinen eigenen Flügeln bis zu dir hinaufzufliegen, o mein anbetungswürdiger Adler! Solange du willst, werden meine Augen fest auf dich gerichtet bleiben. Ich will durch deinen Blick fasziniert werden – ich will die Beute deiner Liebe werden. Einst kommt der Tag – so vertraue ich –, da wirst du mich mit dir verschmelzen und mich emportragen zum Herd der Liebe. Dann endlich wirst du mich eintauchen in diesen brennenden Abgrund, um für immer aus mir dein ewig glückliches Opfer zu machen.

O Jesus, könnte ich doch allen *kleinen Seelen* deine unaussprechliche Herablassung verkünden! Ich fühle: wenn du eine noch schwächere Seele als die meine fändest, hättest du deine Freude daran, sie mit noch größeren Gnaden zu überhäufen – vorausgesetzt, dass sie sich mit restlosem Vertrauen deiner unendlichen Barmherzigkeit hingäbe!

Wozu dienen aber, o mein Vielgeliebter, diese Wünsche, deine Geheimnisse der Liebe andern mitzuteilen? Bist nicht du selbst es gewesen, der sie mich gelehrt hat, und kannst du sie andern nicht offenbaren? Ja, ich weiß es, und ich beschwöre dich, es zu tun: *Ich bitte dich innig, deinen göttlichen Blick auf eine große Zahl kleiner Seelen zu senken. Ich bitte dich flehentlich, dir in dieser Welt eine Legion kleiner Schlachtopfer auszuwählen, die deiner Liebe würdig sind!!!*

XII
Kreuzweg – Kalvaria – Verklärung

„Es ist von höchster Wichtigkeit, dass die Seele sich viel in der Liebe übt, damit sie – sich rasch verzehrend – kaum länger hienieden verweilt, sondern geradenwegs dahin gelangt, Gott von Angesicht zu Angesicht zu schauen.“

Hl. Johannes vom Kreuz

Therese vom Kinde Jesus hat hienieden viel gelitten. Noch in ihren letzten Lebenstagen bat sie darum, *man möge es nach ihrem Tod den Seelen bekanntgeben.* Sie war sich dessen wohl bewusst, dass für manche das Leidenssiegel, das ihrem Leben aufgedrückt wurde, der sicherste Beweis für die Echtheit ihrer Mission sein werde. Aber nicht wegen dieses Martyriums des Herzens glaubte sie, als Brandopfer der barmherzigen Liebe des Herrn angenommen zu sein. Sie glaubte es vielmehr, weil sie fühlte, wie sich *die Fluten unendlicher Liebe, die im göttlichen Herzen eingeschlossen sind, in ihre Seele ergossen.*

Es ist wohl wahr, dass sie zu bestimmten Seelen, die es an Gefügigkeit gegenüber den zuweilen kreuzigenden Ansprüchen des himmlischen Bräutigams fehlen ließen, gesagt hat: *„Sich der Liebe Gottes als Schlachtopfer hingeben heißt sich zu jeder Qual anbieten.“* Aber sie hat auch zu einer anderen Seele gesagt, die in ihren Augen die erlöste Menschheit darstellte und trotzdem immer vor dem Kreuz zitterte: „Weshalb fürchten Sie, sich der Barmherzigen Liebe als Opfer anzubieten? Wenn Sie sich der *göttlichen Gerechtigkeit* opferten, dann könnten Sie noch Angst haben, aber die Barmherzige Liebe wird Erbarmen mit Ihrer Schwäche zeigen. Sie wird Sie mit Milde und Barmherzigkeit behandeln."

Therese wollte das Leben des Karmels mit der ganzen Strenge führen, wie die heilige Reformatorin Teresa von Avila es wünschte. Wenn die Arbeit, die sie zu tun hatte, nicht ihre ganze Aufmerksamkeit erforderte, dann war ihr Geist ganz Gott zugewandt. Als eines Tages eine Novizin Thereses Zelle ohne anzuklopfen betrat, war sie ganz erstaunt über deren vergeistigten Gesichtsausdruck. Therese nähte eifrig und schien dennoch in tiefe Betrachtung versunken.

„Woran denken Sie?" fragte die Novizin. „Ich betrachte das Vaterunser", gab sie zur Antwort. „Es ist so beglückend, Gott unsern Vater zu nennen!" Und Tränen standen in ihren Augen. Bei einer anderen Gelegenheit erklärte sie: „Mir ist nicht ganz klar, was ich nach meinem Tod gegenüber meinem jetzigen Leben *mehr* besitzen kann. Ich werde den lieben Gott schauen, das ist wahr, aber was das Leben in ihm betrifft, so ist es schon hienieden mein Anteil."

Eine lebendige Flamme der Liebe verzehrte Therese. Sie berichtet selbst darüber: „Als ich einige Tage nach meiner Aufopferung an *die Barmherzige Liebe* (am 14. Juni 1895) im Begriff war, den Kreuzweg im Chor zu beten, fühlte ich mich plötzlich von einem solch glühenden Feuerstrahl getroffen, dass ich glaubte, ich müsse sterben. Ich weiß nicht, wie ich diese Verzückung erklären soll. Mir war, als tauche mich eine unsichtbare Hand ganz und gar in Feuer ein. Oh, welches Feuer und gleichzeitig welche Beglückung!" Mutter Agnes von Jesus, die damalige Priorin, fragte Therese, ob diese Verzückung die erste ihres Lebens sei. Schlicht und einfach gab sie zur Antwort: „Meine Mutter, ich habe mehrere solcher Begnadigungen gehabt, besonders einmal während meiner Noviziatszeit, da ich eine ganze Woche lang dieser Welt entrückt war. Ich kann das nicht schildern. Mir schien, als bewege ich mich in einem geliehenen Körper. Alle irdischen Dinge waren für mich hinter einem Schleier verborgen. Aber ich wurde nicht von einer wirklichen Flamme verzehrt. Ich konnte diese Wärme ertragen, ohne zu hoffen, dass meine Fesseln unter ihrem Gewicht zerrissen. An jenem Tag jedoch – von dem ich sprach – hätte es einer Minute, ja, nur einer Sekunde *mehr* bedurft, und meine Seele wäre vom Leib getrennt gewesen. Aber leider fand ich mich wieder auf der Erde, und die Trockenheit kehrte auch sofort wieder in mein Herz ein."

Man möge aber nicht glauben, dieses herrliche Aufblühen der übernatürlichen Schönheiten sei ohne Anstrengung erfolgt.

Wenn heute die „Kleine Heilige" in den Herzen wunderbare Wandlungen bewirkt – wenn das Gute, das durch sie auf Erden geschieht, sehr groß ist, dann dürfen wir mit vollem Recht annehmen, dass sie das alles um den gleichen Preis erkämpft hat, um den Jesus uns erlöste: um Leiden und Kreuz.

Der mutige Kampf, den Therese gegen ihr eigenes Ich führte, war keineswegs das geringste ihrer Leiden, da sie den Forderungen ihrer heftigen Natur jede Genugtuung versagte. Schon als Kind hatte sie es sich zur Gewohnheit gemacht, sich nie zu entschuldigen, sich nie zu beklagen. Im Karmel wollte sie nichts anderes als die kleine Magd ihrer Mitschwestern sein.

Aus diesem Geist der Demut heraus zwang sie sich auch, allen ohne Unterschied zu gehorchen. Weit davon entfernt, den Verdemütigungen aus dem Wege zu gehen, suchte Therese sie. So bot sie sich an, einer Schwester zu helfen, von der bekannt war, dass man es ihr nur schwer recht machen könne. Ihr großmütiges Angebot wurde angenommen. Als sie eines Tages allerlei Vorwürfe hingenommen hatte, fragte eine Novizin sie, warum sie denn ein so frohes Gesicht mache. Wie groß war ihre Überraschung, als sie zur Antwort bekam: „Das kommt daher, weil Schwester X. mir eben eine Reihe unangenehmer Dinge vorgehalten hat. Welche Freude hat sie mir gemacht! Ich möchte ihr jetzt begegnen, damit ich ihr zulächeln könnte.“ Im selben Augenblick klopfte diese Schwester an der Tür, und die verwunderte Novizin konnte sehen, wie Heilige verzeihen.

„Ich stehe dermaßen über den Dingen“, erklärte Therese eines Tages, „dass ich durch die Verdemütigungen stärker werde.“

Mit all diesen Tugenden verband sie außergewöhnlichen Mut. Gleich bei ihrem Eintritt ließ man sie ohne Rücksicht auf ihr Alter die ganze Strenge der Regel befolgen. Man machte lediglich eine Ausnahme für das Fasten. Zuweilen sahen ihre Mitnovizinnen, wie bleich sie aussah, und versuchten, sie vom Abendoffizium und dem Frühaufstehen dispensieren zu lassen. Die Mutter Priorin[47] gab aber nicht nach: „Eine Seele von solcher

47 Mutter Gonzaga. Sie starb am 17. Dezember 1904 im Alter von 71 Jahren.

Charakterstärke darf nicht wie ein Kind behandelt werden. Die Dispensen sind für sie nicht da. Lassen sie die Schwester nur reden, Gott stärkt sie. Wenn sie übrigens krank ist, dann muss sie kommen, es mir sagen."

Aber Therese hatte es sich zum Grundsatz gemacht, bis *ans Ende ihrer Kräfte zu gehen, ohne sich zu beklagen.* Wie oft ging sie morgens mit Schwindel und Kopfweh zur Matutin. Sie sagte sich: „Ich kann noch gehen! Nun gut, ich muss meine Pflicht erfüllen." Und dank dieser Energie vollbrachte sie ganz schlicht heldenmütige Akte. „Wenn Jesus will, dass man leidet", erklärte sie, „dann muss man das alles über sich ergehen lassen."

Ihr Opfergeist betätigte sich überall und in allem. Was am unangenehmsten und peinlichsten war, ergriff sie als willkommene Gelegenheit. Alles, was Gott von ihr verlangte, gab sie ihm hin.

Den Winter über ohne Feuer zubringen zu müssen war für Therese das härteste aller physischen Leiden. Der lange Winter und das feuchte Klima von Lisieux setzten ihr sehr zu.

Wenn es besonders kalt war und sie den ganzen Tag über gefroren hatte, ging sie nach den Messen einige Augenblicke in den Gemeinschaftssaal, um sich etwas zu wärmen. Um aber wieder zu ihrer Zelle zu gelangen, musste sie einen fünfzig Meter langen Weg durch den offenen Kreuzgang zurücklegen. Der Rest des Weges auf der Treppe und im langen eiskalten Korridor raubten ihr das bisschen Wärme, das sie sich eben gegönnt hatte. So konnte sie nur wenig Schlaf finden, wenn sie sich auf ihren Strohsack ausgestreckt und in ihre ärmlichen Decken eingehüllt hatte. Zuweilen kam es vor, dass sie die ganze Nacht vor Kälte zitternd nicht schlafen konnte. Hätte sie der Novizenmeisterin schon von Anfang an Bescheid gesagt, so wäre für Abhilfe gesorgt worden. Aber auch diese schwere Abtötung wollte sie auf sich nehmen, ohne zu klagen. Erst auf ihrem Sterbebett gestand sie diese harte Abtötung ein und sprach die bezeichnenden Worte: „Worunter ich während meines Ordenslebens physisch am meisten gelitten habe, ist die Kälte. Ich habe bis zum Sterben darunter gelitten." Wenn Therese in ihrer Großherzigkeit auch mit Freude die strenge Buße auf sich genommen hatte, so gab sie in ihrer ganz heiligmäßigen Weisheit und Diskretion mit aller Unterwürfigkeit und Ehrfurcht zu, dass diese äußere Härte zwar von Gott zugelassen wurde, aber doch nicht von ihm gewollt war; man handle in Zukunft recht, wenn in dieser Hinsicht gewisse Milderungen einträten. Ihrer Ansicht nach hieße es Gott versuchen und sich gegen die Klugheit versündigen, wenn man auf die Befolgung der Regel dränge, ohne Rücksicht zu nehmen auf die Verschiedenartigkeit des Klimas und der Veranlagungen.

Wir kennen den Karfreitagsruf des 3. April 1896, da Therese nach ihren eigenen Worten etwas „wie ein fernes leises Säuseln vernahm, das ihr das Kommen des Bräutigams ankündigte". Der Stunde der seligen Befreiung aber sollten noch sehr schmerzliche Monate vorausgehen.

Erst im Mai 1897 erfuhren ihre eigenen leiblichen Schwestern von diesem ersten Anfall. Als Mutter Agnes von Jesus ihr sanfte Vorhaltungen machte, weil sie das verborgen hatte, gab sie zur Antwort: „O mein Mütterchen, danken Sie dem lieben Gott! Ihr Kummer wäre zu groß gewesen, hätten Sie meinen wirklichen Gesundheitszustand gekannt und gesehen, wie wenig ich gepflegt wurde."

Nachdem Therese wie Jesus durch die Welt gegangen war, um Gutes zu tun – nachdem sie gleich ihm vergessen und verkannt worden war, sollte sie ihm nun auch auf dem Weg nach Kalvaria folgen dürfen.

Daran gewohnt, Therese leidend und dennoch so tapfer zu sehen, gestattete ihr die Priorin auch weiterhin, an allen klösterlichen Übungen teilzunehmen.

Völlig erschöpft musste dann die heldenhafte Seele abends allein die Treppe hinaufsteigen. Ihre Erschöpfung war so groß, dass sie auf jeder Stufe innehalten musste. Wie sie später selbst gestand, brauchte sie bisweilen eine ganze Stunde, um sich auszukleiden. Als Lager hatte sie nichts anderes als einen Strohsack. Ihre Nächte waren sehr schlecht. Als man sie fragte, ob man ihr keine Erleichterung verschaffen könne, antwortete sie: „O nein, im Gegenteil: ich schätze mich glücklich, eine abgelegene Zelle zu bewohnen, damit meine Mitschwestern mich nicht hören können. Ich freue mich, allein zu leiden. Sobald man mich bedauert und mit Aufmerksamkeiten überschüttet, *verliere ich die Freude am Leiden!*"

Wiederholt wurde sie an der Seite mit Höllenstein punktiert. Als sie eines Tages besonders schwer gelitten hatte, ruhte sie sich während der Erholungszeit aus. Da hörte sie von der Küche aus die Worte: „Schwester Therese vom Kinde Jesus wird bald sterben, und ich frage mich wirklich, was unsere Mutter Priorin nach ihrem Tod über sie sagen kann. Sie kommt wohl in richtige Verlegenheit, denn so liebenswürdig die junge

Schwester auch ist, so hat sie doch nie etwas getan, was erzählt zu werden verdient."

Die Krankenschwester, die diese Worte ebenfalls mitangehört hatte, sagte zu Therese: „Wenn Sie sich auf menschliches Urteil gestützt hätten, dann wären Sie aber heute gründlich enttäuscht worden!"

„Das Urteil der Menschen! Der liebe Gott hat mir immer wieder die Gnade verliehen, ganz gleichgültig ihm gegenüber zu sein", erklärte Therese.

Ein anderes Mal sagte sie: „Mein Herz ist ganz erfüllt vom Willen Gottes. Was darüber hinaus gegeben wird, dringt doch nicht bis in das Innerste ein. Es ist ein Nichts, das gleich dem Öl leicht über dem Wasser dahinschwimmt. Wenn meine Seele nicht vorher angefüllt wäre, wenn sie von den Gefühlen der Freude und Traurigkeit angefüllt werden müsste, die einander so rasch ablösen, dann wäre das nur ein bitterer Strom von Leid. Aber dieser Wechsel streift meine Seele nur ganz leicht, und deshalb bleibe ich stets in tiefem Frieden, den nichts zu trüben vermag."

Und dennoch war Thereses Seele von tiefem Dunkel umhüllt. Ihre Anfechtungen gegen den Glauben, die sie stets von neuem überwand und die dennoch immer wiederkehrten, waren dazu angetan, ihr jedes Glücksgefühl beim Gedanken an ihren nahen Tod zu nehmen.

„Wenn ich diese Seelenprüfung, die unmöglich verstanden werden kann, nicht hätte, ich glaube, ich würde vor Freude sterben, wenn ich daran denke, diese Erde bald verlassen zu dürfen."

Der göttliche Herr und Meister wollte sie durch diese Seelenprüfung vollkommen reinigen und es ihr ermöglichen, nicht nur eiligen Schrittes auf ihrem *Kleinen Weg des Vertrauens und der Hingabe* zu gehen, sondern zu fliegen. Ihre Worte bezeugen das immer wieder:

„Ich wünsche weder zu sterben noch zu leben. Ließe der Herr mir die freie Wahl, so wählte ich weder das eine noch das andere. Nur das will ich, was er will! *Was er tut, das liebe ich!* Weder den Todeskampf fürchte ich noch die Schmerzen der Krankheit, so groß sie auch seien. Der liebe Gott hat mir immer beigestanden, und von frühester Kindheit an war er mir Helfer und Führer … Auf ihn zählte ich. Das Leid mag seine äußersten Grenzen erreichen –, ich bin dennoch überzeugt, dass er mich nicht verlassen wird."

Ein solches Vertrauen musste die Wut des Teufels herausfordern, der in den letzten Augenblicken alle Listen der Hölle ins Werk setzt, weil er versucht, Verzweiflung in die Seele zu säen.

Eines Tages gestand Therese der Mutter Agnes von Jesus: „Gestern Abend hat mich wirkliche Angst befallen, und die Finsternis nahm zu. Ich weiß nicht, welche verfluchte Stimme mir zuflüsterte: ‚Bist du denn sicher, dass Gott dich liebt? Ist er etwa gekommen, um dir das zu sagen? Nicht die Meinung einiger Geschöpfe wird es sein, die dich vor ihm rechtfertigt!'"

Im Laufe des August war sie mehrere Tage wie außer sich und beschwor uns, für sie zu beten. Nie zuvor hatten wir sie in einem solchen Zustand gesehen. In dieser unaussprechlichen Angst hörten wir sie ausrufen: „O, wie muss man doch für die Sterbenden beten! Wenn man wüsste …"

Eines Nachts bat sie die Krankenschwester, ihr Bett mit Weihwasser zu besprengen, und sagte: „Der Teufel ist um mich herum. Ich sehe ihn zwar nicht, aber ich fühle ihn: er quält mich und hält mich wie mit einer eisernen Hand fest, um mich zu hindern, mir die geringste Erleichterung zu verschaffen. Er steigert mein Leiden, um mich zur Verzweiflung zu bringen ... Und ich kann nicht beten! Nur auf die Allerseligste Jungfrau vermag ich zu schauen und zu sagen: Jesus! Wie notwendig ist doch das Gebet der Komplet: „Befreie uns von den Traumgebilden der Nacht!"

Die Krankenschwester zündete eine gesegnete Kerze an, und der Geist der Finsternis floh, um nie mehr wiederzukehren. Trotzdem hatte Therese bis an ihr Ende schmerzliche Seelenängste zu erdulden.

Ungeachtet der Seelenfinsternis, von der Therese ganz und gar befallen war, öffnete der göttliche Gefängniswächter von Zeit zu Zeit die Tür ihres düsteren Verlieses. Dann war es ein Verzücken der Hingabe, des Vertrauens und der Liebe.

Anfang Juli wurde der Zustand der Kranken sehr ernst, und man brachte sie endlich in die Krankenabteilung. Beim Anblick der leeren Zelle Thereses sagte Mutter Agnes von Jesus, die wusste, dass sie nicht mehr dahin zurückkehren werde: „Welch ein Schmerz wird es für mich sein, wenn ich diese Zelle betrete und Sie nicht mehr da sein werden!"

„Mütterchen, stellen Sie sich dann zu Ihrem Trost vor, dass ich dort oben sehr glücklich bin und einen großen Teil meines Glückes in dieser kleinen Zelle erhalten habe." Dann wandte sie ihren Blick zum Himmel und fügte bei: *„Ich habe dort viel gelitten* und wäre so gerne darin gestorben." Beim Betreten der Krankenräume richtete Therese ihren Blick zuerst zur wundertätigen

Statue Unserer Lieben Frau, die wir dort aufgestellt hatten. Es ist einfach unmöglich, den Ausdruck des Bildes in Worten wiederzugeben. „Was schauen Sie?" fragte Schwester Maria – dieselbe, die in ihren Kindheitstagen Zeugin ihrer Ekstase bei der Heilung war und damals auch die Mutterstelle bei ihr vertrat.

„Niemals kam sie mir so schön vor ...", sagte Therese. „Aber heute ist es die Statue. *Wie Sie jedoch wissen, war es damals nicht die Statue ...*"

Eines Abends rief sie aus:

„O, wie liebe ich die Jungfrau Maria! Wäre ich Priester geworden, wie schön hätte ich über sie gesprochen! Man schildert sie als unerreichbar, und doch sollte man zeigen, wie man sie nachahmen kann. *Sie ist mehr Mutter als Königin!* Ich hörte, wie gesagt wurde, sie stelle die Herrlichkeit aller Heiligen in den Schatten, wie die aufgehende Sonne den Glanz der Sterne verdrängt. Mein Gott, wie sonderbar das klingt! Eine Mutter, die den Ruhm ihrer Kinder verdrängt! Ich denke genau das Gegenteil! Ich glaube, dass sie den Glanz der Auserwählten um vieles erhöhen wird ... Wie einfach scheint mir doch das Leben der Allerseligsten Jungfrau gewesen zu sein!"

Eine sehr empfindliche Prüfung stand ihr bevor. Vom 19. August bis zum 30. September, dem Tag ihrer ewigen Kommunion, war es ihr wegen des dauernden Blutbrechens unmöglich, die heilige Kommunion zu empfangen. Und doch: wer hat hienieden sehnlicher nach dem Brot der Engel verlangt als dieser Seraph? Wie oft hatte man sie im letzten Jahr nach qualvoll verbrachten Leidensnächten in der Morgenfrühe zum

Tisch des Herrn eilen sehen! Sie glaubte, kein Opfer sei zu schwer, um sich das Glück der Vereinigung mit ihrem Gott zu erkaufen.

Bevor sie aber dieser göttlichen Nahrung beraubt wurde, empfing sie oft auf ihrem Krankenbett den Besuch des göttlichen Heilandes. Ganz besonders rührend war der Empfang der heiligen Kommunion am 16. Juli, dem Fest Unserer Lieben Frau vom Berge Karmel. In aller Feierlichkeit wurde das Allerheiligste durch den Kreuzgang getragen, dessen Boden mit Feldblumen und entblätterten Rosen bedeckt war. Ein junger Priester, der im Begriff stand, sein erstes heiliges Messopfer in unserer Kapelle darzubringen, hatte die Ehre, ihr den Leib des Herrn zu reichen.

Wenige Tage später, am 30. Juli, empfing diese jugendliche Opferhostie Jesu die Krankensalbung. Ganz glückstrahlend sagte sie anschließend:

„Die Pforte meines düsteren Gefängnisses ist halb geöffnet. Ich bin voller Freude – ganz besonders, seit Pater Superior mir versichert hat, dass meine Seele heute der Seele eines neugetauften Kindes gleicht."

Sicherlich war sie der Meinung, sie könnte nunmehr ganz schnell in den Himmel fliegen. Sie wusste nicht, dass ihr noch ein zweimonatiges Martyrium bevorstand. Eines Tages sagte sie zur Mutter Priorin: „Meine Mutter, geben Sie mir die Erlaubnis zu sterben … Lassen Sie mich mein Leben in der und der Meinung aufopfern." Als ihr diese Bitte abgeschlagen wurde, fuhr sie fort: „Nun gut, ich weiß, dass der liebe Gott in diesem Augenblick nach einer *kleinen Traube* verlangt, die aber niemand ihm schenken will, so dass er wohl genötigt wird, sie stehlen zu kommen … Ich bitte um nichts. Das läge auch außerhalb meines Weges der Hingabe; nur bitte ich die allerseligste Jungfrau Maria, ihren Jesus an den Titel *Dieb* zu erinnern, den er sich selbst in seinem Evangelium zugelegt hat (Lk 12, 39), damit er nicht vergesse, mich stehlen zu kommen."

Das Erstaunlichste aber war, dass sie sich der Mission bewusst zu sein schien, für die der Herr sie auf die Erde geschickt hatte. Der Schleier der Zukunft schien für sie gefallen zu sein. Mehr denn einmal offenbarte sie uns Geheimnisse und Voraussagungen, die sich bereits verwirklicht haben: *„Ich habe dem lieben Gott nie etwas anderes als Liebe entgegengebracht; er wird es mir mit Liebe vergelten. Nach meinem Tod werde ich einen Rosenregen auf die Erde fallen lassen."*

Schwester Genoveva vom Heiligen Antlitz (Celine) las ihr etwas aus einem Buch über die himmlische Glückseligkeit vor: Plötzlich unterbrach Therese sie mit den Worten:

„Das ist es nicht, was mich anzieht!"

„Was denn?"

„Es ist die Liebe. Lieben, geliebt sein und auf die Erde zurückkommen, damit die Liebe geliebt werde."

Eines Abends begrüßte sie mit einem besonders friedlich-heiteren Gesichtausdruck Mutter Agnes von Jesus mit den Worten: „Meine Mutter, heute Abend vernahm ich aus der Ferne Klänge eines Konzertes, und da dachte ich, dass mir unvergleichlich schönere Melodien vorbehalten sein werden. Aber die Hoffnung konnte mich nur einen Augenblick erfreuen. Nur eine einzige Erwartung lässt mein Herz höher schlagen: *die Liebe, die ich empfangen, und die Liebe, die ich geben werde! Ich fühle, meine Mission wird nunmehr beginnen. Meine*

Mission, andere den lieben Gott so lieben zu lehren, wie ich ihn liebe. Den Seelen meinen kleinen Weg zu zeigen. Ich will meinen Himmel damit verbringen, Gutes auf Erden zu tun. Das ist nicht unmöglich, da auch die Engel mitten in der beseligenden Anschauung Gottes über uns wachen. Nein, ich werde bis zum Ende der Welt nicht ruhen können, solange es gilt, Seelen zu retten. Wenn aber der Engel gesagt hat: „Die Zeit ist nicht mehr!" (Offb 16, 6), dann werde ich mich ausruhen, werde ich mich erfreuen, weil die Zahl der Auserwählten vollständig sein wird und alle in die Freude und Ruhe eingegangen sind. Bei diesem Gedanken jubelt mein Herz auf!"

„Welchen kleinen Weg wollen Sie die Seelen lehren?"

„Meine Mutter, es ist der Weg der geistigen Kindheit. Es ist der Weg des Vertrauens und der restlosen Hingabe. Ich will den Seelen die Mittel angeben, mit denen ich so viel Erfolg hatte. Ich werde ihnen sagen, dass hienieden nur eines vonnöten ist: Jesus die Blumen der kleinen Opfer zu streuen und ihn durch Liebeserweise zu gewinnen. So habe ich ihn gewonnen, und deshalb werde ich so gut von ihm aufgenommen werden!"

„Wenn ich Euch mit meinem kleinen Weg der Liebe irreführe", sagte sie zu ihren Novizinnen, „dann fürchtet nicht, dass ich Euch ihn lange befolgen lasse. Ich würde Euch bald erscheinen, um Euch zu sagen, dass Ihr einen andern Weg einschlagen müsst. Wenn ich aber nicht zurückkomme, dann glaubt an die Wahrheit meiner Worte: Nie kann man zu großes Vertrauen auf den lieben Gott haben, der so mächtig und barmherzig ist. Soviel erhält man von ihm, als man von ihm erhofft!"

Gegen Ende September, als man ihr von dem Gespräch in der Erholung über die Verantwortung jener berichtete, denen die Leitung der Seelen anvertraut ist, wurde sie wieder lebendiger und sprach die schönen Worte: *„Die Kleinen werden mit größter Milde gerichtet werden* (Weish 6, 7). Auch dann vermag man klein zu bleiben, wenn man die verantwortungsvollsten Posten bekleidet. Es steht geschrieben, dass sich *der Herr am Ende der Zeiten erheben wird, um die Sanften und Demütigen dieser Erde zu retten* (Ps 75, 9). Er sagt nicht *richten,* sondern *retten*!"

Die Schwäche der Kranken wurde so groß, dass sie ohne Hilfe nicht mehr die geringste Bewegung machen konnte. Fieber und Beklemmung brachten es mit sich, dass jedes ausgesprochene Wort für sie äußerst ermüdend war. Auch unter diesen Umständen wich das sanfte Lächeln nicht von ihren Lippen. Ging ein Wolkenschatten über ihre Stirn, dann war es die Besorgnis, sie könnte ihren Mitschwestern zur Last fallen.

Bis zur vorletzten Nacht ihres Todes wollte sie allein bleiben. Ungeachtet ihrer dringenden Bitten sah die Krankenschwester mehrmals nach ihr. Bei einem dieser nächtlichen Besuche fand sie Therese mit gefalteten Händen, den Blick zum Himmel gerichtet.

„Was tun Sie denn jetzt?" fragte die Schwester. „Sie sollten versuchen zu schlafen!"

„Ich kann nicht, Schwester. Ich leide zu sehr! Ich bete!" „Und was sagen Sie denn zu Jesus?"

„Ich sage ihm gar nichts: *ich liebe ihn!*"

Endlich stieg das Morgenrot des ewigen Tages auf. Der 30. September 1897, ein Donnerstag. Am Morgen sprach sie noch von der letzten Nacht ihrer irdischen Verbannung, richtete ihren Blick auf die Statue der Gottesmutter und sagte:

„Mit welcher Glut habe ich sie angefleht! ... Aber es ist die vollendete Todesangst ohne jedwede Tröstung ... Die Luft dieser Erde fehlt mir. Wann werde ich die Luft des Himmels einatmen?“

Nachmittags um 14.30 Uhr richtete sie sich im Bett auf, was sie seit Wochen nicht mehr tun konnte, und rief aus: „O Mutter, der Kelch ist bis zum Rand gefüllt. Nein, nie hätte ich geglaubt, dass es möglich wäre, so viel zu leiden ... Ich kann mir das nur durch mein äußerstes Verlangen erklären, Seelen zu retten ... “

„Alles, was ich über mein Verlangen nach Leiden geschrieben habe, ist durchaus wahr. *Ich bereue es nicht, mich der Liebe ausgeliefert zu haben.*“

Diese letzten Worte wiederholte sie mehrere Male.

Gegen 15 Uhr sagte sie: „Mutter, bereiten Sie mich vor, gut zu sterben.“

Ihre Mutter Priorin ermunterte sie mit den Worten: „Mein Kind, Sie sind ganz und gar vorbereitet, um vor Gott zu erscheinen, denn Sie haben die Tugend der Demut immer verstanden.“

Da stellte Therese sich selbst dieses schöne Zeugnis aus: „Ja, ich fühle es, meine Seele hat niemals etwas anderes als die Wahrheit gesucht ... Ja, ich habe die Demut des Herzens verstanden.“

Um 16.30 Uhr traten die Anzeichen des letzten Todeskampfes ein. Sobald Therese die Klostergemeinde in das Sterbezimmer eintreten sah, begrüßte sie ihre Mitschwestern mit ihrem liebenswürdigsten Lächeln. Dann umklammerten ihre ersterbenden Hände das Kruzifix noch fester, und sie sammelte sich für den letzten Kampf. Reichlicher Schweiß bedeckte ihr Gesicht. Sie zitterte ... Aber gleich dem Steuermann, der auch im rasendsten Sturm den Mut nicht verliert, wenn er sich um Fingerbreite in der Nähe des Hafens weiß, strebte auch diese tiefgläubige Seele mit den letzten Ruderschlägen dem ewigen Hafen zu, da sie den strahlenden Leuchtturm der Ewigkeit so greifbar nahe vor sich sah.

Als die Klosterglocke zum Angelus läutete, heftete sie einen unaussprechlich innigen Blick auf die Statue der unbefleckten Gottesmutter, den Meeresstern.

Wenige Minuten nach sieben Uhr wandte sich Therese zur Mutter Priorin und sagte: „Meine Mutter, ist das noch nicht der Todeskampf? ... Werde ich jetzt nicht sterben?"

„Ja, mein Kind, das ist der Todeskampf, vielleicht aber will Jesus ihn um einige Stunden verlängern."

Ganz ergeben erwiderte die Sterbende:

„Nun gut! ... Mut! ... Mut! Oh, ich möchte nicht weniger leiden!"

Dann richtete sie ihren Blick auf das Kruzifix:

„O ... ich liebe ihn! ... mein Gott!
Ich ... liebe ... Dich!"

Das waren Thereses letzte Worte. Kaum hatte sie dieselben ausgesprochen, da fiel sie zu unserer großen Überraschung plötzlich in sich zusammen, der Kopf neigte sich nach rechts in der Haltung jener Märtyrerinnen, die sich selbst dem Schwert darbieten, oder besser ausgedrückt: wie ein Schlachtopfer der Liebe, das nur auf den feurigen Pfeil der göttlichen Hand wartet, damit er sie sterben lasse.

Plötzlich richtete sie sich wieder auf, wie wenn eine geheimnisvolle Stimme sie gerufen hätte, öffnete die Augen, und mit einem vergeistigten Blick, von himmlischem Frieden und unaussprechlichem Glück überstrahlt, schaute sie auf eine Stelle über der Muttergottesstatue. Dieser Blick währte einige Augenblicke, die Länge eines Credos: ihre Seele war die Beute *des göttlichen Adlers* geworden und zum Himmel aufgestiegen.

Epilog

Madeleine Delbrêl (1904–1964) notierte einmal:

„Vielleicht war Therese von Lisieux, die Patronin aller Missionen, ausersehen, um zu Beginn dieses Jahrhunderts ein Schicksal zu leben, bei dem die Zeit auf ein Minimum reduziert war, die Taten ein winziges Format hatten, der Heroismus selbst für beobachtende Augen unfeststellbar war, die Sendung auf ein paar Quadratmetern Platz nahm, um uns zu lehren, dass gewisse Wirksamkeiten dem Uhrenmaß entgleiten, dass sie sich nicht immer nach der Sichtbarkeit der Daten bemessen lassen, dass den über Länder hin ausgedehnten Missionen andere Missionen sich zugesellen sollten, die in die Tiefen der menschlichen Massen hinabwirken, dort, wo der Geist des Menschen befragt wird und schwankt zwischen dem Geheimnis eines Gottes, der ihn klein und entblößen will, und dem Geheimnis der Welt, die ihn mächtig und groß will."[49]

(„Stimmen der Weltkirche" Nr.17, „Den Glauben anbieten in der heutigen Gesellschaft", Brief an die Katholiken Frankreichs, 11. Juni 2000, Seite 83.)